Winfried Kösters

WENIGER, BUNTER, ÄLTER

Winfried Kösters

WENIGER, BUNTER, ÄLTER
Den demografischen Wandel
aktiv gestalten

OLZOG

Bibliografische Information der Deutschen Nationalbibliothek

Die Deutsche Nationalbibliothek verzeichnet diese Publikation in der
Deutschen Nationalbibliografie;
detaillierte bibliografische Daten sind
im Internet über http://dnb.d-nb.de abrufbar.

ISBN 978-3-7892-8359-8
© 2011 Olzog Verlag GmbH, München
Internet: http://www.olzog.de

Umschlagentwurf: Atelier Versen, Bad Aibling
Satz: EDV-Fotosatz Huber/Verlagsservice G. Pfeifer, Germering
Druck- und Bindearbeiten: CPI – Ebner & Spiegel, Ulm
Printed in Germany

Inhalt

Einige Worte vorab, gleich zu Beginn …

Manche von Ihnen können es vielleicht schon gar nicht mehr hören: demografischer Wandel. Einer Umfrage vom August 2010 zufolge machen sich nur 24 Prozent der Bundesbürger[1] Gedanken über die alternde Gesellschaft. 31 Prozent sehen den Klimawandel als Bedrohung an und für 54 Prozent steht die wirtschaftliche Lage als Hauptherausforderung in Deutschland auf der Tagesordnung.[2] Für die einen ist der demografische Wandel daher nur ein akademisches Ungetüm, manche orten ihn als eine Art „Modethema", das aktualitätsbedingt durch die Medien geistert, für andere ist er aber der Megatrend der Zukunft. Zu Letzteren zähle auch ich. Kein Thema wird uns in Zukunft mehr verändern und unser gesellschaftliches Zusammenleben tiefgehender beeinflussen.

Der Dreiklang der Demografie verbirgt sich hinter den Worten „weniger, bunter, älter". Folgende Zahlenbeispiele bringen die Diskussion um den demografischen Wandel auf den Punkt:

Weniger: Mit diesem Eckpfeiler des demografischen Wandels werden gleich zwei Facetten verbunden. Zum einen die Tatsache, dass die Bevölkerung insgesamt schrumpft. Deutschland wird um 2060 noch 70 Millionen Einwohner zählen.[3] Bildlich gesprochen: Stellen Sie sich vor, es

---

1 Wenn von Bundesbürgern gesprochen wird, so sind selbstverständlich auch die Bundesbürgerinnen gemeint. Aus Gründen der Lesbarkeit wird darum gebeten, stets die weibliche Form mitzudenken.
2 Diese Daten entstammen der repräsentativen Forsa-Befragung für den Philips Health & Well-being Index Deutschland, der im Juni 2010 erhoben worden ist.
3 Die hier aufgeführten statistischen Daten zur Bevölkerung stammen in der Regel alle von Erhebungen und Berechnungen des deutschen Statistischen Bundesamtes bzw. den jeweiligen Landesämtern, sofern nicht ausdrücklich anders hervorgehoben.

verschwände bis 2060 jährlich eine Stadt mit 200.000 Einwohnern von der Landkarte. Erfurt – weg, Kassel – weg, Magdeburg – weg, Lübeck – weg. Das käme im Durchschnitt dem vorausberechneten Bevölkerungsrückgang in Deutschland von heute bis 2060 gleich. Doch der Schrumpfungsprozess erfolgt nicht derart konzentriert, er verläuft flächendeckend: Jede zweite Kommune wird Einwohner verlieren. Die andere Facette beleuchtet die Tatsache, dass irreversibel immer weniger Kinder zur Welt kommen. Verzeichneten wir 1964 noch 1.357.304 Geburten, so waren es 2009 nur noch 665.000. Dieser Trend kann nur noch abgemildert werden, denn es fehlen mittlerweile zu viele potenzielle Mütter.

Bunter: Stellen Sie sich vor, die Deutschen werden 2050 eine kulturelle Minorität im eigenen Land sein. Schon heute weisen etwa 35 Prozent der unter Fünfjährigen einen Migrationshintergrund auf. 2050 wird die Mehrheit der Menschen unter 50 Jahren eine Zuwanderungsgeschichte erzählen können. In Nordrhein-Westfalen stammten schon 2009 knapp 39 Prozent der Kinder bis zu sechs Jahren aus Migrantenfamilien. Die Bevölkerung wird in 25 Jahren, wenn diese Kinder selbst wieder Kinder haben, eine völlig andere Zusammensetzung haben. Ziel ist es, diese Vielfalt zu leben.

Älter: Heute leben in Deutschland etwa 20 Millionen Menschen, die älter als 60 Jahre alt sind. In 20 Jahren (2030) werden es 28 Millionen Menschen sein. Das sind 40 Prozent mehr. Hierbei geht es um Menschen, die bereits leben. Gleichzeitig sinkt die Zahl der Menschen unter 25 Jahre um 20 Prozent, wenn die seit 1970 recht konstante Geburtenquote sich nicht wesentlich ändert. Stellen Sie sich daher vor, Sie werden im Jahre 2050 im Schnitt 1,3 Rentner unterhalten müssen, wenn Sie Arbeitnehmer sind. Das ist das Ergebnis der Veränderung der Bevölkerungsstruktur, wo immer mehr ältere Menschen auf immer weniger jüngere Menschen treffen – und das Rentenversicherungssystem bleibt, wie es ist.

Das sind nur einige Fakten, die Sie wissen sollten, damit Sie handeln können. Aber es sprechen weitere gute Gründe dafür, dass Sie dieses Buch trotz Informationsflut, -dichte und -vielfalt lesen sollten. Weil …

- es – neben dem Klimawandel und der Schuldenproblematik der öffentlichen Haushalte – kein anderes gesellschaftspolitisches Handlungsfeld gibt, das unser künftiges Leben so nachhaltig beeinflussen wird. Jeder, dem seine Zukunft wichtig ist, wird darum wissen wollen.

- es aufgrund jahrzehntelanger Tabuisierung durch die Politik sowie durch nahezu alle gesellschaftlichen Akteure noch immer ein klares Erkenntnisdefizit zu den demografischen Fakten und ihren wahrscheinlichen wie möglichen Auswirkungen gibt.

- die Zeit drängt, heute Weichen für morgen zu stellen, insbesondere für alle jene Menschen, die den Wunsch haben, nicht nur sich selbst, sondern auch ihren Kindern und Enkeln eine lebenswerte Zukunft zu gestalten. Deshalb wird in diesem Buch dem Erkenntniswissen konkret anwendbares Umsetzungswissen, das zumeist fehlt, hinzugefügt.

- es durch den demografischen Wandel eine große innovative Chance gibt, die Gesellschaft strukturell wie inhaltlich neu zu beleben und zu gestalten. Daran mitzuwirken stellt einen besonderen Reiz dar, vor allem da die Chance historisch einmalig ist. Dies gelingt, wenn man informiert ist und seine eigenen Ziele formulieren kann.

- es verdeutlicht, dass die Auswirkungen jedes Handlungsfeld, jede Branche und jeden Berufszweig betreffen. Wer sich damit auseinandersetzt, sichert letztlich seine persönliche wie berufliche Zukunft, weil er um mögliche Entwicklungen weiß und handeln kann. Das ist im Übrigen die große Chance dieses Veränderungsprozesses: Er betrifft jeden Menschen. Keiner kann sich ihm entziehen.

An dieser Stelle sei ein afrikanisches Sprichwort zitiert: „Die beste Zeit, einen Baum zu pflanzen, war vor 20 Jahren. Die zweitbeste ist jetzt." In der Tat: Der Blick nach vorn ist gefragt. Dabei können die akuten Finanzkrisen auch als Chance gewertet werden, denn es gilt heute, die richtigen Weichenstellungen für eine demografisch völlig veränderte Welt von morgen zu stellen. Bundeskanzlerin Angela Merkel hat es in ihrer Etatrede am 17. März 2010 im Deutschen Bundestag zutreffend beschrieben:

„In den nächsten Jahren kommt eine riesige Aufgabe auf uns zu, eine Herkulesaufgabe. Wir müssen eigentlich Unvereinbares zusammenbringen: den Haushalt konsolidieren, aber zugleich Wachstum schaffen, und das Ganze in dem Umfeld einer Gesellschaft, deren Altersaufbau sich dramatisch verändert. Wir brauchen neues Denken, um diese großen Herausforderungen bewältigen zu können."

Genau darum geht es in diesem Buch. Es geht um den Mentalitätswandel, der neues Denken möglich macht. Zukunft ist nicht mehr die bloße Verlängerung der Vergangenheit. Das spürt jeder. Doch wir handeln nicht entsprechend – noch nicht. Die Bundesregierung hat angekündigt, im Oktober 2011 ihren Demografiebericht für Deutschland vorzulegen und ein Jahr später – im Oktober 2012 – die daraus folgende Demografiestrategie. Darauf zu warten, ist nicht ratsam. Bereits heute als richtig Erkanntes weichenstellend für die Zukunft auf die Schiene zu setzen, lautet die Devise: für jeden Einzelnen, für jede Familie, für jeden Beruf, jede Kommune und jede Branche.

Bergheim, im April 2011
Dr. Winfried Kösters

I. Weichen für morgen stellen –
Ein Mentalitätswandel ist dringend nötig

„Neue Eltern braucht die Republik" titelte die *Welt am Sonntag* an Pfingsten 2010. Denn der starke Geburtenrückgang sprenge die Sozialsysteme der Gegenwart. Ein radikales Umdenken in der Familien- und Bevölkerungspolitik wird gefordert. Nur: Wer oder was sollte die potenziellen Eltern von morgen dazu ermutigen, in die demografische Offensive zu gehen? Nur wenige Wochen zuvor wies die *Süddeutsche Zeitung* auf eine weitere Entwicklung hin: „Pension Deutschland" lautete die Überschrift. Berichtet wurde über ein Dorf von 44 Häusern im Emsland, in dem nur alte Menschen leben. Das erste deutsche „Gerontopolis". [4] Dabei ist heute schon sicher, dass es in 50 Jahren (2060) doppelt so viele 60-Jährige geben wird wie heute. Folgende Fragen gilt es zu beantworten: Wie stellen wir uns das Leben in einer Gesellschaft vor, in der die Menschen über 60 Jahre doppelt so stark vertreten sein werden wie die unter 20? Und: Wie stellen wir sicher, dass alle Generationen diese Gesellschaft aktiv mitgestalten?

Dabei sind diese Phänomene nicht neu. Seit 1990 befindet sich die Geburtenzahl im vereinigten Deutschland im Sinkflug. Erblickten 1990 noch 906.000 Kinder das Licht der Welt, so waren es im Jahre 2000 nur noch 767.000, bevor in 2009 mit 665.000 der bisher tiefste Geburtenstand im 81,7 Millionen zählenden deutschen Volk markiert wird. Auch die Alterung ist nicht neu. Erinnern wir uns: Otto von Bismarck ließ 1889 im Reichstag das Gesetz zur Rentenversicherung verabschieden, wodurch das Renteneintrittsalter mit 70 Jahren festgeschrieben wurde. Das erreichten damals gerade mal 2 Prozent der Menschen. Sein Argument war die Finanzierbarkeit. Ginge es noch immer nach Bismarcks Kriterien, so läge das Renteneintrittsalter heute bei etwa 88 Jahren. Denn das entspricht heute rund 2 Prozent der Bevölkerung. Der Deutsche

---

4 ‚Süddeutsche Zeitung' vom 10./11. April 2010.

Gewerkschaftsbund (DGB) kündigte im Mai 2010 aber einen „heißen Herbst" an, um das Renteneintrittsalter bei 65 Jahren statt 67 Jahren festzuschreiben. Auch im Bundestag vertretene politische Parteien wollen das Rad zurückdrehen. Einerseits führen sie die noch immer zu niedrige Zahl der sozialversicherungspflichtig Beschäftigten zwischen 55 und 65 Jahren an (aktuell sind dies 56 Prozent), andererseits herrscht bei vielen Akteuren noch immer ein Altenbild vor, das Menschen über 50 Jahre als „altes Eisen" abstempelt. Beides hat mit der Realität von morgen nichts mehr zu tun. Das wird noch immer nicht ausreichend zur Kenntnis genommen, ideologisch überholte Bilder dominieren weiterhin die politisch-gesellschaftliche Debatte. Von einem Mentalitätswandel sind wir noch immer weit entfernt.

Eigentlich gibt es kein solideres Planungsfundament für die Zukunft einer Gesellschaft als die demografischen Fakten. Daran kommt niemand vorbei. Denn nur wer geboren worden ist, kann drei Jahre später einen Kindergartenplatz beanspruchen, sechs Jahre später eine Schule besuchen und rund 20 Jahre später einen Ausbildungsplatz besetzen. Wer nicht geboren wurde, kann das nicht. Dennoch leugnen viele politisch engagierte Menschen die mit dem Geburtenrückgang sowie der Alterung einhergehenden Veränderungen. Warum? Reiner Klingholz, Bevölkerungsforscher aus Berlin, meint dazu: „Das Thema lässt sich nicht positiv besetzen." Offenbarender ist hingegen ein verbürgtes Zitat von Herbert Ehrenberg, dem Bundesarbeitsminister von 1976 bis 1982: „An der langfristigen Entwicklung kann ich ja sowieso nichts machen, und darum kümmere ich mich lieber um das, was heute möglich ist."[5]

Das scheint bis heute das Credo der aktiven Parteipolitiker zu sein. Nehmen wir den Bundestagswahlkampf im September 2009: Der demografische Wandel war dort kein Thema, ganz im Gegenteil: Noch wenige Wochen zuvor wurde von der CDU/CSU/SPD-Koalition eine gesetzlich verbriefte Rentengarantie abgegeben. Den 20 Millionen Rentnern, von denen laut Wahlforschung immerhin 80 Prozent zur Wahlurne schrei-

---

5 Dieses Zitat ist der ‚Frankfurter Allgemeinen Zeitung' vom 1. Oktober 2010 entnommen.

ten, wurde zugesichert, dass ihre Renten nicht sinken werden. Aus den Unterlagen der Rentenversicherung geht allerdings hervor, dass die Renten im Westen zum 1. Juli 2010 wegen der 2009 erstmals gesunkenen Löhne eigentlich um 2,11 Prozent hätten gekürzt werden müssen. Diese Rentenkürzung verhinderte jedoch die von der Großen Koalition 2009 eingeführte Rentengarantie.

Das war nicht das erste Mal, dass aus kurzfristigen wahltaktischen Erwägungen der Generationenvertrag, der von dem langfristigen Vertrauen der Generationen lebt, manipuliert wurde. Schon zuvor hatte die Politik befristet andere Faktoren außer Kraft gesetzt, die die jährlichen Rentenanpassungen dämpfen sollten. Der damals verantwortliche Bundesarbeitsminister Olaf Scholz beschrieb die Lage im Juli 2009 so: „Fast jeden Tag rechnet ein neuer schlauer Professor oder ein neues schlaues Institut aus, dass uns der Himmel auf den Kopf fällt und alles schiefgeht. Diesen Panikmachern, die bei vielen Millionen Rentnern Unsicherheit verbreiten, wollen wir mit der eindeutigen Sprache des Gesetzes Einhalt gebieten." [6]

Das ist, als wenn der Bundestag ein Gesetz verabschieden würde, das verbindlich festhält, dass eins und eins gleich drei sind. Peer Steinbrück, Bundesfinanzminister der Großen Koalition und der Zahlen mächtig, erkannte nach seiner Abstimmung im Bundestag für das Gesetz: „Die Gekniffenen sind die 25- bis 35-Jährigen, die Kinder in die Welt setzen wollen. Um diese Generation müssen wir uns kümmern." [7]

Späte Einsichten. Doch laut der Wahlforschung gehen gerade die unter 30-Jährigen, deren Zahl mit etwa zehn Millionen Wahlberechtigten nur halb so groß ist wie die Generation der über 60-Jährigen, nur zu rund 60 Prozent wählen. Nüchtern rechnende Parteistrategen, denen die Zukunft des Landes und der nachfolgenden Generation relativ egal ist, geben bei solchen Gesetzen den Ausschlag. Dabei haben auch sie noch

---

6 Dieses Zitat ist der ‚Kölnischen Rundschau' vom 11. Juli 2009 entnommen.
7 Dieses Zitat ist der ‚Welt' vom 11. Juli 2009 entnommen.

nicht verinnerlicht, dass die Frage zu klären ist, wer künftig die Pflege dieser Menschen übernimmt. Ob diejenigen, die heute keine Rücksicht erfahren, künftig Nachsicht üben?

Die Hoffnung, dass man sich nach den Bundestagswahlen den wirklichen Herausforderungen stellen würde, trog. So belegt zum Beispiel die Lektüre der Koalitionsvereinbarung der CDU, CSU und FDP, die am 26. Oktober 2009 medienwirksam unterzeichnet wurde, dass der demografische Wandel nur etwa 30-mal thematisiert wird, zumeist in Nebensätzen. Einen eigenen Unterabschnitt „demografischer Wandel", wie es ihn etwa zum Thema „Integration von Zuwanderern" gibt (das Wort „Integration" taucht 70-mal auf), oder einen eigenen Hauptabschnitt wie zum Thema „Bildung" (das Wort kommt etwa 170-mal vor) finden wir dort nicht. Es ist, als ob der demografische Wandel ein Randphänomen wäre, mit dem man sich gelegentlich zu beschäftigen hat. Auch der nordrhein-westfälische Landtagswahlkampf im Frühjahr 2010 belegt, dass die zentralen Herausforderungen, die der demografische Wandel in zahlreichen Kommunen, insbesondere in eher ländlich strukturierten Gebieten, darstellen wird, nach wie vor keine Rolle spielen. „Keine Experimente" lautete ein Wahlslogan. Dabei bedarf es jeder Menge experimenteller Ideen, um die Herausforderungen der Zukunft zu gestalten. Und im Koalitionsvertrag der neuen rot-grünen Landesregierung zählen sie nicht zu den wirklichen Herausforderungen der Zukunft, wie sie auf den ersten Seiten aufgelistet wurden.

Diese Ignoranz der Einsichten und die Unfähigkeit, diese komplexen Wirkzusammenhänge zu kommunizieren, sowie die Mutlosigkeit, Zukunftsthemen nachhaltig anzupacken, zeichnen im Übrigen alle politischen Parteien aus. Dabei war zum Beispiel die CDU in NRW die erste Partei, die im Juni 2008 einen Leitantrag zum Thema „demografischer Wandel" auf einem Landesparteitag verabschiedete. Doch auch hier zeigt sich, dass Papier geduldig ist. Dabei benannte die Bundeskanzlerin im November 2009, als sie die Regierungserklärung im Bundestag vortrug, fünf Aufgaben, die es anzupacken gelte: „Erstens: Wir müssen die Folgen der internationalen Finanz- und Wirtschaftskrise überwinden. Zweitens: Wir müssen das Verhältnis der Bürgerinnen und Bürger zu ihrem Staat verbessern. Drittens: Wir müssen Antworten auf die Veränderungen des

Altersaufbaus finden. Viertens: Wir müssen einen zukunftsfesten Umgang mit den weltweiten natürlichen Ressourcen finden und dazu einen globalen Ordnungsrahmen aufbauen. Fünftens: Wir müssen das Verhältnis von Freiheit und Sicherheit in der Innen- und Außenpolitik angesichts neuer Bedrohungen weiter festigen."

Wir dürften „die Augen nicht vor der Realität verschließen", ergänzte sie noch. Im März 2010 verteidigte sie dann erneut im Bundestag die Rentengarantie, obwohl auch sie weiß, dass 2009 erstmals mehr über 65-Jährige in Deutschland lebten als unter 20-Jährige. Wo ist das neue Denken, das dem von ihr selbst geforderten Mentalitätswandel Nachdruck verleiht?

Es ist indes nicht so, dass nichts geschieht. So veröffentlichte das Berlin-Institut für Bevölkerung und Entwicklung im Juni 2009 im Auftrag des Bundesministeriums für Verkehr, Bau und Stadtentwicklung (BMVBS) ein Gutachten. Ziel war es, einen „Politikvorschlag Demografischer Wandel" vorzulegen. Dieses Gutachten bestätigt, mit vielen Zahlen unterlegt, dass Deutschlands Bevölkerung schrumpfen wird. Bestimmte Regionen in Deutschland werden davon mehr betroffen sein als andere, so zum Beispiel die ostdeutschen Bundesländer. Das Gutachten wollte mit einer Lebenslüge der auf die alten Bundesländer zugeschnittenen Verfassung aufräumen, nämlich der Erzielung der „Gleichwertigkeit der Lebensverhältnisse". Diese sei aber angesichts der Bevölkerungsentwicklung nicht mehr zu erzielen. Das kam einem Tabubruch gleich. Anfang Juli 2009 musste diese Studie von der Homepage des Berlin-Instituts zurückgezogen werden, bevor sie dann – wenige Tage später – mit einer Stellungnahme des Ministeriums wieder ins Netz gestellt wurde: „Es mag aus wissenschaftlicher Sicht rational erscheinen, bestimmte Regionen nicht weiter zu fördern. Das ist für die deutsche Regierung aber absolut inakzeptabel. Wir geben keinen Menschen auf, wir geben kein Dorf auf, wir geben keine Region auf."[8]

---

8 Dieses Zitat ist dem Internetdienst ‚NZZ online' vom 16. Juli 2009 entnommen.

Der Politik liegen also alle Zahlen auf dem Tisch. Doch sie weigert sich noch immer, angemessen und zielorientiert darauf zu reagieren. Dabei sind diese Entwicklungen keine in verstaubten Universitätsinstituten ersonnenen Prognoseszenarien, sondern bittere Realitäten in vielen Kommunen. Dies wird auch anhand der Internationalen Bau-Ausstellung (IBA) deutlich, die 2010 in Sachsen-Anhalt stattfand. Dort wurden 19 Projektstädte präsentiert, die sich dem demografischen Wandel unter dem Motto „Weniger ist Zukunft" aktiv stellen wollen. Über acht Jahre wurden insgesamt rund 200 Millionen Euro an Fördergeldern ausgegeben. Dabei fand man in Sachsen-Anhalt einen Weg, „Schrumpfungskompetenz" systematisch auszubilden. Darunter ist zu verstehen, das „Weniger" aktiv als neue soziale Realität zu verstehen, etwas, das niemand zuvor je gelehrt und gelernt hat.

Andreas Michelmann, Oberbürgermeister von Aschersleben, erkannte bereits 2002, dass er sich von einer Illusion verabschieden musste: „Vor der Wende lebten hier 35.000 Einwohner, dann wurden es immer weniger. Jedes Jahr verlor die Stadt 500 Einwohner, viele Menschen zogen in den Westen, und die Verbliebenen bekamen weniger Kinder."

Dieses Phänomen als Zeitenwende zu begreifen und nicht als vorübergehende Delle, war für Andreas Michelmann „ein psychologisches Problem".[9] Seitdem er dies aber akzeptiert habe, so sagte er, könne er sich auf das konzentrieren, was nottäte: die Gestaltung des Schrumpfens. Gleichwohl, so berichtet die *Süddeutsche Zeitung*, sieht es im April 2010 in Aschersleben „nach Aufbruch und nicht nach Abbruch" aus.

Auch im Kreis Stendal wagt man den Tabubruch: Gleichwertige Lebensverhältnisse für alle können nicht mehr geboten worden. Dirk Michaelis, Bauamtsleiter des Landkreises Stendal, beschreibt die Lage: „Bis zum Jahr 2025 wird der Kreis 40 Prozent der 156.000 Einwohner, die 1990 noch hier gelebt haben, verlieren."[10] Die Politik ignorierte zunächst das

---

9 Diese Zitate sind der ‚Süddeutschen Zeitung' vom 8. April 2010 entnommen.

10 Dieses Zitat ist der ‚Frankfurter Allgemeinen Sonntagszeitung' vom 18. April 2010 entnommen.

Problem. Zu gegenwärtig waren das Versprechen und die Vision der „blühenden Landschaften", die Helmut Kohl im Bundestagswahlkampf 1990 heraufbeschworen hatte. Mit finanziellen Mitteln aus dem Solidarbeitrag aller Steuerzahler investierte man wie bisher in eine Wachstum verheißende Zukunft. Man baute Gewerbegebiete und Straßen, sanierte Altbauten und Kanalnetze, wies Baugebiete für Einfamilienhäuser und Handelsflächen am Stadtrand aus. Doch statt des Wachstums stellte sich Leerstand ein: 1999 konnten allein in Stendal-Süd 6000 Wohnungen nicht vermietet werden. Und ab 2000 fand dann der geordnete Rückbau statt. Ein Landesbauminister der damaligen Zeit kommentierte die Anfrage, ob das Land derartige (notwendige) Aktivitäten finanziell fördere mit den Worten: „Ich bin Bau- und nicht Abrissminister."

Sicher: Für jeden Stadtplaner ist das eine neue Situation. Denn niemand hat im Studium gelernt, wie man Siedlungen und Straßen planmäßig wieder abreißt. Die Gestaltung des Weniger ist keine Dimension, wo man aus dem Vollen der Erfahrung und der Ideen schöpfen kann. Doch schon jetzt gibt es Ortschaften, in denen fast alle Einwohner über 50 Jahre alt sind, in denen nachts die Bürgersteige hochgeklappt werden, Dörfer ohne Gasthaus, ohne Geschäft, ohne Arzt, ohne Kirche. Da drängt sich – gerade vor dem Hintergrund der geringer werdenden öffentlichen Finanzressourcen – die Frage auf, ob man überhaupt noch in diese Dörfer investieren soll: Straßen reparieren, Kanalisation erneuern, Laternen austauschen?

Doch obwohl die Realitäten in immer mehr Kommunen – in ganz Deutschland – ankommen, wird das sachlich angemessene politische Handeln noch immer verweigert. Ein Umdenken ist in der Tat gefragt, ein Loslassen von überholten (ideologischen) Vorstellungen die Voraussetzung. Dabei stellt der demografische Wandel eine einmalige Chance dar. Denn im Gegensatz zu allen Wandlungsprozessen der Vergangenheit kann sich diesem Prozess keiner entziehen. Der demografische Wandel betrifft jeden Einzelnen, jede Familie, jede Kommune, jede Branche, jeden Berufszweig. Diese Chance gilt es zu nutzen.

Nicht wenige Mandatsträger sind jedoch noch immer der Überzeugung, dass dieses Phänomen vor allem die ostdeutschen Länder betrifft. Ein

Landrat im Westen kommentierte die Vorausberechnungen mit den
Worten: „Das glaube ich Ihnen nicht." Dabei ist das keine Frage des
Glaubens, sondern der harten Fakten. Viele haben immer noch nicht
begriffen, dass diese Entwicklung auch in die westdeutschen Bundesländer schwappt. Das Saarland spürt es heute schon als westdeutsches Flä-
chenland insgesamt. 2020 wird jede zweite Kommune sich mit Schrump-
fungsprozessen auseinandersetzen müssen – bundesweit. Wer dann
behauptet, dass diese Entwicklung nicht vorhersehbar gewesen sei, der
irrt. Eine Ignoranz, die den Bürgerinnen und Bürgern allerdings teuer zu
stehen kommen wird.

Nehmen wir als Beispiel das Bundesland Hessen. Dieses Bundesland hat
im Jahr 2003 als erstes Bundesland eine Enquetekommission zum demografischen Wandel eingerichtet. 2005 lag ein Bericht vor, dem es an
Eindeutigkeiten nicht mangelt. Am 30. April 2010 führte dann der
Demografiebeauftragte des Landes einen Demografiekongress im Hessischen Landtag durch. Der Landtagspräsident begrüßte die zahlreich
angereisten Bürgermeister und Landräte mit den Worten, dass es nun
Aufgabe sei, die Auswirkungen des demografischen Wandels in die
Bevölkerung hineinzutragen, wo sie immer noch nicht im Bewusstsein
angekommen seien. Es drängt sich die Frage auf, warum die Zeit von
2005 bis 2010 nicht aktiv – auch in den zwei Wahlgängen – dafür genutzt
wurde? Zwischenzeitlich haben fünf deutsche Landtage eine Enquetekommission zum Themenfeld „demografischer Wandel" eingerichtet:
neben Hessen sind dies Niedersachsen, Saarland, Sachsen und Baden-
Württemberg. Der Bericht über die Umsetzung der Empfehlungen der
baden-württembergischen Enquetekommisson wurde im Juli 2008 vorgelegt, doch mit Rücksicht auf die Kommunalwahlen im Juni 2009 erst
einmal in die Schublade gelegt – parteien- und fraktionenübergreifend.
Ein Mitglied dieser Enquetekommission sagte, dass man das so kurz vor
den Wahlen niemandem zumuten könne. Immer wieder stellt sich die
Frage, wer die Wahrheiten eigentlich nicht hören will?

Der Soziologe Franz-Xaver Kaufmann, der bereits 1960 ein Buch zu den
Folgen demografischer Alterungsprozesse vorlegte, spricht von einer
„Verdrängung" des Themas. Diese Verdrängung sei jedoch „repräsenta-
tiv nicht nur für die politische, sondern auch für die wissenschaftliche

Behandlung" des Themas. Das sieht auch Meinhard Miegel in seinem Bestseller „Die deformierte Gesellschaft" so. Er diagnostiziert: „Vorausschauendes politisches Gestalten ist zur Ausnahme geworden." Dabei sei die Bevölkerungsentwicklung „der Dreh- und Angelpunkt des 21. Jahrhunderts – in Deutschland, Europa und der Welt". Noch deutlicher wird die Enquetekommission des Hessischen Landtags selbst: „Der demografische Wandel ist eines der prägenden Merkmale unseres Jahrhunderts. Gesellschaft und Politik haben ihn von der Mitte der Siebzigerjahre des 20. Jahrhunderts bis zu dessen Ende weitgehend kollektiv ignoriert, bestritten und tabuisiert." Wenn dem so ist, warum geschieht dann immer noch zu wenig bis nichts?

Ein Mentalitätswechsel ist notwendig – dringend. Franz-Xaver Kaufmann hat dies in seinem 2005 erschienenen Buch „Schrumpfende Gesellschaft" so formuliert: „Die zentrale Herausforderung moderner Gesellschaften durch die Bevölkerungsschrumpfung besteht darin, dass Schrumpfungsprozesse in ihnen sozusagen strukturell nicht vorgesehen sind, sondern dass bisher alle Probleme durch Wachstum gelöst wurden." Die wachsenden Anpassungszwänge würden im Falle einer schrumpfenden Bevölkerung auf sinkende Anpassungsfähigkeit stoßen. Die Wachstumsideologie hat ausgedient. Wir brauchen also einen Sichtweisenwechsel. Doch dafür gibt es keine historischen Vorbilder, keine Blaupausen, keinen Vorrat an Bildern, Ideen und Visionen. Und noch immer sind die Menschen im Lande über die tatsächlichen Herausforderungen nicht ausreichend informiert.

„Dieses Land hat nicht nur ein Umsetzungsproblem, sondern zumindest bezüglich der demografischen Herausforderungen auch noch immer ein Erkenntnisproblem", stellte der frühere Bundespräsident Roman Herzog bereits 2004 fest. Es ist erschreckend, doch seitdem kann dieser Befund noch immer als aktuell angesehen werden. Eines lässt sich aber positiv festhalten: Notgedrungen beschäftigen sich immer mehr Bevölkerungsgruppen mit den Auswirkungen – unabhängig von der Politik. Doch dies geschieht noch punktuell, nicht konzeptionell. Denn sich mit der Demografie zu befassen, heißt, sich einer der großen Zukunftsfragen zuzuwenden. Ignorieren wir weiter den Wandel, der sich mit den Worten „weniger, bunter, älter" umschreiben lässt, werden Chancen einer aktiven Zukunftsgestaltung verspielt. Das Wort von Albert Schweitzer, wonach keine Zukunft etwas gutmachen könne, „was du in der Gegenwart versäumst", erfährt bedenkenswerte Aktualität.

Der renommierte Bevölkerungswissenschaftler Herwig Birg spricht von einer „demografischen Zeitenwende" und findet drei markante Zahlen, die dies drastisch illustrieren. Wenn die Bevölkerungszahl in Deutschland nachhaltig stabil bleiben solle, wir damit unsere sozialen Sicherungssysteme auch künftig nahezu unverändert lassen wollten, dann müsste

- die Geburtenrate von zurzeit 1,36 Kindern pro Frau auf 3,8 Kinder pro Frau ansteigen oder
- die Zuwanderung so gesteuert werden, dass es bis 2050 eine Nettozuwanderung von 188 Millionen Menschen gäbe oder
- das Ruhestandsalter, das formal heute bei Männern 65 Jahre beträgt, real aber bei 60 Jahren liegt, bis zum Jahr 2036 auf 70 und bis zum Jahr 2074 sogar auf 73 Jahre angehoben werden.

Doch selbst wenn eine Mischung aus allen Faktoren das Heil unserer demografischen Zeitenwende darstellen würde: Wäre das realistisch? Wir erkennen ja bereits an den politischen Rentendiskussionen, wie sehr wir im alten Denken haften bleiben, wie wenig nach neuen Lösungen gesucht wird und wie sehr sich Menschen gegen Veränderungen stemmen. Dabei kommt auch Politik nicht an den Zahlen vorbei. Fakt ist, dass Deutschland Einwohner verliert. Noch 2002 konnten 82,54 Millionen Menschen in unserem Land gezählt werden. Das war der Höchststand. Seitdem schrumpft die Bevölkerung kontinuierlich. Ende 2009 – so das Statistische Bundesamt – wohnten noch 81,7 Millionen Menschen in diesem Land. Die Geburtenrate blieb zwar weitgehend konstant, doch da die Zahl der Frauen im Alter von 15 bis 49 Jahren aufgrund der gesunkenen Geburtenzahlen ebenfalls gesunken ist, können letztlich auch nur weniger Kinder (bei gleicher Geburtenquote) zur Welt gebracht werden. Gleichzeitig ist und bleibt die Zahl derjenigen, die sterben, deutlich höher. 2009 gab es 190.000 mehr Sterbefälle als Geburten. Und wenn dann auch die Zuwanderung netto unter 100.000 Menschen liegt, ist die Schrumpfung die mathematische Folge. 2008 wanderten rund 56.000 mehr Menschen aus, als zuwanderten – erstmals seit 1954.

Keine Kommune in Deutschland wird daher aus eigener Kraft (mehr Geburten als Sterbefälle) noch bevölkerungsmäßig wachsen können, die Kommunen können nur noch durch Zuwanderung ihre Bevölkerungszahl konsolidieren oder gar ansteigen lassen. Der Wettbewerb um Menschen findet bereits heute bundesweit statt, wird sich noch verschärfen und bedeutet zweierlei: Zum einen muss jede Kommune attraktiv bleiben für die, die bereits heute in ihr leben, zum zweiten muss jede Kommune sehen, was sie attraktiver macht für Menschen, die jährlich ihren Wohnsitz wechseln. Zurzeit ziehen bundesweit 3,6 Millionen Menschen um. Was motiviert sie, sich für eine Kommune als Wohnort zu entscheiden? Was motiviert sie, die bisherige zu verlassen? Wo finden Unternehmen noch (geeignete) Arbeitskräfte? Wird künftig schon der Auszubildende nur noch mit einem Dienstwagen zu ködern sein?

Um 2015 wird sich die Zahl der ersten großen Rentnergeneration mit der immer geringer werdenden Anzahl neuer Berufseinsteiger überschneiden. Was 2030, wenn keiner der heute aktiven Politiker mehr im Amt sein wird, mit uns geschieht, entscheidet sich heute, entscheidet sich jetzt. Wir brauchen eine demografische Offensive. Die politischen Ziele müssten lauten: Wir wollen alle potenziellen Eltern nachhaltig motivieren und unterstützen, Kinder zu zeugen und zu erziehen. Wir wollen alle Älteren davon überzeugen, in generationenübergreifender Verantwortung zu denken und zu handeln. Wir wollen möglichst viele Menschen, die in unser Land kommen möchten, aktiv unterstützen, bei uns zurechtzukommen. Es gilt, unabhängig von der jeweiligen Herkunft vor Ort eine gemeinsame Zukunft zu entwickeln.

Eine aktive Integrationspolitik fehlt aber noch in den meisten Kommunen. Sie steht auch erst seit 2006 auf der Agenda einer Bundesregierung. Bis dahin hatten wir die Lebenslüge genährt, kein Einwanderungsland zu sein, uns somit auch nicht um eine aktive Integrationspolitik kümmern zu müssen. Der sich ankündigende Fachkräftemangel entwickelt nun aber einen solchen Druck, dass alle Akteure aktiv aufgefordert sind, die Zuwanderung von Fachkräften durch eine kommunale Integrationspolitik attraktiver zu machen. Denn: Deutschland braucht Fachkräfte, aber die Fachkräfte brauchen Deutschland nicht.

Gleichwohl sind die Auswirkungen der bisherigen Politik noch virulent:
Eine aktuelle Studie belegt sogar, dass rund ein Fünftel der Deutschen
Migranten negativ gegenüberstehen – vor allem Ältere, Bildungsferne
und ländlich Lebende. Diesen Menschen ist weder bewusst, noch interessiert es sie, dass 2050 die Mehrheit der Deutschen unter 50 Jahren
einen Migrationshintergrund aufweisen und die Mehrheit der Deutschen über 50 Jahren diesen nicht haben wird. Nicht zuletzt deshalb
äußert die Integrationsbeauftragte der Bundesregierung, Maria Böhmer,
im Mai 2010, dass sie sich einen türkischstämmigen Bundeskanzler oder
eine türkischstämmige Bundeskanzlerin vorstellen könne. Denn neben
einer vom Miteinander der Generationen geprägten Generationenpolitik brauchen wir auch ein integrierendes, von gemeinsamen Werten aus-
gehendes Verständnis eines Miteinanders der Kulturen.

Was spricht nun dafür, dass die Bereitschaft Kinder zu zeugen, in den
nächsten Jahren spürbar und nachhaltig ansteigen wird? Die Journalistin Meike Dinklage spricht vom „Zeugungsstreik" und belegt in ihrem
gleichnamigen Buch, „warum die Kinderfrage vor allem Männersache"
ist. Die Kinderwunsch-Studie der Robert Bosch Stiftung belegt, dass die
Menschen deutlich mehr Kinder haben möchten, als sie tatsächlich zeugen und gebären. Was verhindert die Erfüllung dieses Wunsches? Und
was kann die Familienpolitik dazu beitragen? Auch hier steht ein Mentalitätswandel an, denn die bisherige Familienpolitik kann – hinsichtlich
des Ziels, eine höhere Geburtenrate in Deutschland zu fördern – als
gescheitert betrachtet werden. Wenn die Kinderfrage jedoch vor allem
eine Männersache ist, dann brauchen wir auch ein neues Männerbild.
Gleichstellungspolitik darf künftig nicht mehr als Frauenförderung
missverstanden werden. Nicht zuletzt deshalb berief die Bundesfrauen-
ministerin im November 2010 einen neuen „Beirat Jungenpolitik". Auch
hier steht ein Mentalitätswandel an.

Doch selbst wenn Menschen wieder mehr Kinder zeugen würden, die
„ausgefallene Generation" (Herwig Birg) kann davon nicht wiederbelebt
werden. Das heißt, dass bereits eine ganze Generation nicht mehr gezeugt
worden ist, die wieder Kinder bekommen könnte. Das wiederum belegt
die Irreversibilität des „Weniger". Genauso irreversibel ist deshalb das
„Älter" und das „Bunter". Eine Familienpolitik der Zukunft könnte das

Erfolgsziel verkünden, den absehbaren Schrumpfungsprozess moderater als vorausberechnet verlaufen zu lassen. Sie wird ihn nicht verhindern können. Sie kann ihn aber mindestens gestalten. Das müssen wir lernen. Familienpolitik muss daher als Generationenpolitik konzipiert einen zentralen Stellenwert zukünftiger Politikgestaltung einnehmen, um die Auswirkungen des demografischen Wandels „abzufedern".

Wir müssen zur Kenntnis nehmen, dass der in nahezu jeder Sonntagsrede fallende Satz „Die Kinder sind unsere Zukunft" nicht mehr richtig ist. Künftig heißt es: „Die Zukunft gestalten die Alten." Schon ab 2020 stellen die über 50-Jährigen bei jeder Wahl die strukturelle Mehrheit. Ist Kindergeschrei dann Zukunftsmusik oder schlichtweg störender Lärm? Machen wir uns nichts vor: Derjenige, der noch Enkel zu seinen Angehörigen zählen wird, der vermag noch motiviert zu sein, an die nächste Generation zu denken. Doch da alle seit 1965 geborenen Jahrgänge bis zu einem guten Drittel kinderlos sind, wird auch deren Zukunft die eigene sein, weniger die der anderen. Das ist legitim. Doch was heißt das für die Politik von morgen? Und was geschieht, wenn die Kinderlosen pflegebedürftig werden? Fakt ist, dass man nicht selten als verheirateter Kinderloser in Deutschland finanziell besser gestellt war und ist als ein alleinerziehender Elternteil oder als ein Paar, das nicht verheiratet zusammen lebte, oder als ein Paar, das mehrere Kinder großzieht. 32 Prozent aller Kinder werden heute außerhalb der Ehe geboren. Bei uns ist aber immer noch die Ehe steuerlich begünstigt, nicht das verantwortliche Gebären und Erziehen von Kindern. Das ist in Frankreich anders. Dort lag die Geburtenquote 2009 auch bei 1,99, 2008 bei 2,02. Vom Erfolg anderer lernen, könnte das Motto lauten.

Die meisten Politiker leben hingegen noch mit dem Gedanken, sowohl das seit 1949 unveränderte föderale politische System als auch die sozialen Sicherungssysteme Rente, Gesundheit und Pflege könnten in Deutschland im Grundsatz so bleiben. Es müsse nur an der einen oder anderen Stellschraube gedreht werden, es müsse etwas optimiert werden und natürlich überflüssige Bürokratie und Ausgaben vermieden werden. Aber diese Rezepte tragen nicht mehr, weil diese Systeme insgesamt einer Runderneuerung bedürfen. Bernd Raffelhüschen, Finanzwissenschaftler aus Freiburg, fordert zum Beispiel den Umbau der gesetzlichen

Sozialversicherungssysteme. „Es werden keine Steuerungselemente geschaffen, um das System nachhaltig aufzustellen und um den Herausforderungen durch die demografische Entwicklung und den medizinisch-technischen Fortschritt zu begegnen", bemängelt er. „Was wir brauchen, ist ein 20-, 30- oder 50-Klassen-System", betont er mit Blick auf die Krankenversicherung.

Der politischen Elite fällt aber immer nur die Erhöhung des Krankenkassenbeitrages ein, um das Gesundheitssystem zu stabilisieren. Ebenso fällt ihr zur Ankurbelung der Geburtenquote die Anhebung des Kindergeldes ein. Dabei belegt die bisherige Entwicklung, dass das Kindergeld nicht dazu führte, dass mehr Kinder geboren werden. Als 1964 fast 1,36 Millionen Kinder geboren wurden, erhielten die Eltern ab dem zweiten Kind ein Kindergeld in Höhe von umgerechnet 12,50 Euro. Heute, wo wir nur noch 665.000 Geburten zählen, werden 184 Euro ab dem ersten Kind gezahlt. Gleichwohl investieren wir noch immer in dieses Instrument. Bei uns gilt noch immer Adenauers Motto von 1959: „Kinder haben die Leute immer." Hätte er den Pillenknick noch miterlebt, wäre er der Erste gewesen, der dies als „Geschwätz von gestern" bezeichnet hätte.

Ein Beispiel aus dem Sport verdeutlicht, was wir wirklich brauchen. Bei den Olympischen Spielen 1968 in Mexiko-Stadt gewann Robert Fosbury die Goldmedaille im Hochsprung der Männer. Dabei sprang er als Einziger mit dem Rücken über die Latte, alle anderen mit dem Bauch. Die bis dahin bewährte Methode des Straddle stieß aber offensichtlich an ihre Grenzen. Trotz Optimierungen im Anlauf, im Absprung und in der Bauchwälzung über die Latte gelangen keine wesentlichen neuen Rekorde. Für Robert Fosbury, den jeder zu Anfang nur belächelte, ein klarer Fall: Das System muss geändert werden. Der Mentalitätswechsel war angesagt: Das Ziel konnte auch anders erreicht werden. Er gewann die Goldmedaille. Heute springt kein Hochspringer mehr im Straddle. Der Fosbury-Flop ist der einzige Flop, der kein Flop war.

Wir befinden uns heute in einer ähnlichen Situation. Wir benötigen einen Systemwechsel, aber zum einen fehlt die Kraft, ein solches System zu denken sowie theoretisch zu modellieren, und zum anderen fehlt der Mut, für eine Veränderung zu werben und – noch wichtiger – auch dafür einzustehen, insbesondere wenn der Wind der Lobbyisten und ihrer medialen Verstärker ins Gesicht statt in den Rücken bläst.

Als Bundeskanzlerin Angela Merkel im März 2010 im Bundestag von der „Herkulesaufgabe" sprach, eigentlich Unvereinbares zu vereinbaren, nämlich den Haushalt zu konsolidieren, Wirtschaftswachstum zu schaffen und eine älter werdende Gesellschaft zu gestalten, da konnte der Mediennutzer am nächsten Tag nur lesen, dass das Unvereinbare schon mit der Haushaltskonsolidierung und der Schaffung von Wirtschaftswachstum ausreichend beschrieben ist. Die Gestaltung des demografischen Wandels blieb einfach außen vor. Doch wenn auch Journalisten diese Dimension nicht erkennen und an ihre Leser weitertragen, wie sollen die Menschen dann begreifen, dass Schulen geschlossen werden müssen und alle deutlich länger arbeiten werden?

Die Folgen des demografischen Wandels müssen also nicht nur ernsthaft und nachhaltig angegangen werden, sondern sie müssen auch verstärkt kommuniziert werden. Dabei ist die Bevölkerung längst auf dieses Thema eingestimmt, wenn auch nicht in der differenzierten Weise, wie es der komplexe Sachverhalt verlangt. Mit großer Wucht und großer Verspätung hat die Debatte die Volkshochschulen, Stiftungen, Talkshows und Stadträte erfasst. Viele Zeitungen und Magazine greifen das Thema auf, so zum Beispiel der *Kölner Stadt-Anzeiger* im Winter 2010/2011 mit seiner Serie „Wir werden weniger". Dabei stand erfreulicherweise weniger der journalistische Blickwinkel der Katastrophe im Vordergrund, sondern mehr der Aspekt der Gestaltung. Das lässt hoffen. Denn zu berücksichtigen bleibt, dass das Zeitfenster der vorausschauenden, Weichen stellenden Gestaltung immer kleiner wird, die Wahrscheinlichkeit rein reaktiven Handelns hingegen immer größer, weil die politischen Mehrheiten aufgrund der Alterung der Bevölkerung weniger an der Zukunft als an der Gegenwart interessiert sind.

Dabei ist das Thema für die Politik nicht neu. Seit Anfang der Fünfzigerjahre werden von den statistischen Ämtern in der Bundesrepublik Deutschland in unregelmäßigen Abständen sogenannte Bevölkerungsvorausberechnungen erstellt, zuletzt im November 2009 die „12. koordinierte Bevölkerungsvorausberechnung". Noch 1975, als der „Zweite

Familienbericht" veröffentlicht wurde und sich ausgiebig mit den Sozialisationschancen der nachwachsenden Generation beschäftigte, wurde mit keinem Wort der deutliche Geburtenrückgang der Jahre 1965 bis 1975 erwähnt, der ja immerhin die Ursache der heute absehbaren klaren Verschiebungen im Altersaufbau ist. Dann unternahm das Bundesinnenministerium 1980 und 1983 Versuche einer Bestandsaufnahme der demografischen Entwicklung. Die Erkenntnisse versickerten. Von 1992 bis 2002 haben Abgeordnete des Deutschen Bundestages und Wissenschaftler eine Enquetekommission „Demographischer Wandel" gebildet. Doch „weder der Bevölkerungsrückgang und seine Auswirkungen noch die prekäre Lage der nachwachsenden Generationen" seien dort untersucht worden, kritisiert Franz-Xaver Kaufmann, ehemaliger Professor für Sozialpolitik und Soziologie an der Universität Bielefeld. Generell seien „alle Probleme der nachwachsenden Generation ausgeklammert" worden: Bildungs-, Familien- und Jugendpolitik, so Kaufmann weiter. Sein Kollege Herwig Birg urteilt ebenso eindeutig: „Die Zwischenberichte bestehen lediglich aus Kopien von Gutachten oder aus Zusammenstellungen der Ergebnisse von Forschungsberichten in Kurzform, aber der Versuch, aus den Erkenntnissen politische Schlussfolgerungen abzuleiten und eine gedankliche Konzeption für das politische Handeln zu entwickeln, wurde gar nicht erst unternommen."[11]

Es ist nicht bekannt, welche Folgen der 2002 veröffentlichte Schlussbericht bis heute politisch gehabt hat. Ebenfalls 2002 wurde ein Gutachten für das Bundesfinanzministerium erstellt, das sich mit den Auswirkungen des demografischen Wandels auf die öffentlichen Finanzen in Deutschland beschäftigt: ab 2020 eindeutige Steuermindereinnahmen. Und spätestens dann greift die Schuldenbremse.

Wollte man nicht wahrhaben, was man nun zu wissen glaubte? Selbst den Sachverständigen, die die Bundesregierung beschäftigt, wird kaum Glauben geschenkt. Schon 1999 stellte der „Sachverständigenrat zur Begutachtung der gesamtwirtschaftlichen Lage" fest: Deutschland wird im Jahr 2035 „die älteste Bevölkerung der Welt" haben (heute wissen wir,

---

11 Birg, Herwig: Die demographische Zeitenwende. Der Bevölkerungsrückgang in Deutschland und Europa. München 2001, Seite 198.

dass dies Japan sein wird). 2003 ließen die Experten der Vereinten Nationen wissen, dass der demografische Wandel „ein historisch einmaliges Phänomen darstellt, das neue politische Konzepte und eine Intensivierung der internationalen Zusammenarbeit erforderlich macht". Im Juni 2009 überreicht der „Sachverständigenrat zur Begutachtung der Entwicklung im Gesundheitswesen" der Bundesministerin für Gesundheit sein Gutachten „Koordination und Integration – Gesundheitsversorgung in einer Gesellschaft des längeren Lebens". Konsequenz dieses Gutachtens: Stärkung der Gesundheitsprävention. Ziel müsse es sein, so der Vorsitzende Eberhard Will, das Leben der Menschen möglichst lang gesund zu halten, um Pflegebedürftigkeit hinauszuzögern. Dieses Gutachten rechnet schlichtweg hoch, wie alt die Gesellschaft 2050 sein wird, wenn die heute lebenden Generationen die heutige Lebenserwartung sowie die heutige Geburtenrate und die heutige Netto-Zuwanderungsrate unterstellen dürfen. Wenn das zutrifft, so das Kieler Fritz-Beske-Institut, dann werden auch die altersbedingten Erkrankungen bis 2050 zunehmen: Schlaganfall um 62 Prozent, Herzinfarkt um 75 Prozent, Krebs um 27 Prozent.

Doch rüttelt das wach? Oder lähmt es eher, weil derartige Aussagen verstärkt Ängste wachrufen, die lieber verdrängt werden? Es gelingt noch nicht, die Fakten so zu kommunizieren, dass sie zu einem demografischen Gesamtzusammenhang vernetzt werden können, dem es konzeptionell und strategisch zu begegnen gilt. An mangelnden zugänglichen Informationen kann es wiederum nicht liegen.

Denn seit Februar 2006 kann sich jeder Bürger auf der Internetseite http://www.wegweiser-kommune.de, die die Bertelsmann Stiftung erstellt hat, über die demografische Entwicklung aller Städte über 5000 Einwohner informieren. Das sind immerhin 2959 Städte, in denen rund 85 Prozent der Bevölkerung leben. Die Seite wurde zuletzt im April 2011 aktualisiert. Bernhard Müller, Professor am Leibniz-Institut für ökologische Raumentwicklung in Dresden, betont insbesondere die Herausforderung für die Städte und Gemeinden: „Die Steuerung der Flächennutzung steht vor neuen Rahmenbedingungen, Wohnungsmärkte verändern sich, Mobilität und Infrastruktur unterliegen einem tief greifenden Wandel, die technische Ver- und Entsorgung ist immer schwieriger auf dem heutigen Niveau aufrecht zu erhalten. … Kommunen und Regionen sind davon in hohem Maße betroffen, denn sie stehen im Brennpunkt der öffentlichen Daseinsvorsorge und des zivilgesellschaftlichen Engagements."[12]

Die Kommunen sind für etwa 80 Prozent aller ausführungsbedürftigen Bundes- und Landesgesetze zuständig, über sie laufen etwa zwei Drittel aller öffentlichen Investitionen. Fazit: Die Städte und Gemeinden sind noch immer das Zentrum der Daseinsvorsorge. Entsprechend konzentrieren sich hier die Auswirkungen des demografischen Wandels. Werden künftig Schulen, Universitäten, Krankenhäuser, Theater, Schwimmbäder, Bibliotheken, Einkaufsmöglichkeiten, Bus- und Bahnverbindungen nur noch in Ballungszentren aufrechterhalten, weil es am Geld und an den Menschen für die ländlichen Räume mangelt?

Für Herwig Birg kommen wir „30 Jahre nach zwölf". „Deutschland", so Birg weiter, „hat von seinem Recht auf Nichtwissen in extensiver Weise Gebrauch gemacht und wird dafür teuer bezahlen." Meinhard Miegel, Vorstand des „Denkwerks Zukunft", erinnert daran, dass die Mehrheit der Deutschen noch der Auffassung sei, dass alles beim Alten bleiben könne. Doch Miegel bilanziert nüchtern: „Der Zug ist längst abgefahren." Kurt Biedenkopf, Mitglied der Expertenkommission des Projektes „Familie und demografischer Wandel" der Robert Bosch Stiftung, betont hingegen: „Die demografische Situation in Deutschland ist keine Katastrophe, sie ist eine neue Wirklichkeit." Auch wenn die Aussichten nicht rosig erscheinen, sie werden nicht besser, wenn wir die Hände in den Schoß legen. Wir sollten nun beginnen, uns darauf einzurichten.

Schon Johann Wolfgang von Goethe wusste: „Es ist nicht genug zu wissen, man muss auch anwenden." Dabei möchte dieses Buch helfen. Es wird auf viele Fragen erste Antworten geben. Nicht zuletzt deshalb schließt sich diesen einführenden und sensibilisierenden Worten ein umfassendes Kapitel an, das jene Fakten vermitteln wird, mithilfe derer

---

12 Müller, Bernhard: Zukunftsorientierte Stadt- und Regionalentwicklung. In: Demographie konkret – Handlungsansätze für die kommunale Praxis. Hrsg. von der Bertelsmann Stiftung. Gütersloh o. J., Seite 10.

Sie das Problem und seine Dimensionen begreifen, aber auch in Gesprächen darüber argumentieren können. Denn Sie werden zum Multiplikator des gesellschaftlichen Projektes „Demografie als Chance nutzen". Die Geburtenentwicklung, der Alterungsprozess und die Zuwanderungsbewegung werden hier thematisiert.

Der Blick über die Grenzen ist notwendig, weil er deutlich macht, dass Deutschland nicht allein ist. Nahezu alle europäischen Staaten haben mit den gleichen Herausforderungen zu kämpfen. Dennoch wächst die Weltbevölkerung weiter. Aber das Bevölkerungswachstum findet dort statt, wo die Lebensbedingungen lange nicht so angenehm vorgefunden werden wie bei uns. Was bedeutet das für die zukünftig zu gestaltende Einwanderungspolitik (etwas, das es in Deutschland immer noch nicht gibt!)? Gerade die muslimisch geprägten Anrainerstaaten des Mittelmeeres haben sehr junge Bevölkerungen, die sie aber in Zukunft kaum beschäftigen können. Wanderungsbewegungen sind vorprogrammiert. Dies wird Thema eines eigenen Buchkapitels sein.

Deutschland wird darauf reagieren. Doch wie? Und wer sind die Handelnden? Unser politisches System kennt vier Ebenen:

- die Europäische Union mit dem Europäischen Parlament
- die nationalstaatliche Ebene mit dem auf vier Jahre gewählten Bundestag
- 16 Bundesländer
- 301 Landkreise und rund 12.227 Städte und Gemeinden

Alle müssen handeln. Doch die Zuständigkeiten sind verflochten. Schon lange strampeln wir in der Politikverflechtungsfalle, ohne zu nachhaltigen Lösungen zu kommen. Wir brauchen an die Herausforderungen der globalen Wissensgesellschaft angepasste Politikstrukturen. Ein Kapitel in diesem Buch soll hierzu einen Aufriss bieten.

Die Handlungsfelder sind klar: Generationenpolitik, Engagementpolitik, Gesundheits- und Pflegepolitik, Genderpolitik, Bildungspolitik, Wirtschafts- und Arbeitspolitik, Integrationspolitik sowie Stadtplanungs-, Wohnungs- und Infrastrukturpolitik – alles steht und fällt mit der Art und Weise, wie wir das Zukunftsthema „demografischer Wandel" angehen und lösen. Bleiben wir im System oder denken wir neu? Ein weiteres Kapitel wird die Folgen für die genannten Handlungsfelder benennen (wenn auch nicht erschöpfend) und auf Lösungsmöglichkeiten hinweisen.

Wie gestaltet man Zukunft? Ist es der panische Blick in den Rückspiegel, der dringend das Bewährte der Vergangenheit für die Zukunft konservieren möchte? Oder ist es der Mut, angesichts neuer Herausforderungen und Entwicklungen eigene Ziele zu entwickeln und zu formulieren, auf die die Politik von heute und morgen aufgebaut wird? Ein Kapitel in diesem Buch wird sich mit der Agenda bis 2030 beschäftigen, bevor abschließend ein Entwurf für den zu gestaltenden Weg nach dem Jahr 2030 gewagt wird, 19 Jahre später – also mit Blick auf die nächste Generation.

Wir können etwas tun, damit die „demografische Zeitenwende" nicht als Bedrohung, sondern als Chance begriffen wird. Dieses Buch will dazu einen aktiven Beitrag leisten. Es möchte Sie, sehr verehrte Leser, befähigen, das komplexe Thema zum Diskussionsstoff in Ihren Gesprächen zu machen. Sie sollen für sich Konsequenzen für Ihre private Vorsorge treffen können, sie sollen die Folgen in Ihrem familiären, beruflichen und freizeitorientierten Umfeld erkennen, bewerten und angehen können. Sie sollen aber auch das aktive Gespräch mit den politisch für Sie entscheidenden Menschen suchen und führen können. Sorgen Sie für einen Ruck in Politik und Gesellschaft. Dass der Ruck kommt, ist klar – so oder so. Daher ist es besser, wenn er von Ihnen ausgeht. Spätestens wenn Sie dieses Buch gelesen haben, werden Sie diese Aussage verinnerlicht haben, denn die demografische Entwicklung betrifft uns alle.

Auch wenn sich an der demografischen Entwicklung bis 2030 nicht mehr viel ändern lässt, für die Zeit danach kann zum Beispiel durch eine wesentlich entschiedenere Generationenpolitik und durch eine aktive Integrationspolitik viel bewirkt werden. Dabei kommt es auch auf das Klima an, auf den Ton, den man anschlägt und in dem man selbst in Zukunft angesprochen werden möchte. Und es kommt auf die Bereitschaft jedes Einzelnen an, sich ebenfalls zu verändern, zumindest seine eigene Veränderung nicht auszuschließen. Die folgenden Fakten zum demografischen Wandel (er-)fordern dies, um handlungsfähig zu bleiben.

II. Daten und Fakten –
Wie wirkt der demografische Wandel?

Der Alltag signalisiert bereits heute spürbar, dass der demografische Wandel wirkt. Manche machen es an Zahlen fest, so zum Beispiel daran, dass in 2009 erstmals mehr Inkontinenzhilfen als Babywindeln verkauft worden sind. Manche erleben ihn am Einzelschicksal, so wenn ein Dorf nur noch ein Schulkind hat, das morgens nicht mehr mit dem Schulbus, sondern mit dem Taxi abgeholt wird und wo sich die Eltern über die Medien mit den Behörden streiten, wer die Kosten zu tragen hat. Andere beobachten es am Stadtbild, wenn in einer von den Staufern geprägten Altstadt das geliebte und traditionell lang gepflegte Kopfsteinpflaster einer rollatorgeeignet Teerbahn weicht. Wieder andere können es kaum glauben, wenn sie hören, dass auf dem 2. Ökumenischen Kirchentag in München im Mai 2010, der von rund 140.000 Dauergästen besucht wurde, nur sechs Windelstellen im Stadtgebiet aufgestellt waren. Mehr brauchte es nicht mehr. Suchte man in den Messehallen die Diskussionsforen auf, so wurden vor allem ältere Zuhörende gesehen. Vor 30 Jahren waren diese Kirchentage nahezu ausschließlich religiöse Jugendbegegnungen. Wenn dann noch die Information hinzukommt, dass allein im Bistum Speyer 60 Prozent der aktiven katholischen Pfarrer über 60 Jahre alt sind, so wird deutlich, dass in 15 Jahren die Kernkompetenz der katholischen Kirche nicht mehr Seelsorge heißen kann.

Schon heute werden stetig Kirchen entwidmet. Im Bistum Essen gab es zum Beispiel vor 50 Jahren noch 1,5 Millionen Katholiken, heute sind es gerade noch 900.000. Seit 2006 wird ein Pfarreikonzept umgesetzt, wonach künftig 96 Kirchen nicht mehr durch Kirchensteuern finanziert werden können. Aus 260 Pfarreien werden 42 Großpfarreien gebildet. Die meist unter Denkmalschutz stehenden entwidmeten Gebäude werden als Restaurant, Eventtempel oder Kabellager genutzt. Bei der evangelischen Kirche sieht es ähnlich aus. Bei rückläufigen Kirchensteuereinnahmen bleibt es also eine Frage der Zeit, wann die christliche Tradition, die uns sehr stark geprägt hat, an Präsenz im Alltag verliert. Die demografische Entwicklung läuft wie ein Uhrwerk. Aufhalten können wir diese Entwicklung nicht, sie höchstens gestalten.

Roderich Egeler, der Präsident des Statistischen Bundesamtes in Wiesbaden, sagte bei der Präsentation der 12. koordinierten Bevölkerungsvorausberechnung – „Bevölkerungsentwicklung in Deutschland bis 2060" – im November 2009: „Der Umgang mit den Auswirkungen der Alterung wird eine der wichtigsten politischen und gesellschaftlichen Herausforderungen der nächsten Jahrzehnte sein."

Obwohl diese Zeichen im Alltag nicht mehr zu übersehen sind und obwohl jede Branche dies nachhaltig erlebt, bleibt immer wieder festzustellen, dass die meisten Menschen dieses Phänomen nicht in die notwendigen inhaltlichen Zusammenhänge stellen können. Wir erfahren den demografischen Wandel punktuell, machen ihn aber nicht als ein Räderwerk fest, wo jedes Zahnrad auf Generationen hinaus in ein anderes greift, das wiederum nur in Generationen neu zu justieren ist. Um es klar zu sagen: Es geht nicht mehr darum, diesen demografischen Wandel zu verhindern, dazu ist es zu spät. Es geht darum, ihn zu gestalten. Wenn wir rasch handeln, können wir noch die Auswirkungen mildern. Wie gestalten wir zum Beispiel eine Gesellschaft, in der im Jahr 2060 gut 40 Prozent der Bürger über 60 Jahre alt sein werden (heute sind es 26 Prozent), wenn das Durchschnittsalter ab 2030 nur noch über 50 Jahre liegen wird (heute bei 44 Jahren)?

Doch da melden sich die ersten Kritiker, die sogleich alle Zahlen über so lange Zeiträume als wenig hilfreich abtun. Wer weiß schon, was wirklich sein wird? Schließlich habe auch niemand den Fall der Berliner Mauer vorhergesagt – so schlimm werde es schon nicht kommen. Denn irgendwie sei es noch immer gut gegangen. Gewiss, wer setzt sich gern mit unangenehmen Fakten auseinander? Wer möchte nicht, dass das, was hier vorhergesagt wird, nicht eintrifft? Doch wir reden hier über Bevölkerungsvorausberechnungen, also über Menschen, die schon geboren sind. Wir wissen, dass diejenigen, die heute 60 sind, in 20 Jahren 80 Lebensjahre zählen. Und wir wissen, dass bei der bekannten Lebenserwartung, die sich seit Jahren jährlich um zwei bis drei Monate erhöht, diese Menschen in 30 Jahren ihren 90. Geburtstag feiern werden. Und

wir wissen auch heute schon, dass jeder Zweite über 90 stationär pflegebedürftig sein wird. Es wäre also fahrlässig, wenn wir unser Denken weiterhin auf die Zeiträume eines Quartals, eines Jahres oder maximal einer
Legislaturperiode beschränken würden. Wir brauchen ein Denken in
längeren Zeiträumen.

Und dafür benötigen wir Zahlen, die uns die Statistiker liefern. Denn
jede Diskussion zum demografischen Wandel basiert letztlich auf Bevölkerungsvorausberechnungen zur quantitativen Bevölkerungsentwicklung wie zur künftigen Bevölkerungsstruktur. Die nackten Zahlen sagen
erst einmal wenig, denn es kommt immer darauf an, wie diese Zahlen
von wem bewertet werden. Diese Zahlen sind oft verwirrend, weil sie
unterschiedliche Szenarien aufzeigen, die auf unterschiedlichen Zahlen-
annahmen beruhen. Die Vereinten Nationen, die Europäische Union,
das Statistische Bundesamt – das sind nur drei von vielen Institutionen,
die derartige Zahlen sammeln, sichten, analysieren, aufbereiten und auf
die Zukunft hin weiter prognostizieren.

Wie zuverlässig sind deren Statistiken? Nina Mika-Helfmeier, Leiterin
der für Demografie zuständigen Stabsstelle der Städteregion Aachen,
berichtet, dass sie zum Teil unterschiedliche Zahlen für ihre Region vor-
findet. So kann sie auf eigene Berechnungen zurückgreifen, die aber zum
Beispiel von denen der Bertelsmann Stiftung (http://www.wegweiser-
kommunen.de) abweichen. Wenn dann noch eine Stadt in der Städteregion, so zum Beispiel Herzogenrath, ein Beratungsunternehmen be-
auftragt, die Schulentwicklung zu prognostizieren, so kann es sein,
dass wiederum neue Zahlen Grundlage der Diskussion sind. Natürlich
kann all dies wissenschaftlich begründet werden, denn es kommt ja auf
die Annahmen an: Welche Geburtenrate legt man zugrunde, welches
Lebensalter und vor allem, welche Wanderungsbewegungen? Das muss
transparent gemacht werden, um derartige Zahlenkolonnen zu verstehen. Im ersten Augenblick verwirren diese Zahlenunterschiede und führen immer leicht dazu, dass die damit verbundenen Aussagen nicht ernst
genommen werden, wenn sich schon die Experten nicht einig sind.
Gleichwohl wird keine Stadt, auch Aachen nicht – und allein das zählt
mittlerweile – am Trend des Geburtenrückgangs, der höheren Lebenserwartung und der Zunahme der Bevölkerungsgruppen mit Migrations-

hintergrund vorbeikommen. Darauf müssen sich alle Kommunen, alle Arbeitgeber, alle Produzenten, alle Verbände, alle Organisationen, alle Vereine nachhaltig einstellen.

Natürlich muss jeder Statistiker einräumen, dass die Arbeit mit über Jahrzehnte reichenden Berechnungen Probleme in sich birgt. Künftige Fertilität, Mortalität und Migration können beispielsweise nur unter bestimmten Annahmen geschätzt, aber nicht genau berechnet werden. Auch das Statistische Bundesamt weist bei seinen Berechnungen ausdrücklich darauf hin, dass Annahmen zur Geburtenhäufigkeit, zur Entwicklung der Lebenserwartung und des Wanderungssaldos mit zunehmendem Abstand zum Ausgangszeitpunkt immer unsicherer werden. Insbesondere die Lebenserwartung haben die Vorausberechnungen in der Vergangenheit meist unterschätzt. Solche langfristigen Berechnungen haben somit vor allem Modellcharakter. An ihnen können Entwicklungen aufgezeigt werden, wie es sein könnte, wenn es so weiterliefe wie bisher.

Die Vergangenheit lehrte uns bereits, dass technologische oder politische Veränderungen Einfluss auf die demografische Entwicklung nehmen, die nicht vorhersehbar waren. Dazu zählt zum Beispiel die Erfindung und der Siegeszug der sogenannten „Pille" als Verhütungsmittel in den Sechzigerjahren, der massive Wanderungsstrom der Familienangehörigen unserer „Gastarbeiter" in den Siebzigerjahren und die Vereinigung der beiden deutschen Staaten am 3. Oktober 1990. Das sind nur einige Umbrüche, deren Wirkung in keiner Zahlenreihung zuvor Berücksichtigung fand. Völlig unberücksichtigt sind zum Beispiel die mit dem Klimawandel einhergehenden Wanderungsbewegungen.

Wissenschaftlich fundierte Bevölkerungsvorausberechnungen beanspruchen aber nicht, derartige Ereignisse vorhersehen zu können. Sie erweisen sich in der Regel aber dennoch als sehr nützlich, weil sie den Normalfall und nicht den Ausnahmefall beschreiben. Hinzu kommt, dass künftige Bevölkerungsentwicklungen in erster Linie von der Größe der verschiedenen Altersgruppen abhängen – und die kennen wir –, erst in zweiter Linie vom Verhalten der Menschen, das sich (im Hinblick auf Geburtenrate, Wanderungsbewegung) ändern kann. Für Franz-Xaver

Kaufmann bleibt die Demografie die „exakteste aller Sozialwissenschaften".

Um die Datenlage möglichst realistisch zu kennen, fordern nicht wenige eine neue Volkszählung. Herwig Birg gehört dazu: „Kaum ein Land vernachlässigt die Auffrischung der statistischen Daten so wie Deutschland." Seine Kritik verhallt noch immer, da die letzte Volkszählung 1987 tiefe gesellschaftliche Wunden gerissen hat. Der Zensus 2011 wird gleichwohl einen wichtigen Abgleich bieten.

Wir stützen uns daher auf den „Mikrozensus", auch „kleine Volkszählung" genannt. Daran nahmen insgesamt rund 390.000 Haushalte mit 830.000 Menschen teil – das entspricht 1 Prozent der Bevölkerung. Die Stichprobe geht über vier Jahre. Die Ergebnisse des Mikrozensus 2008 sind im Juli 2009 veröffentlicht worden. Sie gelten als repräsentativ. So erfahren wir zum Beispiel, dass jede fünfte Frau zwischen 40 und 44 Jahren ohne Kinder bleibt, dass 2008 sogar 58 Prozent der Frauen mit 30 Jahren noch kinderlos waren. Weiter erfahren wir, dass Kinderlosigkeit mit dem Bildungsstand wächst. Doch was bedeutet es, wenn immer weniger Kinder geboren, aber die zumeist in eher bildungsferne Familien hineingeboren werden? Die Politik könnte diese Daten zum Anlass nehmen und reagieren, so zum Beispiel die Vereinbarkeit von Familie und Beruf für gut ausgebildete und alleinerziehende Mütter oder Väter verbessern. Doch hier kommen Ideologen aus allen Ecken auf den Plan; die einen wollen die Mutter (oder dann doch den Vater) an den Herd bringen, die anderen sehen die soziale Gerechtigkeit verletzt und die sozial Schwachen wieder einmal diskriminiert.

Wer differenziert argumentiert und auf die Komplexität der Wirklichkeit hinweist, hört dann an Stammtischen, auf Cocktailpartys oder im Kreise älterer Politiker den Satz: „Dann bekommen wir halt wieder ein paar Kinder mehr, wozu der ganze Wirbel?" Oder es wird auf den geringen Wert der Prognose hingewiesen. Schließlich sei ja 1972 vom Club of Rome in dessen Buch „Grenzen des Wachstums" auch das Ende der Ressourcen verkündet worden. Und? Was ist passiert? Nichts von dem, was prophezeit wurde, sei schließlich eingetreten, auch beim demografischen Wandel werde es schon nicht so schlimm kommen. In der Tat erinnert allein das Wort „Prognose" an Wahlprognosen oder Wetterprognosen. Dass es damit nicht immer weit her ist, kann jeder bestätigen.

Am Beispiel der Wetterprognose erläutert Herwig Birg in seinem Buch „Die demographische Zeitenwende" die Besonderheit der demografischen Vorausberechnungen: „Über den Wechsel der Jahreszeit, der zum Beispiel eine Änderung der Temperatur nach sich zieht, kann viele Monate im Voraus eine Aussage getroffen werden, deren Wahrscheinlichkeit größer ist als die einer Aussage über die Temperatur in der nächsten Woche. Die Regel, dass eine Aussage um so unsicherer ist, je weiter sie in die Zukunft reicht, stimmt zwar im Allgemeinen, aber in der Klimatologie und Demografie hat die Regel wichtige Ausnahmen. Sie beruhen auf dem Phänomen der demografischen Trägheit bzw. auf der so genannten Eigendynamik des Bevölkerungswachstums und der Bevölkerungsschrumpfung: Eine Abnahme der absoluten Geburtenzahl, die auf einer Änderung des Fortpflanzungsverhaltens beruht und nicht auf einer Änderung der Zahl der Frauen in der für die Geburtenzahl wichtigen Altersgruppe von 15 bis 45, hat eine Generation später unausweichlich eine weitere Abnahme der Geburtenzahl zur Folge usf., auch wenn das Fortpflanzungsverhalten nach der anfänglichen Änderung dauernd konstant bleibt. Die auslösende Ursache am Anfang ist eine reine Verhaltensänderung, die sich anschließende Abwärtsbewegung der absoluten Geburtenzahl in Wellentälern, die im Abstand von einer Generation aufeinander folgen, beruhen nicht mehr auf erneuten Änderungen des Fortpflanzungsverhaltens, sondern darauf, dass die auf Grund der anfänglichen Verhaltensänderung Nichtgeborenen keine Nachkommen haben."[13]

Wir können uns jetzt dennoch über die Genauigkeit und Seriosität der Bevölkerungsvorausberechnungen streiten, die die Entwicklung bis zum Jahr 2050, 2060 oder gar bis 2100 vorhersagen, doch bringt das alles nichts. Denn unabhängig von diesen Zahlen bleibt die Tendenz klar und irreversibel. Danach können wir mit drei zentralen demografischen Entwicklungslinien rechnen:

---

13 Birg, Herwig: Die demographische Zeitenwende. Der Bevölkerungsrückgang in Deutschland und Europa. München 2001, Seite 100.

■ **Wir werden weniger.**

Die deutsche Gesellschaft wird schrumpfen. Zudem werden deutlich weniger Kinder geboren als zur reinen Bestandserhaltung notwendig sind (und das schon seit Jahrzehnten!). Diese Entwicklung ist nicht mehr umkehrbar, weil eine ganze Generation bereits nicht mehr gezeugt wurde, die wiederum Kinder hätte zeugen können. In der Wissenschaft hat sich der Begriff von der „ausgefallenen Generation" eingebürgert. Immer weniger Mütter stehen potenziell zur Verfügung. Unsere politischen Anstrengungen sollten dahin gehen, alles zu tun, um potenzielle Eltern zum Kinderbekommen zu motivieren – und dann sollten wir sie damit auch nicht mehr alleine lassen.

■ **Wir werden bunter.**

Knapp ein Fünftel unserer Bevölkerung hat Wurzeln im Ausland. Eine weitere Zunahme der Bevölkerung durch zugewanderte Menschen wird unterstellt. Für diese Menschen aus den unterschiedlichsten Kulturen ist eine Familie mit Kindern noch ein deutlich höher angesiedelter Wert. Daher bekommen sie auch noch deutlich mehr Kinder als Deutsche, sodass deren Anteil an der Gesamtbevölkerung nachhaltig wachsen wird. Auch sie werden ihre demokratische Teilhabe aktiver formulieren. (Kommunale) Integrationspolitik wird zu einem Schlüsselfaktor eines zukunftsorientierten friedlichen Zusammenlebens, zumal eine ältere deutsche Gesellschaft auf eine junge zugewanderte Kultur trifft. Auch die Belegschaften in den Betrieben werden interkultureller.

■ **Wir werden älter.**

Die Menschen werden – dank des medizinischen Fortschritts und der besseren Lebensbedingungen – deutlich länger leben. Damit verschiebt sich die Altersstruktur der Bevölkerung: Es gibt weniger Kinder, dafür mehr ältere Menschen. 2009 lebten erstmals in Deutschland mehr Menschen über 65 Jahre (20 Prozent) als Menschen unter 20 Jahren (19 Prozent). Das wird sich auch nicht mehr ändern. Allein der Anteil der Hochbetagten (Menschen, die älter als 80 Jahre sind) wird sich bis 2020 um 70 Prozent erhöhen, in vielen Kommunen auch verdoppeln. Damit ein-

hergehend kündigt sich eine Verschiebung der politischen Themen-
agenda an, denn ab 2020 haben die Menschen über 50 Jahre bei jeder
Wahl eine strukturelle Mehrheit. Roman Herzog sprach schon vor einigen Jahren von der „Rentnerdemokratie", die in Deutschland dämmere.

Diese Entwicklung hat Gründe, denn maßgeblich für eine Bevölkerungsvorausberechnung sind drei Kriterien:

■ **Die Geburtenrate bzw. Fertilität**

Maßgeblich ist hier das Gebärverhalten der Frauen zwischen 15 und
49 Jahren. Die Zahl dieser Frauen und die Zahl der von ihnen geborenen
Kinder werden als Grundlage für die Berechnung der Geburtenrate
genommen. Sie ist in Deutschland seit Jahren relativ stabil mit leicht
rückläufiger Tendenz. Aktuell (2009) liegt sie bei 1,36. Das heißt, dass
100 Frauen im Alter von 15 bis 49 Jahren gegenwärtig 136 Kinder zur
Welt bringen. Seit 1970 bewegt die Geburtenrate sich stabil um 1,4.

■ **Die Zuwanderung**

Wir unterscheiden eine innerdeutsche Binnenwanderung und eine aus
dem Ausland kommende Zuwanderung. Beide Wanderungsbewegungen sind von Bedeutung, denn es geht um den Wettbewerb um diese
Menschen. Die Wanderungsbewegung aus dem Ausland – auch als Immi-
gration bezeichnet – berücksichtigt zum einen Menschen mit einem ausländischen Pass, zum anderen aber auch Menschen, die zwar über die
deutsche Staatsbürgerschaft verfügen (zum Beispiel Russlanddeutsche),
gleichwohl einen Migrationshintergrund haben. Aktuelle Zahlenentwicklungen belegen, dass Deutschland als Einwanderungsland deutlich an
Attraktivität verloren hat. Erstmals sind 2008 mehr Menschen aus- als eingewandert.

■ **Die Sterberate bzw. Mortalität oder die Lebenserwartung**

Maßgeblich sind hier die Daten zum Beispiel des Statistischen Bundesamtes. Anhand der Anzahl der Verstorbenen wird für die individuelle
Altersangabe eine durchschnittliche Lebenserwartung errechnet (Ster-

betafel). Daraus wird die gegenwärtige Lebenserwartung abgeleitet. Anders verhält es sich, wenn man unterstellt, dass die durchschnittliche Lebenserwartung statistisch jährlich um zwei bis drei Monate ansteigt. Das ist die künftige Lebenserwartung, mit der heute Geborene rechnen dürfen. Sie dient zum Beispiel auch allen Versicherungsgesellschaften, um die Wirtschaftlichkeit der Lebensversicherungspolicen zu berechnen. Zurzeit darf man davon ausgehen, dass mindestens jedes vierte heute geborene Kind eine Lebenserwartung von 100 Jahren hat. Hier sind die Grenzen allerdings medizinisch noch nicht erreicht.

Jede Bevölkerungsvorausberechnung legt daher Annahmen für jedes dieser drei Kriterien zugrunde und rechnet sie auf ein Jahr – 2020, 2030, 2050, 2100 – hoch. Das ist dann „nur" noch Mathematik in Verbindung mit einem Computerprogramm. Doch die Wahl der Annahmen ist entscheidend, um auf Jahrzehnte gesehen, zum Beispiel für 2050, zu einer Bevölkerungszahl von 50, 66 oder 72 Millionen Einwohnern in Deutschland zu kommen. Wir wenden uns daher jedem einzelnen Kriterium vertiefend zu.

1. Kriterium Geburtenrate/Fertilität

Laut einer Anfang 2010 veröffentlichten Studie des Instituts für Demoskopie Allensbach meinen bereits 59 Prozent der befragten 18- bis 44-Jährigen, dass man keine Familie mehr brauche, um glücklich zu leben.[14] Kinder verschwinden nicht nur aus dem Alltag, sondern auch aus den Träumen. „Wie kommt es, dass wir in Deutschland immer weniger Kinder haben?" fragte sich und uns der frühere Bundespräsident Horst Köhler bereits 2004 und fuhr fort: „Glauben wir nicht mehr an unsere Zukunft? Kinder bedeuten Neugier, Kreativität und Zuversicht. Kinder sind Brücken in die Welt von morgen. Wir müssen uns alle anstrengen", so sein Fazit, „eine familien- und kinderfreundliche Gesellschaft zu werden." Doch was geschah seitdem?

---

14 Aus dem ‚Rheinischen Merkur' vom 28. Januar 2010.

Statistisch gesehen sinkt die Kinderzahl in jedem Frauenjahrgang allerdings bereits seit 1856. Also: nichts Neues? 1930 brachten die Frauen noch durchschnittlich 2,2 Kinder zur Welt, 1965 waren es „nur" noch 1,5 Kinder. Im Schnitt müssten Frauen und Männer aber 2,08 Kinder bekommen, damit die Bevölkerungszahl konstant bleibt.

Aktuell liegt die Geburtenrate in Deutschland bei 1,36. Anders ausgedrückt: In Deutschland gebärt im Durchschnitt jede Frau im Alter von 15 bis 49 Jahren 1,36 Kinder. Oder wieder anders formuliert: 100 Frauen im Alter von 15 bis 49 Jahren haben 136 Kinder. Um die Bevölkerung stabil zu halten, wäre es notwendig, dass eben diese 100 Frauen 208 Kinder bekommen. Davon sind wir aber weit entfernt. Hinzu kommt, dass das Durchschnittsalter einer Mutter bei ihrer ersten Geburt heute bei rund 30 Lebensjahren liegt. 2008 waren 58 Prozent der 30-Jährigen noch kinderlos. Dieses Durchschnittsalter, so Experten, wird weiter ansteigen. In zehn bis fünfzehn Jahren rechnen sie mit einem durchschnittlichen Erstgebärendenalter von 35 Jahren. Dadurch wird es aber auch immer weniger Familien mit mehreren Kindern geben, da den Müttern die Zeit fehlen wird, in der es biologisch möglich ist, Kinder zu bekommen. Zudem wird es mit höherem Alter schwieriger, auf natürlichem Wege schwanger zu werden. Ebenso steigen die Risiken. Schon heute ist rund jede zehnte Geburt eine Frühgeburt.

Die Wirkung ist – aus bevölkerungspolitischer Sicht – fatal, denn damit wird der Schrumpfungsprozess nicht nur eingeläutet, sondern auch irreversibel gemacht. Es fehlen schlichtweg Menschen, die wiederum selbst Kinder zeugen könnten. Selbst wenn die Geburtenrate sich deutlich erhöhen würde, könnte die ausgefallene Generation nicht kurz- oder mittelfristig ersetzt werden. Damit verdeutlicht sich immer mehr, wie endgültig das Weniger ist, mit dessen Auswirkungen sich die deutsche Gesellschaft auseinandersetzen muss. Das folgende Schaubild verdeutlicht den Zusammenhang. Es unterstellt aber eine Geburtenrate von 1,5 Kindern pro gebärfähiger Frau.

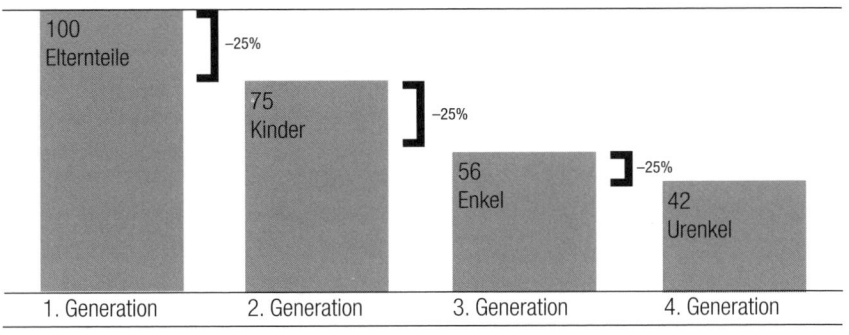

Quelle: Bertelsmann Stiftung, Gütersloh.

100 Eltern haben sich für 75 Kinder entschieden. Bleibt das Gebärverhalten gleich, werden von den 75 Menschen nur noch 56 Kinder zur Welt gebracht, sodass von jenen 100 Eltern nur rund jeder Zweite Opa oder Oma sein wird. Die Urenkelschar wird sich wiederum auf 42 Kinder verkleinern. Wie gesagt: Dieses Szenario wird dann Wirklichkeit, wenn die Geburtenrate 1,5 beträgt. Nun liegt sie real bereits bei 1,36. Wie könnte dieser Trend eigentlich umgekehrt werden? Wenn die 75 Kinder selbst zwei Kinder bekommen, sodass diese Zahl konstant bleibt? Die Geburtenrate müsste in diesem Fall auf 2,08 steigen. Daran wird zum einen deutlich, dass damit der Bevölkerungsverlust nicht aufgefangen werden kann, denn dann müsste die Geburtenrate bei über drei Kindern liegen. Und es wird zum Zweiten deutlich, wie wenig realistisch es ist, auf ein verändertes Verhalten bei der Zeugung von (weiteren) Kindern zu hoffen.

Wirft man jedoch einen Blick in unser Nachbarland Frankreich, so werden wir belehrt, dass es gleichwohl möglich ist. Denn dort ist 2003 das Ziel ausgerufen worden, alle Kräfte zu bündeln, um die Geburtenquote in 2010 wieder auf 2,0 zu bringen. Das Ziel ist mit 1,99 in 2009 schon fast erreicht worden. Anders als in Deutschland wird dort die Familie mit Kindern steuerlich begünstigt, nicht die Ehe. Anders als in Deutschland wird das Kindergeld erst mit dem zweiten Kind gezahlt und ab drei Kindern zahlen viele keine Steuern mehr. Das wiederum ist aber auch nur interessant für Menschen, die Steuern zahlen, also arbeiten gehen.

Anders als in Deutschland wirft die Frage nach der Vereinbarkeit von
Familie und Beruf keine ideologischen Debatten auf, wie wir es zuletzt
im November 2009 mit dem „Betreuungsgeld" erlebt haben, das 2013
den Elternteilen gezahlt werden soll, die ihre Kinder zu Hause betreuen.
Dabei wird die Wirtschaft auf diese Elternteile als Arbeitskräfte gar nicht
verzichten können. Auch dies ist ein Beleg dafür, wie wenig die Politik in
den Dimensionen des demografischen Wandels denkt. Allerdings gehört
zur Wahrheit auch, dass insbesondere Zuwanderer aus den ehemaligen
französischen Kolonien zu dieser Geburtensituation in Frankreich beitragen. Gleichwohl gibt es ebenso deutlich mehr Familien mit drei und
mehr Kindern.

Übrigens: Im niedersächsischen Landkreis Cloppenburg werden bundesweit die meisten Geburten festgestellt, 1,74 (Bundesdurchschnitt
1,36). Gleichzeitig gehen Frauen hier auch häufiger arbeiten als im Bundesdurchschnitt. Die Zahl der Arbeitsplätze hat sich seit 1995 um 26 Prozent erhöht – mehr Frauen, die arbeiten, und mehr Kinder.[15] Dies korrespondiert mit einer Feststellung einer Untersuchung der OECD, wonach
eine höhere Frauenerwerbsquote auch eine höhere Geburtenquote mit
sich bringt. Weitere Faktoren werden im Landkreis Cloppenburg positiv
ins Feld geführt: So gehen vier von fünf Personen einem freiwilligen
Engagement nach und die Großeltern werden sehr stark ins Familienle-
ben einbezogen.

Das im Juni 2006 beschlossene „Elterngeld", mit dem bestimmten Eltern
ein monatlicher Zuschuss von bis zu 1800 Euro gewährt wird und das
unter gewissen Umständen 14 Monate lang gezahlt wird, konnte den
negativen Trend bisher nicht aufhalten. In 2009 gab es mit 665.000
Geburten den niedrigsten Stand. Jährlich investiert der Staat laut OECD
etwa 180 Milliarden Euro in die Familienförderung aus verschiedenen
Töpfen – und das hat nicht nennenswert zu einer Erhöhung der Geburtenrate geführt. Geld allein macht keine gute Familienpolitik. Deutsch-

---

15 Sehen Sie hierzu die Publikation des Berlin-Instituts für Bevölkerung und
   Entwicklung: Land mit Aussicht. Was sich von dem wirtschaftlichen und
   demografischen Erfolg des Oldenburger Münsterlandes lernen lässt. Berlin
   2009.

land – so die OECD – setze die falschen Schwerpunkte. Das Problem ist, dass die Familienpolitik weniger die Kinder als die Klientel, sprich die Wähler, im Auge hat.

Finanzielle Beihilfen des Staates an die Familien (Auszug)

- Mutterschaftsgeld
- Kindergeld
- Elterngeld
- Elternzeit
- Kinderzuschlag
- Unterhaltsvorschuss
- Ausbildungsförderung
- Wohngeld
- Krankenversicherung
- Kinderfreibetrag
- Kinderbetreuungskosten
- Alleinerziehenden-Steuerfreibetrag

Allein die Kindergeldzahlungen sind von 1974 bis 2010 stufenweise vervielfacht worden. Geld allein ist also keine zukunftsträchtige Konzeption. Ob überhaupt ein Kind gezeugt werden soll, bleibt eine grundsätzliche, die Partnerschaft und die eigenen Lebensziele betreffende Frage, deren positive Beantwortung nicht mit Geld erkauft werden kann. Allenfalls könnten jene, die überlegen, ein weiteres Kind in die Welt zu setzen, in dieser Entscheidung ermutigt werden. Gleichwohl wird auch hier kritisch nachgefragt werden müssen, denn sobald eine Trennung ansteht, werden in Deutschland Alleinerziehende steuerlich schlechter gestellt als Verheiratete, die keine Verantwortung für Kinder tragen. Das nennt sich Ehegattensplitting und rührt aus jener Zeit, da für die meisten der Zweck der Ehe darin bestand, gemeinsam Kinder zu erziehen. Dabei werden mittlerweile 32 Prozent aller Kinder in nicht ehelichen Lebensgemeinschaften geboren.

Aber in Hessen zum Beispiel, so berichtet der Freizeitforscher Horst
W. Opaschowski, gibt es mittlerweile mehr kinderlose Ehepaare als Ehepaare mit Kindern. So sieht die bundesdeutsche Realität heute aus, eine
Realität, die in den Köpfen vieler politischer Mandatsträger noch nicht
angekommen ist. Rund 40 Prozent der Bezieher von Leistungen nach
SGB II (Hartz IV) sind alleinerziehend. Den rund 660.000 Müttern
gezielt Betreuungsmöglichkeiten für ihre rund eine Million Kinder
anbieten zu können, hieße, sie auch gezielter für den Arbeitsmarkt fit zu
machen sowie die Gemeinschaft von sozialen Lasten zu befreien und
den Kindern eine optimale Förderung zuteil werden zu lassen.

Rund zwei Drittel aller Frauen in Deutschland haben Kinder. Doch laut
Klaus Peter Strohmeyer, Professor für Stadtplanung und Stadtentwicklung an der Universität Bochum, leben wir in einer Gesellschaft, „in der
ausgerechnet die benachteiligten Familien den Nachwuchs aufziehen".
Das demografische Problem verursachen vor allem die kinderlosen
Frauen und Männer – ob sie sich bewusst dafür entschieden haben oder
ungewollt davon betroffen sind, das sei an dieser Stelle außen vor gelassen. Laut Mikrozensus 2008 bleibt heute wohl jede dritte 40- bis 50-Jäh-
rige westdeutsche Akademikerin endgültig kinderlos. In Ostdeutschland dagegen spielt der Bildungsstand kaum eine Rolle – wohl Indiz
dafür, dass die bessere Vereinbarkeit von Familie und Beruf aus DDR-
Zeiten noch nachwirkt. Der Anteil der Kinderlosen ist unter Frauen mit
Migrationserfahrung nur halb so hoch wie bei den hier geborenen.

Eine im August 2010 veröffentlichte Broschüre des Bundesministeriums
für Bildung und Forschung (BMBF) mit dem Titel „Kinder – Wunsch
und Wirklichkeit in der Wissenschaft" ist diesem Phänomen einmal
nachgegangen. Danach sind rund drei Viertel der Wissenschaftlerinnen
und Wissenschaftler in Deutschland kinderlos. Männer fast genauso
häufig wie Frauen. Die Hauptgründe für deren Kinderlosigkeit sind
anspruchsvolle Qualifizierungszeiten, befristete Beschäftigungsverhält-
nisse mit daraus resultierenden finanziellen Unsicherheiten und persönliche Umstände. Für die Bundesforschungsministerin Annette Schavan
(selbst kinderlos) eine klare Sache: „Mütter, Väter und Menschen mit
familiärer Verantwortung müssen auch in Wissenschaft und Forschung
chancengerechte, familienfreundliche Arbeitsstrukturen erhalten." Der

Geschäftsführer des Berliner Meinungsforschungsinstituts Forsa, Manfred Güllner, nennt als Gründe für Kinderlosigkeit finanzielle Sorgen, Probleme bei der Betreuung und ein kinderfeindliches Klima.

Eine Familien-Studie der Soziologen Jan Eckhard und Thomas Klein nennt aber auch Gründe für den Kinderwunsch: Die Freude an Kindern und das Gefühl, gebraucht zu werden, motivierten Männer wie Frauen gleichermaßen, Kinder zu zeugen. Noch genauer verrät uns die förderlichen Bedingungen für eine Entscheidung für Kinder eine Untersuchung des Instituts für Demoskopie Allensbach: „Eine gefestigte Paarbeziehung, die sich in einem Kind darstellen möchte; eine gefestigte ökonomische Basis, aufgrund derer man sich eine solche Entscheidung zumuten kann; ein verlässliches soziales Netzwerk (Verwandte, Freunde), das als Stütze beim Aufziehen eingesetzt werden kann; eine halbwegs kalkulierbare berufliche Zukunft; Lebens- und Karriereinteressen, mit denen Kinder vereinbar sind; Berufstätigkeiten, die dem Zusammenleben von Kindern zuträglich sind."

Herwig Birg interpretiert diese Diskussion anders, für ihn muss sie „mit der schwindenden Fähigkeit und Bereitschaft zusammenhängen, mit Partnern Bindungen einzugehen". Und da sind wir bei einem Thema, das interessanterweise in unserer Gesellschaft tabuisiert wird: das Männerbild. Denn es gibt mehr kinderlose Männer als Frauen in Deutschland und mehr Männer als Frauen wissen, dass sie kinderlos bleiben wollen. Mittlerweile entscheiden sich in Deutschland fast jeder vierte Mann und jede siebte Frau grundsätzlich für ein Leben ohne Kinder. Warum? Hinzu kommen regionale Phänomene, so zum Beispiel die Tatsache, dass in den ostdeutschen Bundesländern auf rund 100 Männer im Alter von 18 bis 29 Jahren nur noch 90 Frauen in diesem Alter kommen. Frauen gelten als gebildeter und mobiler. Das wirkt sich auch auf dem Partnermarkt spürbar aus.

Fazit: Um das Geburtenverhalten der Menschen in Deutschland und insbesondere der gut gebildeten Menschen nachhaltig zu ändern, brauchen wir eine Neuorientierung unserer Familien- und Steuerpolitik, die Anreize für eine Familie mit Kindern und nicht für eine Ehe zu setzen versteht. Wir brauchen eine intensivere Förderung der Jungen und damit eine gezielte Arbeit am Männerbild in unserer Gesellschaft und wir brauchen ein allgemein positives Klima für Kinder und Familie, dem sich alle Generationen verpflichtet fühlen. Es geht um die strukturelle Beseitigung der bestehenden Nachteile der Menschen, die Elternverantwortung übernommen haben. Die bundesdeutsche Realität ist davon noch weit entfernt, weshalb sich die Geburtenrate in naher Zukunft nicht wesentlich ändern wird. Realistisch ist es daher, dass insbesondere Menschen in sozial schwachen Lebenssituationen weiterhin Kinder bekommen, weil sie über die staatlichen Transfers (Kindergeld, Hartz IV, …) ihren Lebensunterhalt ohne Arbeit finanzieren können, und dass insbesondere zugewanderte Menschen mehr Kinder als Deutsche bekommen, weil für sie Kinder noch selbstverständlicher zur Persönlichkeits- und Familienentwicklung gehören. Damit verändern sich die Bevölkerungsstrukturen dauerhaft, ebenso die Eignung derjenigen, die als künftige Erwerbspersonen den wirtschaftlichen Wohlstand erarbeiten und die die großen Herausforderungen des demografischen Wandels managen und finanzieren sollen. Das Ziel nachhaltiger Familienpolitik sollte daher auch die Förderung der Erziehung und damit die Unterstützung der verantwortlichen Elternschaft sein.

Der Familien- und Bildungsforscher Wassilios Fthenakis stellte auf dem „Hessischen Demographie-Kongress" in Wiesbaden am 30. April 2010 die folgenden fünf politischen Forderungen auf, die Grundlage der nachstehenden Ausführungen sind:

- Die Politik muss gezielt Elternschaft und Partnerschaft stärken – und dies trotz bzw. gerade wegen des Trends zu höheren Scheidungsraten. Partnerschaft findet ihre Erfüllung und Sinnstiftung weniger in dem gemeinsamen Kind als in der Maximierung des individuellen Glücks in der Beziehung. Darauf gilt es Bezug zu nehmen. Die Qualität der elterlichen Partnerschaft ist der beste Schlüssel für die Zukunft der Familie mit Kindern.
- Familie und Beruf müssen vereinbar sein. Das setzt entsprechende Betreuungseinrichtungen voraus. Beide Partner wollen künftig auch ökonomisch voneinander unabhängig sein. Ziel ist hier die Sicherung der jeweiligen Existenz als Mann und Frau. Dabei kommt der vätersensiblen Politik ein besonderes Augenmerk zu.

■ Die Bildungsqualität muss gesichert werden. Dies betrifft sowohl die frühkindliche Bildung und Erziehung wie auch die schulische Bildung und Erziehung. Eltern sind in das Bildungssystem als Nutzer zu integrieren. Bildung in diesem Sinn ist die Befähigung zur Beziehungsgestaltung.

■ Die kulturelle Diversität muss Wertschätzung erfahren. Die junge Familie der Zukunft hat einen Migrationshintergrund. Warum soll sie sich in einer bestimmten Kommune niederlassen?

■ Es sind Elemente einer modernen Familienpolitik zu definieren, die Eltern nicht vorschreiben, wie sie zu leben haben, sondern ihnen ermöglichen, so zu leben, wie sie es sich selbst vorstellen. Denn dann ist die Wahrscheinlichkeit größer, dass Kinder dazugehören.

Die Chance des demografischen Wandels und einer darauf angepassten modernen Familienpolitik liegt darin, künftig kompetentere Kinder zu haben. Die wiederum brauchen wir, um den demografischen Wandel zu gestalten.

2. Kriterium Zuwanderung/Migration

Die Zahl der in Deutschland lebenden Ausländer, also alle Menschen, die keinen deutschen Pass haben, ist schnell ermittelt. Es waren 2009 rund 7,2 Millionen, davon stellten die Türken die größte Bevölkerungsgruppe. 7,2 Millionen von 81,7 Millionen – das entspricht einem prozentualen Anteil von 8,8 Prozent. Diese bundesweite Ausländerquote wird regional zum Teil weit überschritten, in anderen Regionen hingegen stark unterschritten. Wirklich relevant und aussagekräftig ist sie allerdings nicht, denn sie sagt nur aus, dass diese Menschen keinen deutschen Pass haben.

Zugewandert sind aber auch jene, die zwischenzeitlich einen deutschen Pass und damit die deutsche Staatsangehörigkeit besitzen. Deshalb haben sie noch keine bessere Wohnung, keinen qualifizierteren Bildungsabschluss oder gar eine perspektivenreichere Berufslaufbahn. Im Gegenteil: Religion, Milieu und Sprache lassen trotz deutscher Staatsbürgerschaft die Integration wenig erfolgreich werden. Daher ist es viel interessanter, auch jene Menschen quantitativ zu berücksichtigen, die entweder selbst eingewandert sind oder deren Eltern zugewandert sind, um den tatsächlichen integrationspolitischen Bedarf zu ermitteln.

Der Mikrozensus 2009 verblüfft auch hier mit interessanten Erkenntnissen: Danach leben etwa 16 Millionen Menschen in Deutschland, die einen sogenannten Migrationshintergrund aufweisen. (Man kann es nicht oft genug mitteilen, damit diese Zahl ins Bewusstsein gelangt.) Das entspricht rund 19,6 Prozent der bundesdeutschen Bevölkerung – also einem knappen Fünftel. Auch das Statistische Landesamt von Nordrhein-Westfalen zählte für das bevölkerungsreichste Bundesland doppelt so viele Migranten wie Ausländer: 4,3 Millionen Migranten bei 2,1 Millionen Ausländern. Der Anteil in diesem Bundesland liegt bei rund 24 Prozent, also einem knappen Viertel der Bevölkerung.

Das Kölner Institut der deutschen Wirtschaft stellt fest: „Deutschland ist schon seit Langem ein Einwanderungsland." Von 1965 bis 1990 jedenfalls nahm die Bundesrepublik auf 1000 Einwohner gerechnet, durchschnittlich 3,3 Einwanderer auf. Im Jahr 2001 belegte das vereinte Deutschland mit dieser Rate weltweit Platz zwei hinter den Vereinigten Staaten. Dort lag die Rate bei 3,5 Einwanderern auf 1000 US-Bürger. Das hat unsere Bevölkerung nachhaltig verändert: Sie ist ethnisch, kulturell und religiös vielfältiger geworden. Die Herausforderung besteht darin, dies erst einmal als Bereicherung, weniger als Bedrohung wahrzunehmen. Das wird ein wesentlicher Schlüssel sein, um den demografischen Wandel erfolgreich gestalten zu können.

Im Jahr 2008 lebten knapp 1,4 Millionen deutsch-ausländische Paare in Deutschland. 1996 hatte es nach Angaben des Statistischen Bundesamtes nur 723.000 binationale Paare gegeben. Als Paare zählen hier sowohl Ehepaare als auch nicht eheliche Lebensgemeinschaften, die zusammenleben und einen gemeinsamen Haushalt führen. Bei 87 Prozent der insgesamt rund 21 Millionen in Deutschland lebenden Paare hatten im Jahr 2008 beide Partner die deutsche Staatsangehörigkeit. Der Anteil der binationalen Paare betrug 7 Prozent. Bei 6 Prozent der Paare besaßen beide Partner einen ausländischen Pass. Hinzu kommt, dass 2009 fast jedes vierte Neugeborene (23 Prozent) mindestens einen ausländischen Elternteil hatte.

Zu erwähnen ist auch, dass bei Deutschen mit Migrationshintergrund die Erziehung der Kinder eine kulturelle und sprachliche Vielfalt aufweist. Daraus lassen sich zwei Kernbotschaften ableiten: Zum einen ist es Alltag in Deutschland, dass es weniger Ausländer als Deutsche mit ausländischer Herkunft gibt. Zum Zweiten ist Multikulturalität eine gelebte Tatsache, Integration damit eine politische Aufgabe auf allen Ebenen. Bis heute gibt es nur vier Bundesländer (Berlin, Hessen, Niedersachsen und Nordrhein-Westfalen), die einen Integrationsminister im Kabinett haben. Ob die Forderung der Integrationsbeauftragten der Bundesregierung, Maria Böhmer, nach einem Bundesintegrationsministerium fruchten wird, bleibt abzuwarten.

Will man die Bevölkerungszahl hierzulande – trotz weniger Geburten und längerer Lebenserwartung – stabil halten, dann müssten jährlich rund 400.000 Menschen zuwandern – netto. Und um die demografisch bedingte Schrumpfung des inländischen Arbeitskräfteangebots auszugleichen, müssten es sogar netto 550.000 pro Jahr sein. In 2009 hingegen wanderten 13.000 Menschen mehr aus als ein, 2008 waren es sogar 56.000 Menschen. Deutschland verliert an Attraktivität – insbesondere für qualifizierte Migranten. Folgt man den Berechnungen der 12. Bevölkerungsvorausberechnung des Statistischen Bundesamtes vom November 2009, so wird dort langfristig noch von einer Zuwanderung ausgegangen. So werde die Bevölkerung von derzeit fast 82 Millionen bis 2060 auf 65 Millionen – bei jährlicher Zuwanderung von 100.000 Personen – und etwa 70 Millionen – bei jährlicher Zuwanderung von 200.000 Personen – zurückgehen.

Der integrationspolitische Handlungsbedarf ist also bei Weitem größer, als der Blick auf die Ausländerquote vermuten lässt. Jede Kommune kann ihn als Faustregel über die Verdoppelung der Ausländerquote, die jedes Einwohnermeldeamt erheben kann, ermitteln. Das haben die Fachleute auch immer wieder mitgeteilt, aber die Politik hat sich wohl dem Trugschluss hingegeben, dass der deutsche Pass auch die spezifischen Probleme der Migranten löse. Dem ist nicht so. Das deuten auch soziale Indikatoren wie die Ausländerquote unter den Arbeitslosen oder die unter den Schulabgängern ohne Schulabschluss an. In beiden Fällen ist allein dieser Anteil deutlich höher, als er es repräsentativ sein sollte.

Würde man dann die deutschen Staatsbürger mit dem sogenannten Migrationshintergrund hinzuzählen, so würde diese Zahl in vielen Kommunen in Deutschland die 50-Prozent-Marke überschreiten. Zusammen mit Kindern aus sozial schwachen deutschen Familien braut sich dort eine Gemengelage aus Perspektivlosigkeit und Frust zusammen, die auf Dauer keine Gesellschaft achselzuckend akzeptieren kann. Schon lange spüren wir, dass die Perspektivlosigkeit vieler (männlicher) Jugendlicher mit Migrationshintergrund sich auch in der Kriminalitätsstatistik und in der Belegung der (Jugend-) Gefängnisse niederschlägt.

Hinzu kommt, dass Frauen mit Migrationshintergrund weiterhin deutlich mehr Kinder zur Welt bringen als deutsche Frauen: 1,9 Kinder pro gebärfähiger Frau im Durchschnitt. Ob dieser Trend anhält, bleibt abzuwarten, denn auch in dieser Bevölkerungsgruppe ist der Trend zu maximal zwei Kindern pro Familie erkennbar. Gleichwohl gehören Kinder noch viel selbstverständlicher zum Familienalltag. Das wiederum bewirkt, dass der Anteil der Zuwanderer an der Gesamtbevölkerung sich nachhaltig erhöhen wird. In manchen Städten wie Köln oder Duisburg verfügt schon heute nahezu jedes zweite Kind über einen Migrationshintergrund. In wenigen Jahren wird dort die Mehrheit der unter 40-Jährigen von Menschen mit Migrationshintergrund gebildet. In 20 oder 30 Jahren werden diese Städte keine deutsche Kulturidentität mehr haben, dann werden die Zuwanderer, ob als deutsche Staatsbürger oder als Ausländer, die Mehrheit stellen. Und es liegt an einer vorausschauenden kommunalpolitischen Integrationspolitik – die zurzeit praktisch kaum stattfindet –, ob diese verschiedenen Minoritäten das Zusammenleben mit den Deutschen gestalten oder gegen sie. Szenarien, wie sie Samuel Huntington mit dem „Kampf der Kulturen" (Clash of Civilizations) weltweit beschrieben hat, können auf kommunaler Ebene Wahrheit werden. Denn bis heute sind die meisten der zugewanderten Menschen Bürger zweiter Klasse geblieben: häufig ohne politische Rechte, vom Bildungssystem vernachlässigt und kulturell isoliert. Die Einwanderung wäre für Deutschland im Übrigen umso vorteilhafter, je höher die Qualifikation der Migranten ist. Die Wirklichkeit der Zuwanderung in der Vergangenheit war jedoch nicht selten eine – meist ungewollte, aber strukturell notwendige – Zuwanderung in unsere Sozialsysteme.

Fazit: Auf allen politischen Ebenen, insbesondere auf der kommunalen Ebene, müssen verstärkt integrationspolitische Maßnahmen ergriffen werden. Priorität haben Bildung und Spracherwerb. Wir können es uns in Zukunft nicht mehr leisten, auf die Kinder aus den Migrantenfamilien als Potenzial für die Zukunft zu verzichten (übrigens ebenso wenig auf die Kinder aus sozial schwachen deutschen Familien). Es bedarf eines nachhaltigen Dialogs mit den Repräsentanten dieser Menschen. Sie sollten aktiver in die Politik vor Ort eingebunden werden, um ihre Teilhabe an der Demokratie und ihre Identifikation mit der Kommune zu fördern und zu stärken. Stadtsoziologen beschreiben die Zukunft großer Städte mit den Worten „bunter, leerer, schwieriger". Die Herausforderung ist es, diesen Entwicklungen mit positiven Inhalten zu begegnen. In Nordrhein-Westfalen weisen schon heute 39 Prozent aller Kinder von bis zu sechs Jahren einen Migrationshintergrund auf. Bundesweit liegt diese Zahl bei rund einem Drittel. In 20 Jahren werden sie selbst Kinder haben und damit die Bevölkerungsstrukturen erneut nachhaltig verschieben. Wir können heute Weichen stellen, wie diese Verschiebungen wirken können.

3. Kriterium Sterberate/Mortalität/Lebenserwartung

Seit 1871 hat sich die Lebenserwartung in Deutschland mehr als verdoppelt. Damals wurden Männer im Schnitt 39 Jahre alt, Frauen gerade mal 42 Jahre. Seit 1960 ist die Lebenserwartung erneut um gut acht Jahre angestiegen und für die nächsten 40 Jahre werden wohl weitere sieben Lebensjahre hinzukommen. Das Statistische Bundesamt geht gegenwärtig auf der Basis der Sterbetafel 2006/2008 von einer durchschnittlichen Lebenserwartung bei Männern von 77,2 Jahren und bei Frauen von 82,4 Jahren aus. Bis 2060 wird sich diese Lebenserwartung weiter verbessert haben: Männer dürfen dann im Durchschnitt mit 85,0 Lebensjahren und Frauen mit 89,2 Lebensjahren rechnen. Wir können es auch noch anders ausdrücken: Jeder zweite heute geborene Junge wird 95 Jahre alt, jedes zweite heute geborene Mädchen 100 Jahre alt. Dänische und deutsche Forscher sind noch optimistischer: Jedes Zweite der im Jahr 2007 in Deutschland zur Welt gekommenen Babys wird 102 Jahre alt, in Japan sogar 107 Jahre. Dieses Leben ist zu gestalten. Welche Perspektive für die kommenden Generationen!

Eine Drosselung dieser Tendenz halten die Altersforscher der Universität Rostock und der Universität von Süddänemark in Odense für unwahrscheinlich. „Der lineare Anstieg der Lebenserwartung seit mehr als 165 Jahren deutet nicht auf ein Limit der menschlichen Lebensspanne hin", schreiben sie.[16] Als ältester Mensch der Welt gilt im Übrigen die im November 1884 geborene Türkin Halime Solmaz. Die 125-Jährige ist Mutter von sieben Kindern und zählt 54 Enkel und etwa 150 Urenkel zur engsten Familie. Diese Ausnahme kann für immer mehr Menschen Realität werden, denn im Jahr 1950 feierte nur jede siebte Frau und jeder achte Mann, der 80 Jahre alt wurde, auch den 90. Geburtstag. Inzwischen erlebt dies jede dritte Frau und jeder vierte Mann.

Voraussetzung für diese Entwicklung bleibt, dass keine Ereignisse wie Kriege und Umwelt- oder Wirtschaftskatastrophen auftreten. Dieses Alter verdanken wir in erster Linie dem medizinischen Fortschritt und auch besserer Ernährung, besserer Hygiene, besseren Lebensbedingungen überhaupt. Unterstellt wird auch, dass der medizinische Fortschritt sich weiter so positiv entwickelt wie in den vergangenen Jahren. Private Rentenversicherungen gehen bereits davon aus, dass heutige Babys im Schnitt 100 Jahre alt werden, zumal ihre Kunden in der Regel eine höhere Lebenserwartung als die Gesamtbevölkerung hätten, da sie im Schnitt mehr verdienten und sich gesünder fühlten.

Zwar bestand die Bevölkerung 2009 schon zu nur noch 19 Prozent aus Kindern und jungen Menschen unter 20 Jahren, zu 61 Prozent aus 20- bis unter 65-Jährigen und zu 20 Prozent aus 65-Jährigen und Älteren; doch bereits in den kommenden zwei Dekaden werden sich die Gewichte deutlich in Richtung älterer Menschen verschieben, sodass die 65-Jährigen und Älteren bereits im Jahr 2030 etwa 29 Prozent der Bevölkerung bilden werden. Im Jahr 2060 wird dann jeder Dritte (34 Prozent) mindestens 65 Lebensjahre durchlebt haben.

---

16 Dieses Zitat ist dem Internetdienst von ‚Spiegel online' vom 2. Oktober 2009 entnommen.

Das Maß für die Alterung einer Gesellschaft ist allerdings der sogenannte „Altenquotient". Er definiert das Verhältnis zwischen der Zahl der
über 65-Jährigen zur Zahl der 20- bis 65-Jährigen. Der Sachverständigenrat zur Begutachtung der Entwicklung im Gesundheitswesen legte
2009 eine bundesweite sowie bundeslandspezifische Altenquotientbe-
rechnung vor:

**Altenquotient „65": Anteil der 65-Jährigen und älteren Menschen zu
100 Personen im Alter von 20 bis unter 65 Jahren 2050 in Prozent**

Baden-Württemberg	63,38	Niedersachsen	63,73
Bayern	62,00	Nordrhein-Westfalen	59,94
Berlin	63,87	Rheinland-Pfalz	62,95
Brandenburg	90,60	Saarland	59,89
Bremen	50,92	Sachsen	77,25
Hamburg	57,50	Sachsen-Anhalt	78,53
Hessen	65,46	Schleswig-Holstein	66,65
Mecklenburg-Vorpommern	74,51	Thüringen	80,73
Deutschland insgesamt 64,35			

Quelle: Statistisches Bundesamt/Sondergutachten
des Sachverständigenrates 2009

Noch deutlicher wird die Entwicklung durch das Medianalter visuali-
siert. Es ist jenes Alter, das die Bevölkerung in zwei gleich große Gruppen von älteren und jüngeren Menschen teilt. Noch 1975 lag dieses Alter
bei 35 Jahren – also die Hälfte der bundesdeutschen Bevölkerung war
jünger als 35 Jahre, die andere Hälfte älter. Dieses Medianalter lag 2005
bei 40 Jahren und wird ab 2030 voraussichtlich nicht mehr unter 50 Jahre fallen. Meinhard Miegel illustriert diesen Prozess mit folgendem Bild:
„2040 könnte also – gleichnishaft – ganz Niedersachsen ausschließlich

von über 79-Jährigen, Hamburg von über 89-Jährigen und eine Stadt wie Trier oder Jena von über 99-Jährigen bevölkert sein."

Seit nunmehr 160 Jahren nimmt die Lebenserwartung jährlich um zwei bis drei Monate zu. Rasmus Hoffmann vom Max-Planck-Institut für Demografische Forschung vermutet, dass diese Entwicklung so weitergeht: „Es gibt keinen Hinweis, dass in absehbarer Zeit ein maximales Alter erreicht wird." Manche sagen für 2100 ein Durchschnittsalter von 100 Jahren voraus, andere sehen es bereits viel früher verwirklicht. Der Zukunftsforscher Matthias Horx hält sogar 130 Lebensjahre in 2100 für realistisch. Wie erstrebenswert das dann ist, wenn körperliche und geistige Fähigkeiten schwinden, bleibt eine offene Frage. Fazit ist, dass für den Einzelnen immer weniger die Frage im Vordergrund steht, wie alt man ist, sondern wie man alt wird. Horx spricht hier von einer „Parallelgesellschaft von Langlebigen und Kurzlebigen". Elisabeth Niejahr findet aber noch wichtiger zu klären, wie die Menschen altern werden: „Mit oder ohne qualifizierte ältere Arbeitnehmer, mit oder ohne sanierte Sozialsysteme, mit oder ohne eine Bildungspolitik, die alle vorhandenen Ressourcen nutzt, mit oder ohne Zuwanderung."[17]

Wenn wir auch weniger werden, so werden diese Wenigen doch deutlich älter und damit länger leben. Sie werden auch länger am kulturellen und gesellschaftlichen Leben teilhaben wollen. Sie werden dies in der Regel auch in guter körperlicher und geistiger Verfassung tun. Das wird zu erheblichen Wandlungen im Altenbild unserer Gesellschaft führen, aber auch im Selbstbild älterer Menschen und in ihrem gesamten Lebensstil. Auf der anderen Seite wird das Altern auch von den folgenden drei Problembereichen gekennzeichnet sein: Singularisierung, Feminisierung und Vergreisung. Die „Altersgesellschaft" wird zu zwei Dritteln eine „Frauengesellschaft", im hohen Alter sogar zu drei Vierteln sein. Doch abgesehen davon werden die Alten der Zukunft von zwei weiteren Trends der Gesellschaft betroffen sein: dem Rückgang der Heiratsneigung auf der einen und der zunehmenden Zahl von Scheidungen auf der anderen

---

17 Niejahr, Elisabeth: Alt sind nur die anderen. So werden wir leben, lieben und arbeiten. Frankfurt am Main 2004, Seite 133.

Seite. Dies wird insbesondere bei Pflege- und Betreuungssituationen im Alter eine Rolle spielen.

Allerdings wird auch die Altersarmut, die heute nur eine geringe Bedeutung hat, wieder zunehmen, da die gesetzliche Rente nicht ausreichen wird und da ein Teil der Menschen sich auf diese gesetzliche Vorsorge verlassen hat. Ende 2009 erhielten 764.000 Menschen eine sogenannte Grundsicherung. Sie kann im Alter und bei Erwerbsminderung in Anspruch genommen werden. 52,3 Prozent der Empfänger waren im Rentenalter. Das entspricht 2,4 Prozent der Bevölkerung im Rentenalter. Diese Zahlen können nur steigen, denn zum Beispiel viele Hartz-IV-Empfänger können kaum einen Euro für das Alter zur Seite legen, weil sie ihn jetzt brauchen. Wie wird dies zu finanzieren sein? Auch eine im Mai 2010 publizierte Studie des Internationalen Instituts für empirische Sozialökonomie zieht ihr Fazit: „Die Gefahr der Altersarmut steigt und ist hochgradig gruppenspezifisch."

Gleichwohl wird die große Mehrheit der älteren Generationen finanziell abgesichert sein. Dies nicht zuletzt auch, weil immer mehr Ältere wieder zeitweise einer Beschäftigung nachgehen werden. Warum nicht mit 80 Jahren an der Kinokasse vier Stunden Eintrittsbillets verkaufen und ältere Menschen beraten, welcher Film besonders geeignet ist? Die berühmte Diskussion um den 67-jährigen Dachdecker, der in dem Alter noch anstrengende und gefährliche Tätigkeiten verrichten muss, greift zu kurz. Sie ist zudem kein Bild, das der Realität entspringt. Gleichwohl lautet die Frage, was ein 67-Jähriger, der als Dachdecker sein Berufsleben begann, mit 67 Jahren noch macht bzw. machen kann. Die alternde Gesellschaft kann hier auf kein Talent verzichten. Und auch 67-Jährige verfügen über Talente, die eine Gesellschaft nutzen könnte.

Wer heute in der Öffentlichkeit von den älteren Menschen unserer Gesellschaft spricht, verwendet meist den Begriff „Senior" bzw. „Seniorin". Alte werden daher in einen Topf geworfen, der „Senioren" lautet. Dabei geht es weniger um den Begriff, denn bei einer repräsentativen Umfrage im Auftrag des *Senioren-Ratgebers* gaben 83,9 Prozent an, dass die Bezeichnung „Senior" am besten passe. Gleichwohl meinen drei Viertel von ihnen, man sollte ganz einfach von „älteren Menschen" sprechen. In dem Zusammenhang ist eine 73-jährige Frau erwähnenswert, die mir ganz begeistert von ihrem VHS-Internetkurs berichtete. Nachdem sie geendet hatte, fügte sie hinzu, dass sie noch gar nicht wisse, was sie „im reiferen Alter" machen werde. Daraufhin fragte ich, wann sie denn im „reiferen Alter" zu sein glaube. Sie antwortete: „Wenn ich 95 Jahre alt bin." Jeder, dem ich diese Anekdote erzähle, lacht. Denn es fällt erst auf den dritten Blick auf, dass zwischen 73 und 95 ganze 22 Jahre liegen. Wer käme auf die Idee eine 22-Jährige und eine 44-Jährige in einen Topf zu werfen? Da liegt – für jeden selbstverständlich – eine Generation dazwischen. Bei den Menschen, die wir leichtfertig als Senioren bezeichnen, unterscheiden wir keine generationenspezifischen Eigenheiten mehr. Warum nicht?

Unsere Gesellschaft hat es verlernt, ältere Menschen und deren Erfahrungswissen wertschätzend in den gesellschaftlichen Produktionsprozess zu integrieren. Menschen ab 50 gelten als „alt", als „schwer vermittelbar" als „frührentnerreif". Dabei leben sie im Durchschnitt noch 30 Jahre. Wollen wir sie und ihr Potenzial als Gesellschaft wirklich nicht nutzen? Wir alle wissen doch, dass wir wieder länger arbeiten müssen. Aber das ist in der mentalen Wirklichkeit der meisten Menschen noch nicht angekommen. Wie ist es sonst zu erklären, dass eine 42-jährige Frau von der Bundesanstalt für Arbeit als „zu alt" für einen Umschulungskurs bezeichnet wurde? Bleibt sie gesund, kann sie noch 25 Jahre in diesem Beruf – wenn auch nur zeitweise – arbeiten. Der ehemalige Bundeskanzler Helmut Schmidt verkündete im März 2010 in einer großen Boulevardzeitung, dass die Rente mit 70 die Regel sein werde. Niemand widersprach.

Bundesarbeitsministerin Ursula von der Leyen prägte den Satz: „Jüngere können zwar schneller laufen. Ältere kennen aber die Abkürzung." In der Tat gelten Menschen zwischen 30 und 35 als besonders innovativ, kreativ und für Unternehmensgründungen im idealen Alter. Doch warum sollten Menschen mit 50 Jahren, die noch rund 20 Jahre im Arbeitsprozess stehen werden, nicht innovativ, kreativ und zu Unternehmensgründungen bereit sein – wenn auch zu anderen Bedingungen? McDonald's wäre nicht McDonald's, wenn Ray Kroc im Alter von 53 Jahren nicht seine Visionen kreativ, innovativ und engagiert umgesetzt hätte. Die mentale Schere im Kopf, die suggeriert, dass diese Menschen keine Arbeits- und Leistungsperspektive mehr haben, muss endlich überwunden werden. Sie war nie richtig. Erschwerend dabei wirkt, dass wir bis in das 21. Jahrhundert hinein den fatalen Irrtum begingen, Menschen zwischen 50 und 60 massenhaft als Frührentner zu subventionieren. Der um 2010 einsetzende und sich ab 2015 dramatisch verstärkende Fachkräftebedarf wird dazu führen, dass man diese Menschen zu reaktivieren sucht. Wer mental davon überzeugt war, als 50-Jähriger zum „alten Eisen" zu gehören, der war auch für Leistungen nicht mehr bereit. Vor 50 Jahren war ein 60-Jähriger auch schlichtweg ausgelaugt und ruhestandsreif. Heute gehen die Menschen in ihren Ruhestand und fühlen sich fit, im privaten Bereich ganze Bäume auszureißen. Der Volksmund sagt nicht ohne Grund, dass Rentner keine Zeit hätten.

Wir sollten lernen, unsere „älteren Menschen", die „Senioren", differenzierter zu betrachten. Danach haben wir

- Menschen ab 50 (50 +), die wir als „reife Erwachsene" bezeichnen,
- Menschen ab 65 (65 +), die wir „Senioren" nennen,
- Menschen ab 80 (80 +), die wir als sogenannte „Hochbetagte" ansehen,
- Menschen ab 100 (100 +), die wir als „Langlebige" bezeichnen.

Jeder wird zweifellos erkennen, dass wir vier Generationen unter den Senioren haben, die alle ihre Vorlieben, Erwartungen, Potenziale und Lebensziele haben. Die Wirtschaft erkennt dies, denn zum Beispiel die Reisebranche bietet mittlerweile Reisen für Hochbetagte an. Hotels haben sich barrierefrei auf diese Zielgruppen spezialisiert. Warum sollten Menschen auf ihre große Leidenschaft, das Reisen, verzichten? Bloß weil sie einen Rollator haben? Den nimmt man mit, das verstehen immer mehr Menschen als neu gewonnene Lebensqualität im Alter, anstatt sich zu schämen. Eine alternde Gesellschaft braucht daher dringend auch eine neue Philosophie vom Alter. Denken wir an den 2005 verstorbenen Papst Johannes Paul II., der mit seinem kraftvollen Auftreten und seinem öffentlichen Leiden dem Alter eine neue Menschlichkeit verliehen hat. Damit hat er der Welt, die in unseren Köpfen ist und die von jungen Menschen, deren Erfahrungen und Lebensgefühlen geprägt worden ist, etwas entgegengesetzt: das Bild eines alten, von Krankheit gezeichneten,

vom Leben gebeugten Mannes, der gleichwohl seinen Platz selbstbe-
wusst bis zum Tode einnimmt.

Dies wird Beispiel- und Vorbildcharakter haben, denn allein die Gruppe der Menschen über 80 Jahre wird sich bis 2050 von heute etwa vier
Millionen auf zehn Millionen mehr als verdoppeln. Ihr Anteil an der
Gesamtbevölkerung wird nachhaltig ansteigen, um 2060 bei 14 Prozent liegen und sie werden mittels der Wahlstimmen ihre Interessen zu
wahren wissen. Wie stellen sich Politik und Gesellschaft darauf ein?
Denn es gilt ein weiteres Moment zu beachten: Wir wissen, dass jeder
dritte Mensch über 80 Jahre stationär pflegebedürftig wird, jeder zweite
über 90 Jahre. Damit einher geht ein steigender Bedarf an stationären
Pflegeeinrichtungen. Da heute rund 68 Prozent aller Pflegefälle in
häuslichen und familiären Umfeldern betreut werden, kann diese Zahl
aufgrund der hohen Kinderlosigkeit nur sinken und damit wird der
Bedarf nach öffentlichen oder privaten Dienstleistern erheblich ansteigen.

Das Thema Vereinbarkeit von Familie und Beruf betrifft im Übrigen
auch jene berufstätigen Kinder, die sich um ihre betagten und pflegebedürftigen Eltern kümmern wollen. Betreuung wird daher zu einem
generationenübergreifenden Thema. Auch das wird noch zu wenig
beachtet, insbesondere weil zurzeit eine Generation ihre Eltern pflegt,
für die das noch selbstverständlich ist. Die nächste Generation der Pflegebedürftigen sieht das schon anders. Sie wollen ihren Kindern nicht
mehr zur Last fallen. Es stellt sich aber auch die Frage, wo diese Kinder,
wenn es sie denn gibt, überhaupt leben. Hinzu kommt, dass heute vor
allem Frauen pflegen. Auch dies wird sich ändern, denn auch immer
mehr allein lebende Söhne werden diese Herausforderung gestalten
müssen.

Abschließend seien zwei weitere Herausforderungen genannt, die in
naher Zukunft zu meistern sein werden und die die Vergangenheit nicht
kannte: die Betreuung von älteren, pflegebedürftigen Migrantinnen und
Migranten, deren religiöser, kultureller und sprachlicher Hintergrund
besondere Beachtung verlangt. Derzeit leben etwa 1,3 Millionen Menschen über 65 Jahre mit Migrationshintergrund in Deutschland. Diese

Zahl wird bis 2030 auf 2,8 Millionen ansteigen. Damit sind die älteren Migranten die am schnellsten wachsende Bevölkerungsgruppe Deutschlands – und das trifft auf eine kaum vorbereitete Situation in Gesundheit und Pflege. Ebenso unvorbereitet stolpern wir in die Pflegebedürftigkeit und Betreuung von älteren geistig und/oder körperlich Behinderten hinein. Erstmals erreichen Kohorten lebenslang behinderter Frauen und Männer das Rentenalter, da infolge des Euthanasie-Programmes in der NS-Zeit von 1943 bis zum Ende des Regimes im Mai 1945 behinderte Menschen systematisch ermordet wurden. Darüber hinaus wurden behinderte Frauen und Männer zumeist zwangssterilisiert, was dazu führt, dass diejenigen, die den Faschismus in Deutschland überlebten, ohne eigene Kinder und möglicherweise auch häufiger als Nichtbehinderte ohne sonstige familiäre Bindungen im Alter leben. Sie verlassen die Werkstätten und haben einen Ruhestandstatus. Obwohl all dies bekannt ist, Experten immer wieder darauf hinwiesen, ist die Politik erschreckend untätig geblieben.

Fazit: Dass wir alle deutlich älter werden, ist Fakt. Die Potenziale dieser älteren Generationen aktiv anzusprechen und gesellschaftlich zu nutzen, ist die Aufgabe der Zukunft. Gleichwohl müssen auch die sozialen Sicherungssysteme – Rente, Gesundheit, Pflege – daraufhin gerüstet werden. Ziel sollte es sein, die Interessen dieser Generationen der über 50-Jährigen aktiv in eine Generationenpolitik einzubinden. Eine besondere Herausforderung ist die Formulierung und Etablierung eines neuen Bildes vom Alter, von den Alten und vom Altern, verstanden als ein bewusster Prozess der aktiven Auseinandersetzung mit jeder Lebensphase. Die Perspektive, aus der dies geschieht, kann nur von älteren Menschen selbst kommen, die diese Zeit aktiv erleben, weniger von jüngeren und deren Vorstellungen vom Alter.

Die 12. Bevölkerungsvorausberechnung des Statistischen Bundesamtes, die im November 2009 veröffentlicht worden ist, zieht folgendes Fazit:

- Die Bevölkerungszahl wird von heute 82 Millionen auf 65 bis 70 Millionen im Jahr 2060 zurückgehen.
- 2060 werden über 500.000 Menschen mehr sterben, als Kinder geboren werden.

- 2060 wird es fast so viele 80-Jährige und Ältere geben wie unter 20-Jährige.
- 65 Jahre oder älter ist heute jeder Fünfte, 2060 wird es jeder Dritte sein.
- Die Bevölkerung im Erwerbsalter wird im kommenden Jahrzehnt besonders rapide altern: Von den 20- bis 64-Jährigen insgesamt werden um das Jahr 2020 40 Prozent zwischen 50 und 64 Jahre alt sein.
- Die Bevölkerung im Erwerbsalter von 20 bis 64 Jahren wird von heute 50 Millionen auf 33 bis 36 Millionen im Jahr 2060 zurückgehen.
- 2060 werden etwa doppelt so viele Personen im Rentenalter auf 100 Personen im Erwerbsalter entfallen wie heute.

Politik und Gesellschaft tun sich sehr schwer, diese Erkenntnisse anzunehmen und auf ihnen aufbauend die damit verbundenen Herausforderungen offen und nachhaltig zu thematisieren. Das hat mehrere Gründe:

- Die gestalterische Aufgabe weist Zeithorizonte aus, die über eine Legislaturperiode weit hinausgehen.
- Die Komplexität und die Vielfältigkeit des Themas können selbst Experten in den einzelnen verästelten Auswirkungen kaum beschreiben.
- Die aktive Steuerung des gestalterischen Prozesses des demografischen Wandels kann nicht ohne zum Teil fundamentale Veränderungen lieb gewordener Strukturen und Besitzstände umgesetzt werden. Und die werden gescheut. Deshalb tabuisiert die Politik dieses Thema seit Jahrzehnten.
- Die handelnden und Verantwortung tragenden Personen besitzen weder Mut noch Kraft, den Menschen Wahrheiten zuzumuten. Dahinter steht die Furcht, nicht wiedergewählt zu werden. Und die ist nicht unberechtigt, zumal die Menschen jahrelang in dem Glauben gelassen wurden, es gehe immer so weiter wie bisher. Ein Teufelskreis des gegenseitigen Forderns und Vorgaukelns, obwohl alle es besser hätten wissen können.
- Das hängt auch damit zusammen, dass wir in einer Zeit leben, die ideologisch vom Wachstum geprägt ist. Erfolg misst sich am Wachstum – des Umsatzes bzw. des Bruttosozialproduktes. In Unternehmen wird quartalsweise auf die neuesten Zahlenentwicklungen gestarrt in

der Hoffnung, dass sich stetes Wachstum einstellen möge. Dass diese Form des Wachstums der Vergangenheit angehört, ist noch nicht begriffen worden.

■ Schrumpfungsprozesse zu gestalten, sind wir nicht gewohnt. Die Geschichte lehrt uns, dass die Bevölkerung bisher nur dann schrumpfte, wenn eine Pest oder ein Krieg wütete. Aber selbst dann kannten wir nicht das Phänomen, dass so viele Ältere auf so wenig Jüngere stießen.

■ Es gibt kein historisches Erfahrungswissen, aus dem wir Erkenntnisse für das Handeln für morgen ziehen können. Damit ist die bisherige Methodik der Zukunftsgestaltung („Weiter so!") hinterfragt. Für eine zielorientierte Neuaufstellung fehlt das politische Personal.

Sie wissen nun, was der Begriff des demografischen Wandels beschreibt, welche Eckpunkte dafür verantwortlich sind und welche Kriterien die Bevölkerungsvorausberechnungen erst ermöglichen. Sie wissen zudem, welche zentralen Daten den demografischen Wandel irreversibel machen, aber auch welche Möglichkeiten theoretisch bestehen, diesen Wandel gestalterisch zu steuern. Doch das Erkenntniswissen allein reicht nicht, Sie brauchen auch Umsetzungswissen, damit aus Erkenntnissen das Handeln erwächst. Neben Informationen und Faktenwissen, neben Umsetzungsbereitschaft und Handlungswissen sind somit folgende Grundeinstellungen Voraussetzung für ein erfolgreiches Gestalten dieser Zukunftsfragen:

■ Ein partei- und fraktionsübergreifender Konsens, den demografischen Wandel als einen zu gestaltenden Prozess zu begreifen, der mehrere Legislaturperioden in Anspruch nimmt. Dabei ist es erklärtes Ziel, die Bürgerschaft – organisiert wie nicht organisiert – aktiv einzubinden.

■ Die Erkenntnis, dass es keine kurzfristig wirksamen Lösungen geben wird, ebenso wenig eine alle Handlungsfelder betreffende Strategie. Wichtig ist es, erst einmal Transparenz im Hinblick auf die demografische Situation zu schaffen. Ziel ist es dann, für die jeweilige Handlungsebene (zum Beispiel die eigene Stadt) auf der Basis der Erkenntnisse möglichst (aber nicht zwingend) im Konsens Ziele zu formulieren und Prioritäten zu setzen.

- Politik, Verwaltung und Bürger sind bereit, aktiv Veränderungen herbeizuführen. Das beinhaltet, dass die zur Verfügung stehenden Ressourcen auf die definierten Prioritäten konzentriert werden, während
  andere Aufgaben und Dienstleistungen, auch wenn sie lieb geworden
  sind, ersatzlos wegfallen.
- Der Rückgang der Bevölkerungszahl sowie die Veränderung der
  Bevölkerungsstruktur werden als innovative Chance begriffen, eine
  (kommunale) Gesellschaft den formulierten Zielsetzungen entsprechend zu gestalten.

Aufgabe eines jeden Menschen, der an einer Zukunft in diesem Land
interessiert ist, sollte es daher sein,

1. die Diskussion am Arbeitsplatz, in Verbänden, Parteien oder Organisationen, in kommunalen Gremien, aber auch im privaten Umfeld
   aktiv zu führen.
2. das Ziel zu verfolgen, ein möglichst hohes Maß an Transparenz zu
   schaffen sowie ein fundiertes Faktenwissen bei möglichst vielen Menschen zu erlangen.
3. je nach Zusammenhang – Beruf, Verband, Engagement, Privatle-
   ben – Ziele zu formulieren, die Maßnahmen beinhalten, wie dieser
   gesellschaftlichen Herausforderung begegnet werden kann.

III. Blick über die Grenzen – Die Weltbevölkerung wächst

Ein Blick über den sogenannten Tellerrand – also unsere nationalen Grenzen – offenbart drei Phänomene:

- Auch andere Länder, insbesondere in West- und Osteuropa, sehen sich mit den gleichen demografischen Herausforderungen konfrontiert wie Deutschland.
- Auch international finden die Folgen demografischer Veränderungen außerhalb der Entwicklungsländerforschung und der Zusammenhänge zur sozialen Sicherung wenig Beachtung.
- Viele Staaten, insbesondere jene in Afrika, Asien und Amerika, verzeichnen nach wie vor einen klaren Bevölkerungsanstieg, wenn auch nicht mehr in dem bisherigen Tempo.

Um Christi Geburt lebten – so schätzen Experten – zwischen 200 Millionen und 400 Millionen Menschen. Die erste Milliarde wurde 1805 erreicht. 121 Jahre später (1926/27) erlebte die Weltbevölkerung ihre zweite Milliarde. 1960 zählte man drei Milliarden Menschen auf unserem Globus, 1974 waren es bereits vier Milliarden, 1987 schon fünf, 1999 schließlich sechs Milliarden Menschen und 2012 werden es wohl sieben Milliarden sein. 2010 lebten rund 6,8 Milliarden Menschen auf der Erde. Die Vereinten Nationen veröffentlichten ihre Bevölkerungsvorausberechnungen 2006 in dem Bericht „World Population to 2300". Er wird seitdem durch weitere Berichte (World Population Prospects) ergänzt, zuletzt 2009. Gegenwärtig rechnet die Weltorganisation für 2050 mit einer Weltbevölkerung von 9,15 Milliarden Menschen. Das bedeutet, dass die Menschheit sich von 2006 bis 2050 noch einmal um 50 Prozent vergrößern wird. Das Maximum wird von Experten für 2070 mit 9,5 Milliarden Menschen erwartet.

Übrigens: 1957 fand die erste Vorausberechnung der Weltbevölkerung für das Jahr 2000 statt. Ergebnis: 6,28 Milliarden Menschen sollten 43 Jahre später die Erde bewohnen. Tatsächlich waren es 6,07 Milliarden

Menschen, also eine Differenz von rund 3,5 Prozentpunkten. Hätte man
1957 schon auf der Grundlage der später revidierten Datenbasis die
Berechnungen anstellen können, wäre der Prognosefehler geringer ausgefallen. Mit anderen Worten, die Berechnungsmethoden haben eine
hohe Aussagekraft. Bezogen nun auf das Jahr 2050 ist eine erste Schätzung 1994 erfolgt: 9,83 Milliarden Erdenbewohner. 2009 folgte eine vor-
läufig letzte Schätzung, die bei 9,15 Milliarden lag. Diese Schätzung findet sich im Weltbevölkerungsbericht 2009 wieder. Die Differenzen
haben einen wesentlichen Grund: die unterschiedlichen Einschätzun-
gen der Auswirkungen der AIDS-Pandemie im südlichen Afrika. Damit
wird gleichzeitig die relativ geringe Fehlermarge transparent, die heutigen Berechnungen noch innewohnt. (Wahlprognosen haben mittlerweile eine höhere Fehlerquote.)

Um sich das weltweite Bevölkerungswachstum einmal konkret vorstellen zu können, mögen folgende Zahlenassoziationen der „Weltbevölke-
rungsuhr" helfen, auf die die Deutsche Stiftung Weltbevölkerung (DSW)
auf ihrer Homepage (http://www.weltbevölkerung.de) mit Bezug auf die
US-amerikanische Quelle Population Reference Bureau verweist (die
Differenzen sind Rundungen geschuldet, Stand: 5. März 2011):

- Pro Sekunde wächst die Weltbevölkerung um 2,6 Menschenleben.
- Pro Minute leben 158 weitere Erdenbürger.
- Die Menschheit wächst pro Tag um 228.155 Personen.
- Jährlich wird in etwa die Bevölkerung Deutschlands (83,276 Millio-
  nen Menschen) geboren.

Diese Zahlen lassen eigentlich etwas anderes vermuten, aber die Geburtenrate hat sich im Durchschnitt der Weltbevölkerung seit Jahrzehnten
dramatisch verringert. Sie fiel im Weltdurchschnitt von fünf Geburten je
Frau im Zeitraum von 1950 bis 1955 auf 3,4 Geburten zwischen 1984 und
1999, auf 2,7 Geburten in den Jahren 2000 bis 2005 und auf 2,56 Geburten
für die Jahre 2005 bis 2010. Differenziert nach Entwicklungs- und Industrieländern lagen die Geburtenraten 2009 bei 2,73 und 1,64. Gründe sind
zum einen politische Maßnahmen wie in China, wo Paare nur ein Kind
haben dürfen, aber auch der höhere Bildungsgrad der Frau sowie der
Einsatz von Verhütungsmitteln.

Länder mit der weltweit niedrigsten Geburtenrate

Lebendgeborene pro Frau 2005–2010		
1.	China, Macao	0,95
2.	China, Hongkong	1,02
3.	Bosnien-Herzegowina	1,21
4.	Südkorea (Republik Korea)	1,22
5.	Malta	1,26
6.	Japan	1,27
7.	Polen	1,27
8.	Singapur	1,27
9.	Slowakei	1,28
10.	Weißrussland	1,28

(Quelle: Vereinte Nationen)

Herwig Birg beschreibt dieses Phänomen als „demografisch-ökonomisches Paradoxon". Denn je höher die Lebenserwartung war bzw. je stärker sie zunahm, desto niedriger war bzw. ist die Kinderzahl pro Frau – und je höher der Alphabetisierungsgrad, desto niedriger tendenziell die Zahl der Lebendgeborenen pro Frau. Die Vereinten Nationen berichten, dass derweil 76 Länder eine Geburtenrate unterhalb des Reproduktionsniveaus (= 2,1 Kinder pro Frau) aufweisen. Das entspricht 47 Prozent der Weltbevölkerung. 44 der 76 Länder zählen zu den entwickelten Industrienationen. Zur Bedeutung der Geburtenrate für die Weltbevölkerung insgesamt führt Herwig Birg aus: „Die Änderung der Geburtenrate um einen bestimmten Prozentsatz wirkt sich um ein Vielfaches stärker auf das Wachstum der Weltbevölkerung aus als eine gleich große prozentuale Änderung der Lebenserwartung." Würde die Geburtenrate zum Beispiel auf dem Niveau von 2005 konstant bleiben, so lebten 2050 sogar 11,66 Milliarden Menschen auf der Erde.

Die meisten Neugeborenen (80 Prozent) kommen also in den Staaten der sogenannten Entwicklungs- oder Schwellenländer zur Welt. Allein der Bevölkerungszuwachs in Indien in einem einzigen Jahr ist so groß „wie die Bevölkerungsabnahme in Deutschland durch die Summe aller Geburtendefizite bis 2040" (Herwig Birg). In Nepal kamen 2009 mehr Kinder (797.000) als in Deutschland (665.000) zur Welt, obwohl hierzulande viermal mehr Menschen leben. Allerdings wird nur noch für den Niger bis 2050 ein Anstieg der Bevölkerung um mehr als 300 Prozent vorhergesagt. Wussten Sie eigentlich, dass der Unterschied des Durchschnittsalters zwischen der jüngsten und der ältesten Gesellschaft unserer Erde, also zwischen Niger und Japan, heute 29 Jahre beträgt? 1950 waren es nur 7,1 Jahre.

Länder mit den weltweit höchsten Geburtenraten

Lebendgeborene pro Frau 2005–2010		
1.	Niger	7,15
2.	Afghanistan	6,63
3.	Timor	6,53
4.	Somalia	6,40
5.	Uganda	6,38
6.	Tschad	6,20
7.	Kongo	6,07
8.	Burkina Faso	5,94
9.	Sambia	5,87
10.	Angola	5,79

(Quelle: Vereinte Nationen)

Damit wächst eine Kluft zwischen den reichen Industrienationen, die sich insbesondere mit einer älter werdenden Gesellschaft konfrontiert sehen, und den „jungen" Ländern, deren Bewohner sich in der Regel noch mit sehr existenziellen Fragen plagen müssen. Helfen wir ihnen? Oder warten wir auf sie, bis sie bei uns gestrandet sind? Bei der Vereinigung der beiden deutschen Staaten wurde für die Währungsunion und den günstigen Umtausch der Ost-Mark in die West-Mark vom damaligen Bundeskanzler Helmut Kohl als Argument angeführt: „Entweder die D-Mark kommt zu den Menschen oder die Menschen zur D-Mark. Was wollen Sie?" Bezogen auf die demografische Schieflage unserer Weltgesellschaft: „Kommen die Menschen zu den Jobs oder die Jobs zu den Menschen?" Aber das ist nur eine Frage, die sich aufgrund der nachstehenden Zahlen, die dem Bericht „World Population Prospects 2008" der Vereinten Nationen entnommen sind, aufdrängt. Die folgende Tabelle listet die 28 Länder auf, die 2050 drei Viertel der Weltbevölkerung beherbergen:

Länder mit der größten Bevölkerung

Platz	Land	Bevölkerung 2009 (Millionen Menschen)	Bevölkerung 2050 (Millionen Menschen) – Prognose –
1	Indien	1.198	1.614
2	China	1.346	1.417
3	USA	315	404
4	Pakistan	181	335
5	Nigeria	155	289
6	Indonesien	230	288
7	Bangladesch	162	222
8	Brasilien	194	219
9	Äthiopien	83	174
10	Kongo	66	148
11	Philippinen	92	146
12	Ägypten	83	130
13	Mexiko	110	129
14	Russland	141	116

15	Vietnam	88	112
16	Tansania	44	109
17	Japan	127	102
18	Türkei	75	97
19	Iran	74	97
20	Uganda	33	91
21	Kenia	40	85
22	Sudan	42	76
23	Afghanistan	28	74
24	Thailand	68	73
25	Vereinigtes Königreich	62	72
26	Deutschland	82	71
27	Frankreich	62	68
28	Irak	31	64

(Quelle: Vereinte Nationen)

Auch bei dieser Bevölkerungsvorausberechnung kommt es natürlich auf die Kriterien an: Welche Geburtenrate ist für welches Land unterstellt worden, welche Lebenserwartung ist zugrunde gelegt worden und wie werden sich – aus Sicht der Vereinten Nationen – bis 2050 die Wanderungsströme entwickeln? So gehen zum Beispiel die Vereinten Nationen davon aus, dass sich die Geburtenrate 2050 weltweit auf zwei Kinder pro gebärfähiger Frau eingependelt haben wird. Ein weiteres Bevölkerungswachstum wird daher bis 2050 prognostiziert, dann werden die demografischen Veränderungen, mit denen nahezu alle europäischen Länder bereits in den nächsten Jahren zu tun haben werden, auf globaler Ebene einsetzen.

Der Alterungsprozess ganzer Gesellschaften ist schon heute kein rein europäisches Phänomen. In Europa trifft die höhere Lebenserwartung jedoch mit sinkenden Geburtenraten zusammen, sodass sich die Bevölkerungsstruktur der jeweiligen Gesellschaften zugunsten der älteren Menschen rascher verändern wird. Diese Entwicklung spüren aber auch schon heute die afrikanischen, asiatischen und amerikanischen Gesellschaften – bis 2050 erst recht. Nach Angaben der Deutschen Stiftung Weltbevölkerung (DSW) wird 2050 jeder fünfte Mensch älter als 60 Jahre sein. Um 2045 dürften mehr Senioren über 60 Jahre als Kinder unter 15 Jahre auf der Welt leben.

Nimmt man das Medianalter als Maßstab, offenbart sich ebenfalls eine Teilung unserer Welt. Die Bevölkerungen beider Amerikas, Asiens und Ozeaniens – sie dürften 2050 gut 70 Prozent der Weltbevölkerung stellen – werden zu diesem Zeitpunkt ein Medianalter von 40 Jahren haben, das heißt zur Hälfte jünger und zur Hälfte älter als 40 Jahre alt sein. Nur die Europäer werden mit 46,6 Jahren ein deutlich höheres und die Afrikaner mit 28,5 Jahren ein deutlich niedrigeres Medianalter aufweisen, lassen uns die Daten der Vereinten Nationen wissen. Insgesamt betrachtet steigt das Durchschnittsalter weltweit von gegenwärtig 28 Jahren auf 38 Jahre in 2050.

Länder mit der weltweit höchsten Lebenserwartung

Lebenserwartung bei der Geburt im Zeitraum 2005–2010		
1.	Japan	82,7
2.	China, Hongkong	82,2
3.	Schweiz	81,8
4.	Island	81,8
5.	Australien	81,5
6.	Frankreich	81,2
7.	Italien	81,2
8.	Schweden	80,9
9.	Spanien	80,9
10.	Israel	80,7

(Quelle: Vereinte Nationen)

Länder mit der weltweit niedrigsten Lebenserwartung

Lebenserwartung bei der Geburt im Zeitraum 2005–2010		
1.	Afghanistan	43,8
2.	Simbabwe	44,1
3.	Sambia	45,3
4.	Lesotho	45,3
5.	Swaziland	45,8
6.	Angola	46,8
7.	Zentralafrikanische Republik	46,9
8.	Sierra Leone	47,4
9.	Kongo	47,5
10.	Guinea-Bissau	47,6

(Quelle: Vereinte Nationen)

Auch die Lebenserwartung steigt weltweit kontinuierlich an. Die jeweilige Annahme der tatsächlichen Lebenserwartung bleibt auch hier – dank des rasanten medizinischen Fortschritts in diesen Ländern – abzuwarten. So haben zum Beispiel der Einsatz von Antibiotika und Impfungen weiter Teile der Bevölkerung in den Entwicklungsländern die Lebenserwartung zwischen 1950 und heute um mehr als 50 Prozent von 41 auf fast 66 Jahre ansteigen lassen. Sie liegt aktuell nur noch knapp 12 Jahre hinter der durchschnittlichen Lebenserwartung in den Industrieländern zurück. Zum Vergleich: Noch um 1950 starben Männer und Frauen in der Dritten Welt durchschnittlich 25 Jahre früher als jene in der sogenannten Ersten oder Zweiten Welt.

Eine Bevölkerungsvorausberechnung bleibt auch in diesem Fall eine Bestandsaufnahme auf der Basis der heutigen Zahlen und der derzeit feststellbaren Trends. So wird es sein, wenn es so bleibt, wie es jetzt erkennbar ist. Solche Prognosen kalkulieren Verhaltensveränderungen der Menschen und technische Entwicklungen zum Beispiel nicht ein. Da ist dann die Chance des Steuerns und Gestaltens von Prozessen in Entwicklungsabläufen durch den Menschen nachhaltig gegeben. Nur ein Grundsatz bleibt auch hier gültig: Nicht geborene Menschen können keine Kinder bekommen.

Ein weltweit zu beachtendes Problem stellt die HIV-Infizierung dar, wenn auch 67 Prozent der rund 33,4 Millionen mit HIV infizierten Menschen südlich der Sahara leben. Wird ein wirklich durchschlagendes Medikament auf den Markt kommen, das den betroffenen Menschen Heilung bringt? Oder wird das Sterben im südlichen Afrika im bisherigen Tempo weitergehen? AIDS führt in Südafrika oder Botsuana zu den demografischen Herausforderungen, die wir hier künftig auch zu meistern haben: Viele Firmen können nicht mehr auf ein geeignetes Erwerbspersonenpotenzial zurückgreifen. In Afrika insgesamt wird sich das intensive Bevölkerungswachstum aber bis zum Ende des Jahrhunderts trotz AIDS fortsetzen. Anders sieht es hingegen zum Beispiel in Russland aus, wo eine spürbar schrumpfende Bevölkerung noch zusätzlich vor einer „Aids-Explosion" steht, wie Murray Feshbach, amerikanischer Experte für russische Bevölkerungsfragen, warnt.

Auch wenn auf dem afrikanischen Kontinent immer mehr Kinder mit dem HI-Virus geboren werden, so werden doch die afrikanischen Gesellschaften älter. Weltweit betrachtet fanden zwischen 1950 und 1955 rund 43 Prozent der Sterbefälle vor Erreichen des 5. Lebensjahres statt und 26 Prozent nach dem 60. Lebensjahr. Zurzeit liegen die Werte bei 17 und 54 Prozent. Die Studien der Vereinten Nationen gehen davon aus, dass 2050 rund 4,2 Prozent der Sterbefälle Kinder unter 5 Jahren und 80,2 Prozent der Sterbefälle Menschen betreffen, die 60 Jahre und älter sind. Eine pikante Paradoxie, die Horst W. Opaschowski in seinem Buch „Der Generationenpakt" anführt, sei in diesem Zusammenhang noch erwähnt: „Während die Industrieländer zuerst wohlhabend wurden und dann alterten, altern die Entwicklungsländer, bevor sie wohlhabend werden."

Wenn die Menschen in Indien oder China zum Beispiel den gleichen Lebensstandard wie jene in den USA anstreben würden, wären ökologische Folgen unausweichlich. Dahinter steht der Gedanke vom „ökologischen Fußabdruck", den jeder Mensch hinterlässt. Er misst den Naturverbrauch einer gegebenen Bevölkerung. Der „ökologische Fußabdruck" repräsentiert die Land- und Wasserfläche, die notwendig ist, um den gegenwärtigen Ressourcenverbrauch dieser Bevölkerung zu decken und ihre Abfallprodukte zu absorbieren. Zurzeit ist es so, dass „die 25 reichen Länder der Erde mit weniger als 20 Prozent der Weltbevölkerung einen ökologischen Fußabdruck von der Größe der weltweit verfügbaren biologisch produktiven Fläche haben", schreiben Mathis Wackernagel und William Rees in ihrem Buch „Unser ökologischer Fußabdruck".[18] Daher rechnen Wissenschaftler damit, dass es in den nächsten Jahrzehnten immer mehr Umweltflüchtlinge geben wird. Der Anstieg des Meeresspiegels, Wüstenbildung und katastrophale, wetterbedingte Fluten führen schließlich schon heute dazu, dass immer mehr Menschen ihre Heimat verlassen müssen – wenn sie können. Die Vereinten Nationen schätzten in einer 2009 veröffentlichten Studie, dass bis 2050 weltweit rund 200 Millionen Menschen als „Klimaflüchtlinge" unterwegs sein werden.

Diese ökologisch bedingten Wanderungsbewegungen werden neben den ökonomisch motivierten Wanderungen weltweit spürbar sein. Laut einer Studie, die die Deutsche Bischofskonferenz im Dezember 2005 vorstellte, wurde die Zahl der ökonomisch motivierten Migranten damals bereits weltweit auf 65 Millionen geschätzt. Wir müssen aber geografisch gar nicht so weit gehen, um auf Länder zu stoßen, die in den nächsten Jahrzehnten kräftige Geburtenüberschüsse verzeichnen werden. Nahezu alle islamisch geprägten Mittelmeeranrainerstaaten gehören dazu, so auch die Türkei. Das Land am Bosporus zählt heute schon knapp 75 Millionen Menschen. Bis 2050 soll die Türkei mit 97 Millionen Einwohnern das mit Abstand volkreichste Land der EU sein – sofern es bis dahin Mitglied der EU geworden ist, wovon allein schon demografisch bedingt auszugehen ist. Denn bereits in 2009 waren knapp 27 Prozent der Türken jünger als 15 Jahre, gegenüber gerade 16 Prozent im EU-Durchschnitt. 2010 betrug das Durchschnittsalter der Türken 28 Jahre

---

18 Wackernagel, Mathis/Rees, William: Unser ökologischer Fußabdruck. Wie der Mensch Einfluss auf die Umwelt nimmt. Basel 1997, Seite 117.

(Deutschland: 44 Jahre). Wo werden diese jungen Menschen später Arbeit finden, wo Familien gründen und ernähren? Die Abwanderung in Richtung Westeuropa wäre folgerichtig. Das würde die Bevölkerungsstruktur und die Mehrheitsverhältnisse in vielen europäischen Staaten weiter verändern und die bisher nur wenig ausgefeilte Integrationspolitik in Deutschland vor große Herausforderungen stellen.

Bevölkerungsvorausberechnungen für die Länder der südlichen Anrainerstaaten des Mittelmeeres und der Türkei (2009–2050)

Land	2009 (in Millionen)	2025	2050
Marokko	32,0	37,9	42,6
Algerien	34,9	42,9	49,6
Tunesien	10,3	11,8	12,7
Libyen	6,4	8,1	9,8
Ägypten	83,0	105,0	129,5
Israel	7,2	8,8	10,6
Libanon	4,2	4,7	5,0
Syrien	21,9	28,6	36,9
Türkei	74,8	87,4	97,4
Summe	274,7	335,2	394,1

Quelle: Vereinte Nationen

Frank Schirrmacher hat diese Entwicklung in den muslimischen Anrainerstaaten des Mittelmeeres in seinem Buch „Das Methusalem-Komplott" mit sorgenvollem Unterton kommentiert: „Die Alterung der Industrienationen wird wie eine Sinuskurve in den nächsten 30 Jahren durch die gewaltige Jugendwelle der muslimischen Länder überdeckt."[19]

---

19 Schirrmacher, Frank: Das Methusalem-Komplott. 8. Auflage, München 2004, Seite 50.

Schirrmacher fürchtet den fundamentalistischen Einfluss, da deren Eliten „in Zeitspannen denken, die unse Vorstellungsvermögen sprengen"[20]. In der Tat werden diese Länder kaum in der Lage sein, ihrer jungen Bevölkerung Zukunftsperspektiven zu vermitteln. Daher liegt es nahe, dass – wie in der Vergangenheit – diese Menschen in anderen Ländern ihr Glück versuchen werden. Die Frage bleibt: Wo werden diese Menschen hinziehen? Denn sie erwarten sich ja etwas von ihrer Wanderung und ihrer neuen Heimat. Und wie reagieren wir als potenzielles Einwanderungsland im Vorfeld auf diese möglichen Entwicklungen? Wie versuchen wir, sie zu gestalten und zu steuern? Zurzeit hat Deutschland als Einwanderungsland an Attraktivität verloren, jedenfalls wiesen die Statistiken für 2008 und 2009 erstmals mehr Abwanderungen als Zuwanderungen auf. Schon heute hoffen viele Unternehmer auf die Öffnung der EU-Grenzen nach Osteuropa im Mai 2011, um mit Ausbildungswilligen aus diesen Ländern die eigenen Lehrstellenlücken füllen zu können. Doch was sollte die Menschen motivieren, nach Deutschland zu kommen? Denn das Abschotten des Arbeitsmarktes vor Menschen aus Osteuropa hat Deutschlands Ruf als Anti-Einwanderungsland eher verstärkt. So zogen Menschen aus Polen in den vergangenen Jahren vor allem nach Großbritannien und Irland, später auch nach Spanien. Und sowohl in Polen als auch in Tschechien zeichnet sich ebenfalls ein Facharbeiterbedarf ab.

Ratgeber dieser deutschen Abschottungspolitik war die Angst. Den Deutschen könnten ja die Arbeitsplätze weggenommen werden. Nicht zuletzt aufgrund der lang gepflegten politischen Rhetorik sehen viele noch immer verstärkt die Risiken, die sich mit den zugewanderten Menschen ergeben können. Dabei sollten verstärkt die Chancen kommuniziert werden. Chancen wie Risiken ergeben sich aus zwei Entwicklungslinien:

- Wandern vornehmlich gering qualifizierte Menschen zu, die die sozialen Ausgaben in den Einwanderungsländern ansteigen lassen, so wird die Akzeptanz in den Gastländern eher gering sein. Damit wach-

---

20 Ebenda, Seite 64.

sen soziale und ethnisch motivierte Spannungen in den Einwanderungsländern, die sich in zum Teil massiven Konflikten entladen können, wie beispielsweise 2005 bei den gewalttätigen Aufständen jugendlicher Immigranten in den Pariser Vororten.

■ Wandern vornehmlich gut gebildete Menschen zu, so werden sich die Arbeitgeber freuen und ebenso die staatlichen Ausgabestellen. Diese Menschen werden sich relativ konfliktfrei in die gastgebenden Gesellschaften integrieren und sie nach und nach mitzugestalten verstehen. Um diese Menschen wird in den Industrienationen ein weltweiter Wettbewerb entstehen.

Um 2050 werden allein auf den knapp vier Millionen Quadratkilometern Indiens und Pakistans mit fast zwei Milliarden Einwohnern weit mehr Menschen leben als auf den annähernd 60 Millionen Quadratkilometern Europas sowie Nord- und Südamerikas, Australiens und Neuseelands zusammengenommen. Schon heute leben in Mumbais Slums mehr Menschen als in ganz Norwegen! Damit ist klar, dass in diesen Räumen Wanderungsdruck entstehen wird. Diese Wanderungspotenziale in industrialisierte Regionen werden nach 2020, also ab dem Zeitpunkt, ab dem die demografische Situation bei uns besonders prekär wird, voraussichtlich nur noch in kulturell und ökonomisch sehr andersartigen Regionen außerhalb Europas vorhanden sein. Paul S. Hewitt, ehemals Direktor der Initiative „Global Aging" beim Center for Strategic and International Studies (CSIS), einem einflussreichen Think Tank in Washington, prognostiziert: „Die kommenden Jahrzehnte werden massive Migrationsbewegungen aus diesen verarmten Regionen in ein sich entvölkerndes Europa erleben, dessen Wohlfahrtsstaaten nicht darauf eingerichtet sind, die Einkommensungleichheit abzufangen, die das mit sich bringen wird."

Es muss daher damit gerechnet werden, dass diese Zuwanderung auf erhebliche soziale Widerstände in Deutschland und anderen Staaten Europas treffen wird, denen es schon heute vorzubeugen gilt.

Fazit: Eine EU-weite Demografiepolitik sollte bereits heute in die Bildungssysteme der Länder investieren, die hohe Geburtenüberschüsse verzeichnen (werden). Damit würde sie mittel- bis langfristig in die Zukunft der EU investieren, die Anziehungspunkt für Zuwanderer sein wird. Vielleicht könnte damit dem hohen Wanderungsdruck entgegengewirkt und der wahrscheinlichen Überforderung der Integrationsfähigkeit der europäischen Staaten vorgebeugt werden. Das *Wall Street Journal* mahnt: „In der Weltgeschichte haben zahlenmäßig überlegene und hungrige Habenichtse häufig genug die Habenden überwältigt und ihrer Reichtümer beraubt." Die Ziele der europäischen und nationalen Entwicklungs- und Außenpolitiken sollten unter diesen demografischen Gesichtspunkten neu ausgerichtet werden.

Ein weiteres Fazit lässt sich noch ergänzen: Jedes potenzielle Einwandererland bedarf einer konzeptionell ausgerichteten Integrationspolitik auf allen politischen Ebenen. Sie ist EU-weit abzustimmen. Die umfassende, da auf Gleichgültigkeit beruhende Vernachlässigung der zugewanderten Menschen dürfen und können wir uns nicht mehr leisten. Wenn mehrheitlich Menschen aus anderen Kultur- und Religionsgemeinschaften (zum Beispiel Moslems und Hindus) kommen sollten, bedarf es einer guten Vorbereitung der heimischen Bevölkerung und einer konzeptionellen, auf Toleranz sowie Akzeptanz bei diesen Gruppen stoßenden Vorstellung, wie diese Zuwanderer nachhaltig integriert werden können.

Hinzu kommt, dass alle Nationen, die demografisch schrumpfen werden, ein massives Interesse daran haben, den eigenen Bevölkerungsschwund durch eine qualifizierte Zuwanderung auszugleichen – zumindest werden sie es versuchen. Der damit einhergehende Wettbewerb um diese Menschen wird den Wanderungsfluss zu steuern verstehen. Wer diesen Wettbewerb gewinnen wird, steht überhaupt nicht fest, denn in den letzten Jahrzehnten stießen die Einwanderer in vielen Ländern keineswegs auf offene Türen. Es wird jenes Land bei der Anwerbung der qualifiziertesten Zuwanderer die Nase vorn haben, das sich schon heute auf diese Zielgruppe einzurichten versteht. „Diversität" lautet das Stichwort. Danach werden jene Gesellschaften, die „mit der Verschiedenartigkeit der Menschen auf eine positive, ja kreative Weise umzugehen verstehen, auf Dauer erfolgreicher sein als andere", mahnt der Berliner Publizist Warnfried Dettling. Das Konzept der Diversität, so Dettling weiter, „bringt die neue Realität zum Ausdruck: Moderne Stadtgesellschaften sind eine Summe von Minderheiten, und es kommt darauf an, das Zusammenleben der Unterschiedlichen und Verschiedenartigen optimal für alle zu gestalten". Der Weg zur Multiminoritätengesellschaft in Europa ab 2050 ist vorgezeichnet. Nationale und kulturelle Grenzen werden nur noch eine geringe Rolle spielen, weil die nationalen Kulturen keine mehrheitlich sinnstiftende Funktion mehr haben werden. Auch hier verdeutlicht sich der demografisch bedingte Zusammenhang zur Außenpolitik von morgen.

Ein drittes Fazit lässt sich ebenfalls noch ziehen: Die weltpolitischen Gewichte, die nicht zuletzt auch an der Bevölkerungszahl, und damit an der ökonomischen Potenz, gemessen werden, verschieben sich. So wird der Anteil der Bevölkerung der Industrieländer an der Weltbevölkerung, der 1950 noch 32,3 Prozent betrug und 2010 bei 18,0 Prozent lag, bis 2050 voraussichtlich auf 13,9 Prozent sinken. Europa ist der einzige Kontinent, dessen Bevölkerungszahl schrumpft – trotz Zuwanderung. 1950 waren noch 21,6 Prozent der Weltbevölkerung Europäer, 2010 waren es noch 10,6 Prozent, 2050 werden es nur noch 7,6 Prozent sein. Und auch innerhalb Europas werden sich die Gewichte verschieben. „Großbritannien und Frankreich werden 2060 voraussichtlich mehr Einwohner zählen als wir", rechnet Roderich Egeler, Präsident des Statistischen Bundesamtes, vor. Italien zum Beispiel wird um 2100 nur noch zehn Millionen Einwohner zählen. Man könnte daher dieses Land, wohl aber auch Griechenland, komplett räumen und an Einwanderungswillige vermieten. Glaubt man dem Wirtschaftsforscher Daniel Gros vom Institut Centre for European Policy Studies, werde sogar Polen in 20 Jahren wirtschaftlich besser dastehen als Deutschland. Für ihn sei dann Deutschland nur noch ein „Land der Hilfsarbeiter", insbesondere dann, wenn die Politik nicht schnell umdenke und neue Visionen erarbeite.

Fakt ist, dass die Welt sich in eine kleine Gruppe von wirtschaftlich starken Ländern mit einer schrumpfenden Bevölkerung und in eine wesentlich größere Ländergruppe mit Bevölkerungswachstum und niedriger Wirtschaftskraft polarisiert. Ein interessanter Sonderfall soll aber nicht verschwiegen werden: Die USA werden 2050 rund 404 Millionen Menschen haben und die EU als Wirtschaftsraum überholen. Leben gegenwärtig von 100 Erdenbewohnern 18 in einem wohlhabenden, 70 in einem wirtschaftlich aufstrebenden und 12 in einem unentwickelten

Land, so werden sich diese Zahlen 2050 deutlich verändert haben, und damit auch die Machtpotenziale: Dann zählen nur noch 14 zu den „Altreichen", 68 zu denen, die es auf ihrem Weg nach oben unterschiedlich weit gebracht haben und 18 werden noch immer existenzielle Not leiden.

Insgesamt betrachtet ist es erstaunlich, dass die demografische Entwicklung – obwohl sie von den Vereinten Nationen in regelmäßiger Weise prognostiziert und veröffentlicht wurde – weltweit ein relativ geringes Echo gefunden hat. Nun aber, da die Folgen immer spürbarer werden, zeigt sich Handlungsdruck, der meist auf unvorbereitete Konzeptlosigkeit trifft. Das betrifft nahezu alle Länder, zumal wenn deren Regierungen das Denken über die Legislaturperioden hinweg kaum pflegen, sondern mit Blick auf das jeweilige nächste Wählervotum sehr kurzfristig (re-)agieren. Gleichwohl stehen alle Nationen und deren Regierungen vor der Aufgabe, Antworten auf die demografischen Veränderungen finden zu müssen, auch wenn sie das „Weniger, Bunter, Älter" vielleicht weniger ausgeprägt betrifft. Einige nachstehende Beispiele mögen dies illustrieren.

Die demografische Entwicklung wird in Deutschland besonders in der Rentendiskussion deutlich. Durch diese wird die 2006 beschlossene Reform, das Renteneintrittsalter von 2012 bis 2023 jährlich um einen Monat anzuheben, von 2024 bis 2029 dann um je zwei Monate, sodass abschließend das Renteneintrittsalter bei 67 Jahren liegt, erneut zur Disposition gestellt. Während die Sozialverbände SoVD und VdK die Rücknahme der Reform fordern sprachen sich Wirtschaftsforschungsinstitute für die langfristige Anhebung der Altersgrenze auf 70 Jahre aus. „Wenn wir uns die höhere Lebenserwartung und die abnehmende Geburtenrate in Deutschland anschauen, wird die Rente mit 70 perspektivisch kommen müssen", sagt zum Beispiel Michael Hüther vom Institut der deutschen Wirtschaft in Köln. Ebenso argumentiert Altbundeskanzler Helmut Schmidt, für den die „Überalterung" eine der „wichtigsten Herausforderungen der aktuellen Politik" ist.

Alterung der Gesellschaft und geringe Geburtenzahlen sowie mangelnde qualifizierte Zuwanderung sind aber Herausforderungen, die alle EU-Staaten zu gestalten haben. Die EU-Kommission veröffentlichte im Mai

2010 hierzu ein Grünbuch. Darin wird der Vorschlag unterbreitet, das Renteneintrittsalter demnach regelmäßig so anzuheben, dass durchschnittlich nicht mehr als ein Drittel des Erwachsenenlebens im Ruhestand verbracht werde. Bis 2060 soll daher die Lebensarbeitszeit schrittweise auf 70 Jahre angehoben werden. Davon sind viele EU-Mitglieder aber weit entfernt. In Griechenland zum Beispiel kann man schon mit 55 in den Ruhestand eintreten, da man dort nach 35 Arbeitsjahren einen vollen Rentenanspruch geltend machen kann. Das gesetzliche Renteneintrittsalter für Männer liegt auch dort bei 65 Jahren, das tatsächliche Renteneintrittsalter bei 62,4 Jahren. Nur: In Griechenland werden 14 Renten jährlich ausbezahlt, in Deutschland nur 12. Die Renten sind dort jährlich um bis zu 4 Prozent angepasst worden, während die Rentner in Deutschland in den Jahren 2004 bis 2006 Nullrunden akzeptieren mussten. Dem nahezu staatsbankrotten Griechenland mussten die Euro-Länder 2010 mit Notkrediten von bis zu 135 Milliarden Euro zur Seite springen.

Demografische Entwicklungen kann man nur kurzfristig ignorieren, die Fakten holen alle ein. In Frankreich war man es gewohnt, mit 60 Jahren ein Altersruhegeld zu beziehen. Das soll nun anders werden: 62 Jahre lautet das Renteneintrittsalter nun. Allein die Ankündigung sorgte bereits für wochenlange Demonstrationen und Streiks. Aber auch Spanien plant, das Rentenalter von derzeit 65 Jahren auf 67 Jahre zu erhöhen. In Dänemark wird das Rentenalter im Zeitraum von 2024 bis 2027 von derzeit 65 auf 67 Jahre angehoben. Während man in Spanien 35 Jahre Beiträge eingezahlt haben muss, um eine volle staatliche Rente beanspruchen zu dürfen, sind in Dänemark 40 Beitragsjahre notwendig. In Deutschland brauchen wir 45 Arbeitsjahre.

Neben diesen systeminternen Unterschieden gilt es aber auch, wesentliche Rahmenbedingungen zu berücksichtigen. Dazu zählt die Geburtenquote. Und die ist in Frankreich EU-weit am höchsten. 2008 kamen in Frankreich (bei einer Bevölkerung von 62 Millionen Menschen) 801.000 Kinder zur Welt (mit den Überseegebieten sogar 834.000 Kinder). Das entspricht einer Geburtenquote von 2,02 (2009: 1,99). In Deutschland waren es (bei einer Bevölkerung von 82 Millionen Menschen) 2008 nur 683.000 Geburten (2009: 665.000). Das entspricht einer Geburtenquote von 1,36. Lediglich in Irland, Großbritannien und den skandinavischen Ländern erreicht man im Übrigen ähnlich hohe Geburtenzahlen. Diese Länder könnten sich dann auch ein anderes Renteneintrittsalter als 67 oder 70 Jahre leisten. Werfen wir den Blick in die USA, so stellen wir fest, dass amerikanische Frauen mit College- und Universitätsausbildung 1,6 bis 1,7 Kinder bekommen. Und das, obwohl es dort keine allgemeine Familienförderung gibt. Nur 27 Prozent von ihnen bleiben kinderlos.

Als ein Hauptgrund für das Geburtendefizit auf dem europäischen Kontinent gilt die immer längere Ausbildung junger Erwachsener – so sehen das zumindest die Experten des Max-Planck-Instituts für demografische Forschung. Deshalb schöben viele Paare ihren Kinderwunsch auf und setzten ihn später auch nicht mehr um. In acht ausgewählten Ländern (Niederlande, Großbritannien, Portugal, Österreich, Italien, Frankreich, Spanien, Deutschland) hätten die Zuwanderinnen die Geburtenziffern zwischen 1997 und 2006 um 3 bis 8 Prozent gesteigert. Damit kommt der Zuwanderungspolitik der EU-Staaten, aber auch der EU insgesamt eine große Bedeutung zu. Zurzeit ist es so, dass rund 85 Prozent der in die EU einwandernden Menschen gering oder gar nicht qualifiziert sind. Gleichzeitig diskutieren nahezu alle EU-Staaten die Notwendigkeit, die Zuwanderung offener, werbender, attraktiver zu gestalten. Peter Huber, Experte für Migration im Österreichischen Institut für Wirtschaftsforschung, hat Österreichs Zuwanderungsdilemma klar herausgearbeitet: Österreich locke unter den Migranten eher die schlechter qualifizierten an – was doppelt schlimm sei, weil aus Österreich im OECD-Vergleich überdurchschnittlich viele Akademiker abwandern würden. Im August 2010 soll aber alles anders werden. Angesichts der neben Deutschland niedrigsten Geburtenrate in der EU sowie des in dieser Form nicht mehr finanzierbaren Pensionssystems greift die Regierung zum Rettungsanker einer selektiven Zuwanderung: Rot-Weiß-Rot-Card. Dieses kriteriengeleitete System soll qualifizierten Zuwanderern Zugang zu Arbeitsmarkt und Integration erleichtern. Bereits 2007 brachte die EU-Kommission die Bluecard für qualifizierte Fachkräfte ins Gespräch. Seitdem wissen wir, dass qualifizierte junge Menschen weltweit gefragt sind. Fachkräftebedarf ist kein Phänomen deutschsprachiger Länder. Warum also sollte jemand in das jeweilige Land kommen? Was macht es für potenzielle Zuwanderer attraktiv?

Kanada gilt international als „Integrationsmusterland". Schon die eigene Geschichte belegt, wie sehr man sich um die besten Köpfe bemühen muss. Bildung, die auf die Migranten intensiv eingeht, lautet ein Stichwort. Aus den internationalen PISA-Studien wissen wir, dass ein 15-Jähriger aus der zweiten Zuwanderergeneration in Deutschland etwa so viel weiß wie ein 12-Jähriger in Kanada. Das macht sich in doppelter Weise bemerkbar. Zum einen ist Kanada als Zuwanderungsland hoch attraktiv, insbesondere für qualifizierte Menschen (andere dürfen nicht einwandern). Zum anderen sorgt diese Bildungspolitik für eine gute Talententfaltung. So ist zum Beispiel der Anteil der Hochqualifizierten an den im Ausland geborenen Einwohnern in Deutschland nach Angaben der OECD mit knapp 19 Prozent besonders niedrig. Bei den Spitzenreitern Kanada und Irland liegt dieser Anteil bei gut 45 Prozent. Das ist zudem auch wirtschaftspolitisch interessant, denn in jenen Industrieländern, deren im Ausland geborene Bürger anteilig höher qualifiziert sind als die Einheimischen, kletterte das Bruttoinlandsprodukt je Einwohner zwischen 1995 und 2007 um über 30 Prozent. Auch Australien als weiteres klassisches Einwanderungsland verlangt, dass „Einwanderer bestens ausgebildet sind" und „sehr schnell einen Beitrag zur australischen Wirtschaft leisten können".

Ziel ist es, von anderen zu lernen, ohne eigene kulturelle oder soziale Identitäten aufzugeben. Nehmen wir das Beispiel Pflege und nehmen wir als Beispiel Dänemark. Wer hier alt ist und nicht mehr allein zurechtkommt, zieht in eine – relativ große und komfortable – Pflegewohnung. Mit eigenen Möbeln und mit Helfern, die Zeit haben. Möglich ist das, weil die Gemeinde alle Fäden der Alten- und Sozialarbeit in der Hand behält, weil sie alle Leistungen aus einem einzigen Topf bezahlt. Dafür haben die Gemeinden dort ein – auch finanzielles – Interesse daran, dass ihre Bürger so lange wie möglich fit und selbstständig bleiben.

Von den Dänen könnten wir bezogen auf dieses Beispiel daher drei Dinge lernen:

1. Das soziale Wohlergehen der Bürger gehört – verbindlich und überall – in die Hände der Kommunen.
2. Die Trennung zwischen Krankenversicherung und Pflegeversicherung muss weg.

3. Es ist falsch, die Betreuung alter Menschen genau wie Gebäudereini-
   gung oder Autoreparatur von privaten Dienstleistern abwickeln zu
   lassen.

Auch in Schweden oder Finnland können Kommunen eigenständig
über die Form der Schulversorgung, der Kinder- und Altenbetreuung
sowie der medizinischen Grundversorgung entscheiden. Den demografischen Wandel zu gestalten heißt daher, mit den Dienstleistungen ganz
nah bei den Bürgern und ihren Bedarfen zu sein und die Bürger stets in
die Verantwortung zu nehmen.

Die Attraktivität für Senioren wird natürlich ein Merkmal sein, an dem
keine Stadt mehr vorbeikommen wird, zumal der Anteil der Menschen
über 50 Jahre weltweit ansteigen wird. So meldete im August 2010 auch
die Metropole New York Vollzug: Die Fußgängerampeln bleiben nun an
400 Kreuzungen vier Sekunden länger grün, und für Restaurants und
Geschäfte gibt es die Möglichkeit, sich als altersfreundlich zertifizieren
zu lassen. In demokratischen Gesellschaften wird das bald Standard sein,
denn die älteren Menschen werden bei jeder Wahl in den hoch industrialisierten Ländern in 10 bis 15 Jahren eine strukturelle Mehrheit haben.
Wenn man also insbesondere junge Menschen anziehen will, so kommt
man auch nicht darum herum, die Städte für junge Familien mit minder-
jährigen Kindern attraktiver zu machen. In New York sind im Rahmen
des Programms „Youth Summer Fun Guide" große Baumüllcontainer als
transportable, mit Plastik ausgelegte Swimmingpools aufgestellt worden. Jeden Samstag im August 2010 wurden drei dieser Schwimmtanks,
umrahmt von Sonnendecks, auf der Park Avenue, die während dieser
Tage nur für Fahrräder und Fußgänger offen ist, in Midtown Manhattan
aufgestellt, die Benutzung ist gratis. Man wird abwarten müssen, ob diese
Maßnahme identitätstiftend für die jungen New Yorker sein wird, sie
motiviert, in der Stadt zu bleiben und Familien zu gründen.

Wladimir Putins Idee, 2006 verkündet und realisiert, zehn Jahre lang für
jedes zweite Kind den Eltern in Russland 250.000 Rubel (= 7.200 Euro)
unmittelbar nach der Geburt bar auf die Hand zu geben, führte jedenfalls
noch nicht zum gewünschten Babyboom. Es müssen eben mehrere Rahmenbedingungen zusammenkommen, um Menschen davon zu über-

zeugen, ihre positiv geweckten Kinderwünsche auch tatsächlich nachhaltig umzusetzen. Geld allein, das lernen wir immer wieder, macht es nicht.

Anders China: Es verfolgt mit seiner „Ein-Kind-Politik" schon lange eine aktive Bevölkerungspolitik. Das wird aber auch Auswirkungen haben. Nicht nur, dass China etwa um 2033 den Titel „bevölkerungsreichste Nation" an Indien verlieren wird, ab 2015 wird der Anteil der Menschen im arbeitsfähigen Alter (15–59 Jahre) zu sinken beginnen. Gleichzeitig wird die Zahl der Chinesen über 60 Jahre die Schwelle von 200 Millionen erreichen und dann jährlich um 8 Millionen steigen. China wird es deutlich schwerer fallen, sich – auch angesichts des hohen Urbanisierungsgrades – zu ernähren.

Fazit: Alle Länder, aber insbesondere die industrialisierten Nationen, müssen sich einem demografischen Stresstest unterziehen und ihre Politik den neuen sozialen Gegebenheiten anpassen. Alterung und Verschuldung werden das Erwerbsleben, den Ruhestand, die Rentenleistungen, das Gesundheitswesen, die Kredite (Zinsen und Tilgungslasten) und die sozialen Ausgaben nachhaltig beeinflussen. Mit jedem Jahr der Untätigkeit werden die Folgen gravierender. Nur mittels Wissen und Sachverstand können wirksame Strategien entwickelt werden. Demografischer Druck baut sich – anders als finanzielle Krisen – nur langsam auf, vielleicht zu langsam, um bemerkt zu werden. Dennoch kann er die wirtschaftlichen und sozialen Gegebenheiten eines Landes im Laufe einer Generation grundlegend verändern, einschneidender als jede noch so dramatische Finanzkrise. Darauf müssen sich auch in Deutschland alle politischen Handlungsebenen mit ihren jeweiligen Zuständigkeiten einrichten.

IV. Politische Handlungsebenen – Zuständigkeiten und Lösungspotenziale

Die drei Eckpfeiler des demografischen Wandels „weniger", „bunter" und „älter" führen zu drei wesentlichen Kernbotschaften, die bei der politischen Gestaltung des Wandels stets mitbedacht werden müssen. Sie lauten:

- **Wir brauchen künftig jedes Kind.** Wir können es uns nicht mehr erlauben, auf ein Talent zu verzichten. Daraus folgt, dass wir Wege finden müssen, auch jene Kinder zu fördern, deren Eltern in der Erziehung überfordert sind. Nachteile durch Arbeitslosigkeit der Eltern, durch Zuwanderungshintergründe der Eltern, durch wenig förderliche Lebenslagen der Eltern dürfen wir – aus eigenem gesellschaftlichen Interesse – nicht mehr zulassen. Auch eine seit Jahren geduldete Zahl von rund 65.000 jungen Menschen, die alljährlich die allgemeinbildenden Schulen ohne (qualifizierten) Abschluss verlassen, können wir uns nicht mehr erlauben.
- **Wir brauchen ein neues Bild von den Alten, vom Altern und vom Alter.** Wer noch immer das jahrelang bedenkenlos aus kurzfristigem politischem Kalkül geförderte Bild verinnerlicht, ein Mensch ab 50 gehöre zum „alten Eisen", sei nicht mehr zu gebrauchen, stünde den Nachkommen im Wege, der irrt. Die Europäische Kommission schlug nicht ohne Grund Ende Mai 2010 vor, dass die EU-Mitgliedstaaten bis 2060 den Renteneinstieg mit 70 Jahren definieren sollten. Alte sind das mehrheitlich gestaltende Potenzial der Zukunft. Ohne die älteren Erwerbspersonen wird kaum ein Unternehmen seine Zukunft gestalten können. Wir brauchen die Menschen und ihr Potenzial – in jedem Alter. Das Altern wird somit zu einem bewussten Durchlaufen der jeweiligen Lebensphasen und der Arbeitsplatz wie auch die Wohnung oder das gesellschaftliche und kulturelle Umfeld haben sich diesen Lebensphasen in ihren Rahmenbedingungen anzupassen.
- **Wir brauchen die Potenziale der Zugewanderten und der künftig Zuwandernden.** Bundesweit kann ein Drittel der Kinder bis fünf Jah-

re eine Zuwanderungsgeschichte erzählen. In 15 bis 20 Jahren werden sie in die Betriebe und an die Hochschulen kommen, sie werden selbst Kinder zeugen und erziehen und somit in 20 bis 30 Jahren in vielen Städten die Mehrheit der unter 40-Jährigen stellen. Wer glaubt, man könne die Zukunft ohne sie gestalten, der irrt. Die Wirtschaftskraft eines Landes wird daher schon in wenigen Jahren, wenn der Fachkräftebedarf (etwa ab 2015) nahezu in allen Branchen deutlich spürbar wird, davon abhängen, ob die Integrationspolitik vor Ort gelungen ist und die interkulturelle Ausrichtung der Unternehmen dieser Entwicklung Rechnung getragen hat.

Diese drei Kernbotschaften gelten – unabhängig von der politischen Ebene (Bund, Land, Gemeinden bzw. Europa), unabhängig von den jeweiligen Zuständigkeiten. Sie haben zahlreiche Belege für die damit einhergehenden tief und nachhaltig wirkenden gesellschaftlichen Veränderungen erhalten. Auch wenn kein akutes Feuer zu löschen ist, wissen Sie, dass demografische Prozesse mittel- und langfristiger Natur sind. Diese Prozesse wirken still, stetig und schleichend. (Wie im Übrigen auch der Klimawandel oder die öffentliche Verschuldung.) Ihnen gestalterisch zu begegnen heißt daher, rechtzeitig die Weichen zu stellen. Also: Handeln, aus den vielen Erkenntnissen Konsequenzen ziehen.

Manch einer sagt, es wäre „30 Jahre nach zwölf" (Herwig Birg). Ein aktives Handeln komme jetzt zu spät. Bewertungen hängen immer vom Betrachter und dessen Sichtweise ab. Gemessen an dem, was wir hätten tun können, wenn wir rechtzeitig angefangen hätten zu handeln, wenn man in Politik und Gesellschaft dieses Thema – aus welchen Gründen auch immer – nicht jahrzehntelang unverantwortlich verdrängt hätte, kommen wir viel zu spät. Gemessen an dem Ziel, die Bevölkerungszahl zu halten und damit auch den erreichten Wohlstand nachhaltig zu sichern oder gar zu mehren, kommen wir bundesweit ebenfalls zu spät – aber nicht bezogen auf die eine oder andere Kommune, denn hier liegen Wachstums- und Schrumpfungsprozesse regional sehr dicht beieinander. Diese Einsicht nützt jedoch wenig, denn jetzt ist dieser demografische Wandel, wie er in den Kapiteln zuvor beschrieben worden ist, soziale Realität in Deutschland, mit der wir umgehen müssen. Den Kopf in den Sand zu stecken, ist daher keine Alternative, sondern es geht da-

rum, das Beste aus der gegebenen Situation zu machen. Das wiederum
setzt aber die Erkenntnis voraus, dass es das Beste ist, überhaupt etwas zu
machen, es nicht – wie in den letzten Jahrzehnten zuvor – einfach laufen
zu lassen. Dass es dennoch vielfach laufen gelassen wird, ist der Hilflo-
sigkeit vieler in der Politik geschuldet, aber auch der Unfähigkeit, die
anstehenden Veränderungen mit Mut zu kommunizieren. Die Angst,
vom Wähler an der Wahlurne abgestraft zu werden, ist parteiübergreifend spürbar.

Im Übrigen heißt dies nicht, dass nichts gemacht worden ist, und auch
nicht, dass nichts gemacht wird. In Fachkreisen ist immer wieder auf die
Bedeutung der Demografie und deren Entwicklung in Deutschland
sowie deren Bedeutung für die Zukunft der Deutschen hingewiesen
worden. Schließlich hat sich von 1992 bis 2002 – also zehn Jahre lang –
eine Enquetekommission des Deutschen Bundestages mit diesem Thema beschäftigt und am 28. März 2002 einen 304 DIN-A4-Seiten starken
Abschlussbericht vorgelegt (Drucksache 14/8800). Doch dann kamen
Irakkrise und Oderflut sowie die Bundestagswahlen im September
2002. Das Thema verschwand aus dem Fokus der bundesweiten Betrachtung. Auch beschäftigte man sich in fünf Landtagen (Hessen, Niedersachsen, Sachsen, Saarland, Baden-Württemberg) mit dem Thema –
ebenfalls in Form von Enquetekommissionen. Überall wurden gute
Berichte geschrieben, Handlungsempfehlungen formuliert – aber das
Thema spielte in keinem Wahlkampf auch nur irgendeine nennenswer-
te Rolle. Man weiß schlichtweg nicht, wie dieses für die Zukunft so
wichtige Thema kommunikativ aufgegriffen werden kann. Das hat sich
nach der Bundestagswahl nicht wesentlich geändert, auch wenn Bundeskanzlerin Angela Merkel es in ihrer Etatrede am 17. März 2010 eindeutig als „Herkulesaufgabe" benannte, eigentlich „Unvereinbares"
zusammenzubringen: Haushaltskonsolidierung, Wirtschaftswachstum,
demografischer Wandel. Gleichwohl wächst der politische Druck, weil
die Auswirkungen des demografischen Wandels im öffentlichen
Bewusstsein verstärkt wahrgenommen werden: Schulschließungen,
Leerstände, Fachkräftemangel.

Da haben wir wieder das Phänomen, von dem unser früherer Bundespräsident Roman Herzog 1997 im Berliner Hotel Adlon im Rahmen seiner

berühmt gewordenen „Ruck-Rede" sprach. Trotz großen Faktenwissens
gelangen wir kaum zu Lösungen der diagnostizierten Herausforderungen. Nutzen wir das vorhandene Wissen nicht oder wissen wir nicht, wie
und wozu wir das vorhandene Wissen nutzen könnten? Oder fehlt
schlichtweg das handwerkliche Wissen, wie wir von der Erkenntnis zur
Umsetzung gelangen könnten? Mangelt es also an Handlungswissen?

Der Familienrechtler Jürgen Borchert bringt in diesem Zusammenhang
das demografische Kernproblem auf den Punkt: „Weshalb konnte die
familienpolitische Katastrophe – binnen 40 Jahren nahezu eine Halbie-
rung der Geburtenzahlen und gleichzeitig eine Versechzehnfachung des
Anteils der Kinder in der Sozialhilfe – in Deutschland geschehen?"

Die entscheidende Frage lautet daher: Wie muss eine moderne Gesellschaft wie Deutschland organisiert werden, damit die Problemlösungs-
kapazität, über die das Land verfügt, groß genug ist und rasch genug
eingesetzt werden kann, um mit derart gewaltigen Veränderungen, wie
sie der demografische Wandel mit sich bringt, fertig zu werden?

Es ist erstaunlich, dass selbst gebildete Menschen oftmals nicht über
geeignetes Handlungswissen vefügen. Professoren, die ihr Wissen vom
Rednerpult in den Saal werfen, schütteln anschließend nur den Kopf,
wenn keiner losläuft und umsetzt, was gerade doziert wurde. Sozialar-
beiter, die die sozialen Probleme hautnah miterleben, weisen zu Recht
auf die veränderten Lebenswirklichkeiten hin, die politisch zu berücksichtigen seien, doch es passiert nichts. Ärzte streiken, obwohl sie im
Rahmen der Selbstverwaltung an der Gesamtentwicklung mitverant-
wortlich sind, doch es geschieht nichts. Die Langzeitarbeitslosen weisen
auf ihr Schicksal hin, das bereits seit Jahren unverändert ist, doch Nen-
nenswertes findet einfach nicht statt. Und immer mehr Menschen bleiben den allgemeinen Wahlen fern, da sich ihrer Ansicht nach ohnehin
nichts ändert. All diesen Betroffenen ist eines gemeinsam: Sie begreifen
nicht, wie komplex politisch-gesellschaftliche Prozesse heute ablaufen,
wie politische Entscheidungsprozesse in Europa, aber auch in Bund und
Ländern sind und welche rechtlichen Fragen geklärt und berücksichtigt
werden müssen, um eine allen Aspekten gerecht werdende, abwägende
Lösung zu entwerfen.

Das ist aber nur eine Erklärung. Aktuelle Studien der Bertelsmann Stiftung gehen zum einen der Frage nach, warum Reformbestrebungen, an denen es nicht mangelte und denen meist auch die richtigen Erkenntnisse zugrunde lagen, scheiterten. Zum anderen stand die Frage im Mittelpunkt, warum strategisches Denken so wenig ausgeprägt ist, man sich in der Politik also gern mit den Schlagzeilen von morgen beschäftigt, weniger aber über mögliche Schlagzeilen von übermorgen nachdenkt. Resultat dieser Studie, die unter dem Titel „Mehr Strategie wagen" 2010 veröffentlicht wurde, ist, dass drei strategische Dimensionen („**Drei K**") über Erfolg oder Scheitern einer Reform entscheiden:

- Kompetenz für sachgerechte Lösungen,
- glaubhafte Kommunikation nach innen und nach außen sowie
- Kraft zur Durchsetzung.

Diese drei strategischen Dimensionen seien wiederum in jeder politischen Reformphase relevant: sowohl bei der Besetzung des Themas auf der öffentlichen Tagesordnung („agenda setting") als auch bei der Formulierung und Entscheidungsfindung und bei der Umsetzung der Entscheidungen. Stets gilt es, den Dreiklang von Kompetenz, Kommunikation und Kraft zur Durchsetzung im Blick zu halten. Obsiegt zum Beispiel in der Kommunikation das Marketingdenken, das einen Sieg bei der nächsten Wahl als oberstes Gebot definiert, und unterschätzt man dabei die Notwendigkeit zu einer sachgerechten Lösung der Herausforderung zu gelangen, so kann letztlich die Reform nur scheitern. Bezogen auf das Thema Demografie: Je mehr Veränderungsbedarf die Bevölkerung sieht, umso leichter wird es, die Bereitschaft dazu auch zu fordern und zu fördern. Das beginnt schon mit der Kommunikation in der Phase des *agenda setting*.

Ein negatives Beispiel bot im Oktober 2010 der bayerische Ministerpräsident Horst Seehofer, als er anlässlich einer Fachkräftebedarfsdebatte den Zuzug von Menschen aus dem arabischen Ausland kategorisch ausschloss. Repräsentanten der deutschen Wirtschaft, aber auch anderer politischer Parteien wollten das Kriterium der Zuwanderung weniger ethnisch gestalten als an Bildungsaspekten festmachen. Dem bayerischen Ministerpräsidenten ging es darum, die von ihm wahrgenomme-

nen Ängste der Bevölkerung aufzugreifen. Dabei sind die demografischen Fakten völlig außer Acht gelassen worden, auch andere Fakten
spielten keine Rolle, so zum Beispiel, dass Zuwanderung aus dem arabischen Raum gegenwärtig kaum eine ins Gewicht fallende Bedeutung hat
(ob die aktuellen politischen Bewegungen in den nordafrikanischen
Staaten zu einer nachhaltigen Wanderungsbewegung führen werden,
bleibt abzuwarten). Es ging um Emotionen, um Stimmungen und Stimmen. Es obsiegte die politisch-strategische Kommunikation über die
Kompetenz. Allein deshalb wird das Thema damit nicht nachhaltig
gelöst. Gleichzeitig wird bekannt, dass er die Bewältigung der Folgen
einer alternden Gesellschaft zur Chefsache erklärt hat. Wie passt das
zusammen?

Den Widerspruch spüren die Menschen auch. Doch vor dem Hintergrund
mangelnder finanzieller Ressourcen, um alle Probleme gleichzeitig lösen
zu können, vor dem Hintergrund einer kommunikativen Unfähigkeit,
politische Prioritäten zu setzen und für nachhaltige Veränderungen zu sorgen, wursteln sich die verantwortlichen Akteure in der Gesellschaft so
durch. Einige Stichworte dazu lauten Rentengarantie, Gesundheitsreform,
Zuwanderung. Politik ist entzaubert und die politischen Parteien müssen
erkennen, dass sie Mandatsträger haben, die zwar das Wissen hatten, um
an das jeweilige Mandat zu gelangen, aber nicht über das Wissen verfügen,
dieses Mandat zur Gestaltung politischer Zukunftsfragen zu nutzen. Der
Glaube an die Lösungsfähigkeit der Politik ist verschwunden, die Erwar-
tungshaltung an sie, Lösungen zu entwickeln, aber keineswegs. Schon Max
Weber wusste, dass Politik ein „Bohren dicker Bretter mit Augenmaß und
Leidenschaft" ist – und wohl auch bleibt.

Wer Lösungen herbeiführen will, der braucht politisches Handlungswissen. Handlungswissen heißt in einer Demokratie, die vorhandenen politischen Strukturen und Entscheidungsfindungsprozesse so zu nutzen, dass
die diagnostizierten Defizite einer Lösung zugeführt werden. Dazu zählt:

■ **Das Wissen um die politischen Handlungsstrukturen und deren
  Zuständigkeiten.** Jeder sollte wissen, ob das zur Debatte stehende Problem auf kommunaler Ebene oder auf Landes- bzw. Bundesebene
  gelöst werden kann. Meistens sind die Zuständigkeiten bei einem The-

ma verflochten, gleichwohl zu differenzieren. Im Bereich der Demografie ist jede politische Ebene vom Grundsatz her zuständig, da jedes politische Handlungsfeld betroffen ist und auch jeder Akteur. Gleichwohl können die sozialen Sicherungssysteme Rente, Gesundheit und Pflege nur auf Bundesebene zukunftsorientiert geändert werden. Die Kommune hingegen hat zu prüfen, wie der demografische Wandel auf die kommunale Infrastruktur und deren Finanzierbarkeit wirkt. Entsprechend sind Aktivitäten zu starten, die im Rahmen der jeweiligen Zuständigkeiten zielorientiert und sinnvoll umgesetzt werden können.

■ **Das Wissen um die Verfahren, wie jemand zu Entscheidungen gelangt.** Jeder muss wissen, wie der Entscheidungsweg läuft. Wenn Sie zum Beispiel einen Brief an Ihren Bürgermeister richten, in dem Sie wissen möchten, wie Ihre Stadt dem demografischen Wandel begegnet und dabei vielleicht sogar den Antrag stellen, dass sich der Stadtrat mit diesem Thema beschäftigt, kommt es auf mehrere Faktoren an: Ist der Brief formal als Einwohnerantrag oder Bürgerantrag verfasst, sodass sich der Stadtrat damit befassen muss? Oder wertet der Bürgermeister dieses Schreiben so in Ihrem Sinn? Das liegt nämlich in seinem Ermessen. Ist es ihm allerdings zu unbequem, dann könnte er es schon aus formalen Gründen zurückweisen. Damit hätte die Bürokratie wieder gewonnen, aber nicht der Bürger.

Wenn der Brief seinen Weg durch die Institutionen des Rathauses geht: Wie sieht dieser Weg aus? Wer spielt dabei eine Rolle? Meistens befasst sich ein Ausschuss des Stadtrates mit solchen Bürgeranliegen. Wissen Sie, welcher Ausschuss das ist? Wissen Sie, wer den Vorsitz hat? Denn diese Person kann das weitere Prozedere wesentlich beeinflussen, ebenso die Sprecher der Fraktionen in diesem Ausschuss. Kennen Sie diese?

Wenn der Brief auf der Tagesordnung des zuständigen Ausschusses steht, können Sie an dieser Sitzung teilnehmen, denn sie ist im Grundsatz öffentlich. Sie können dort auch um ein Rederecht bitten, um ihr Anliegen noch einmal persönlich vorzutragen.

Der Ausschuss entscheidet über das weitere Schicksal ihres Anliegens. Wird ihm entsprochen? Soll sich die Verwaltung noch einmal damit beschäftigen oder gar ein anderer Fachausschuss?

■ **Das Wissen um die Akteure und darum, in welcher Weise sie an diesem Entscheidungsfindungsprozess beteiligt sind.** Den Entscheidungsprozess beeinflussen viele Menschen, insbesondere die zuständigen Mandatsträger auf der jeweiligen politischen Ebene. Ihre Mandatsträger auf kommunaler Ebene, aber auch auf der Landes- und Bundesebene sind alle im Internet recherchierbar. Die lokalen Parteien bzw. Parteienbündnisse sind sicherlich auf deren Internetseiten präsent. Wichtig sind auch deren Funktionen und deren Ausschussmitgliedschaften. Parallel dazu sind die Mitarbeiter der jeweiligen Verwaltungen nicht zu vergessen, denn sie erarbeiten jene Vorlagen, über die die Politik dann entscheidet.

■ **Das Wissen um öffentlichkeitswirksame Themenarbeit.** Medien verstärken Themendiskussionen. Es ist daher auch Ihr Recht, sich an die Journalisten direkt zu wenden und Themenvorschläge zu unterbreiten bzw. Anliegen vorzutragen. Greift eine Zeitung oder der Hörfunk das Thema auf, so zeigt die Erfahrung, dass Politik noch sensibler reagiert. Medien haben eine wichtige Funktion: Sie bestimmen, worüber die Menschen nachdenken sollen, weniger, was sie denken sollen. Was in den Medien nicht stattfindet, geschieht praktisch nicht.

Diese Vorgehensweise kann (und sollte auch) auf weitere gesellschaftliche Akteure angewandt werden: Wie können Sie dieses Themenfeld im Rahmen Ihres Engagements an Ihrem Arbeitsplatz, in einem Verein oder Verband oder in Ihrer Berufsorganisation auf die Tagesordnung bringen? Ziel ist es, möglichst viele Akteure zu motivieren, den demografischen Wandel als wichtiges Handlungsfeld zu identifizieren und damit zu einem Bündnis auf kommunaler Ebene aktiv beizutragen.

Wenden wir uns noch einmal den politischen Handlungsstrukturen zu. Das Grundgesetz der Bundesrepublik Deutschland, das seit 1949 als Verfassung unseres Landes gilt und seitdem mehrmals geändert worden ist (zuletzt durch die sogenannte Jobcenterreform im Juli 2010), sieht auf der Basis der Gewaltenteilung von Legislative, Exekutive und Judikative drei politische Handlungsebenen vor:

■ Bundesebene (Bundespräsident, Bundestag, Bundesrat, Bundesverfassungsgericht und Bundesregierung),

■ Landesebene (Landtag, Landesverfassungsgericht und Landesregierung) sowie

- Kommunale Ebene (Landkreise mit hauptamtlichen Landräten und ehrenamtlichen Kreistagen, kreisfreie Städte mit hauptamtlichen Oberbürgermeistern und ehrenamtlichen Stadträten, Städte und Gemeinden mit hauptamtlichen Bürgermeistern und ehrenamtlichen Stadträten, wobei die Bezeichnungen noch von Bundesland zu Bundesland variieren können).

Seit der Gründung der Europäischen Gemeinschaft für Kohle und Stahl (EGKS) 1951, aus der 1957 die Europäische Wirtschaftsgemeinschaft (EWG) hervorging, die 1992 mit dem sogenannten Vertrag von Maastricht wiederum in die Europäische Union (EU) mündete, kennen wir zudem eine supranationale Ebene: die Europäische Gemeinschaft. Heute werden auf dieser Ebene sehr viele Entscheidungen im direkt gewählten Europäischen Parlament (EP) getroffen, die national nur noch umgesetzt werden müssen. Obwohl die meisten Mitgliedsländer den Euro als gemeinsame Währung haben bzw. aktiv die Einführung dieser Währung im eigenen Land anstreben, weiß der normale Bürger in der Regel nicht, welche Kompetenzen die nationalen Regierungen längst an die europäische Ebene abgegeben haben. Er starrt noch gebannt auf seine Akteure, die er zu kennen glaubt. Für einen Kölner zum Beispiel sind das die Akteure in Berlin, Düsseldorf und Köln. Brüssel wird in vielen Landkreisen oder Städten nach wie vor kaum als politisch relevante Handlungsebene für die Kommunalpolitik wahrgenommen. Das Rauchverbot in der Gastronomie zum Beispiel ist kommunal erst heftig diskutiert worden, als die Umsetzung in nationales Recht zum 1. Januar 2008 anstand. Jahre zuvor hätten die kommunalen Repräsentanten oder Gastronomielobbyisten im Gespräch mit ihren Europaparlamentariern dagegen noch etwas in ihrem Sinn bewegen können. Die europäische Richtlinie fiel nicht vom Himmel, sondern wurde jahrelang diskutiert. Auch hierzu fehlt den Mandatsträgern meist das einfache Handlungswissen. Ebenso erschreckend ist aber auch die Tatenlosigkeit der hauptamtlichen Verwaltungen und der gesellschaftlichen Akteure, die bis heute glauben, die europapolitische Ebene ignorieren zu können.

Dabei kennen wir in Deutschland seit Jahrzehnten eine vierte politische Ebene, die allerdings nur begrenzt in das deutsche Grundgesetz Eingang gefunden hat. Mit der 40. Änderung des Grundgesetzes im Dezember

1993 wurde Art. 23 GG neu gefasst, der zum einen die Einbettung der
Bundesrepublik Deutschland in die Europäische Union mit dem Ziel der
Verwirklichung eines vereinten Europas regelt und zum anderen die Mitwirkung der bundesdeutschen Institutionen bei Angelegenheiten der
Europäischen Union, insbesondere der Bundesländer über den Bundesrat, definiert. Damit wurde dem ausgeprägten Föderalismus in Deutschland Rechnung getragen. Doch dokumentiert dies auch, dass wir zwar
supranational handeln, aber immer noch föderal denken. Im Grunde
sind die Deutschen bis heute nicht in der europäischen Wirklichkeit
angekommen. Die öffentliche Auseinandersetzung um die Umsetzung
des Nichtraucherschutzes in gastronomischen Einrichtungen hat es
2007/2008 sehr eindrucksvoll belegt. Andererseits wissen wir auch, dass
gerade die Städte und Gemeinden den Bürgern wieder umso mehr eine
politische und soziale Heimat bieten können und müssen, je mehr die
Nationalstaaten im Zuge ökonomischer Globalisierung an Autonomie
verlieren. Bund und Länder sehen dies aber nicht so. Dennoch haben sie
ihre „Beziehungen" neu geregelt.

Die im Sommer 2006 abschließend diskutierte Föderalismusreform hat
ein grundlegendes Problem erkannt: Die Politikverflechtung von Bund
und Ländern erweist sich in einer die nationalen Grenzen längst spren-
genden globalen Wirklichkeit als Hemmschuh und bedarf einer zukunftsorientierten Änderung. So wurde dann auch zum Beispiel die
Zahl der Bundesgesetze, denen der Bundesrat zustimmen muss, drastisch reduziert – von etwa 60 Prozent auf knapp 30 Prozent. Andere
Zuständigkeiten sind ganz auf die Länder übergegangen. Noch wichtiger
ist die Regelung, wonach Aufgaben nicht mehr durch Bundesgesetz auf
die kommunale Ebene übertragen werden dürfen. Gleichwohl fehlte der
Mut, sich einer Verfassungsstrukturreform nachhaltig zu öffnen. Der
Rückgang des Erwerbspersonenpotenzials wird flächendeckend die Frage aufwerfen, welche Behörden wir uns überhaupt noch als Verwal-
tungsebenen leisten können. Dabei zeigen schon heute die prognostizierten Auswirkungen des demografischen Wandels, insbesondere in
den ostdeutschen Bundesländern, dass die Kräfte und Ressourcen gebündelt werden müssen, will man diesen Herausforderungen kompetent
begegnen. Dies gilt auch für die kommunalpolitische Ebene, die von
rund 12.227 Städten und Gemeinden geprägt ist, von denen allerdings

nur 2959 mehr als 5000 Einwohner haben. Daher wird eine kommunale Gebietsreform, die die regionale Kooperation als Überlebensaufgabe begreift, in mehreren Bundesländern unausweichlich sein.

Dass nicht so wie gerade beschrieben gehandelt wird, verwundert insofern nicht, weil ja dann Menschen darüber reden müssten, wie sie sich selbst überflüssig machen. Konkret: Ist es einem Ministerpräsidenten zuzumuten, darüber zu reden, wie sein Bundesland aufgelöst wird und er damit Amt, Einfluss und Einkommen verliert? Es kommt wohl auf die Persönlichkeit an: Nimmt sie sich wichtiger als die zukünftige Handlungsfähigkeit unserer politischen Strukturen im Lande? Manche nutzen daher das politische Handlungswissen auch, um die Lösung zu verhindern, weil die jeweiligen Interessenlagen unterschiedlich gelagert sind, eigene Interessen dem Gesamtwohl entgegenstehen. Die Beibehaltung des Status quo kann für manche von größerem eigenem Vorteil sein als die Lösung eines gesellschaftlichen Problems. Wir kennen dies aus dem politischen Alltagsgeschäft: Sobald eine Lösung vorgeschlagen wird, melden sich die Kritiker zu Wort, die immer genau wissen, warum und wieso etwas nicht geht, die aber kaum ein Interesse erkennen lassen zu sagen, wie das zur Debatte stehende Problem gelöst oder das anvisierte Ziel erreicht werden könnte. Roman Herzog identifiziert einen weiteren mächtigen Verhinderer: „Insbesondere Bürokratien fällt es außerordentlich schwer, ihre Meinungen und Verhaltensweisen immer wieder aufs Neue zu überprüfen, gegebenenfalls über Bord zu werfen und vor allem durch neue Ideen und Verhaltensmuster zu ersetzen."[21]

Gleichwohl gibt es auch positive Entwicklungen zu vermelden. So haben sich im Oktober 2009 die Stadt Aachen und der Landkreis Aachen zur Städteregion Aachen mit einem gemeinsamen Städteregionstag entwickelt. Oder nehmen wir das Beispiel der ostwestfälischen Landkreise Hochsauerlandkreis, Soest, Märkischer Kreis, Olpe und Siegen-Wittgenstein, die sich zur virtuellen Region „Südwestfalen" zusammengeschlossen haben. Ihr Ziel ist es, mit gemeinsamen Kräften die Prozesse Globalisierung und demografischer Wandel zu gestalten. Ihre gemein-

---

21 Herzog, Roman: Wie der Ruck gelingt. München 2005, Seite 35.

samen, identitätstiftenden Ziele lauten: Generation, Innovation und Naturerhaltung.

Gerade die Auswirkungen des demografischen Wandels bringen Veränderungen mit sich, die irreversibel und nachhaltig unsere Gesellschaft prägen werden. Sie gemeinsam und interkommunal, das heißt regional zu gestalten, lautet die Devise. Darüber hinaus sind alle gesellschaftlichen Akteure – Wirtschaft, Handwerk, Sozialverbände, Vereine – gefordert, sich regional in Netzwerken mit Politik und Kommunalverwaltungen zu organisieren, um diesen Herausforderungen gemeinsam zu begegnen. Denn der Wettbewerb um Menschen in Deutschland ist schon längst entbrannt.

Dabei kommt der politischen Kommunikation eine große Bedeutung zu, denn das Bewusstsein in der Bevölkerung ist in der Tat noch immer unterentwickelt. Dieses Bewusstsein muss allerdings dringend geschärft werden, damit sich in der Politik Mehrheiten erreichen lassen. Das Rentengarantiegesetz zum Beispiel ist ein großer politischer Fehler, der in absehbarer Zeit auch korrigiert werden muss. Dies jedoch will noch niemand – sowohl in der Politik als auch bei einem Großteil der (immer älter werdenden) Bevölkerung – wahrhaben. Doch um die jeweiligen Positionen und damit einhergehend die jeweiligen Handlungsoptionen umzusetzen, bedarf es in einer Demokratie stets einer handlungsbewussten und -bereiten Mehrheit. Diese Mehrheiten können auch bewirken, dass sich nichts ändert. Das hängt letztlich von der Bereitschaft ab, sich selbst zu verändern. Die Erfahrung zeigt, dass gerade ältere Menschen an dem sogenannten Bewährten der Vergangenheit festhalten. Wenn die politischen Parteien nahezu exklusiv den grundgesetzlichen Auftrag haben, bei der politischen Willensbildung mitzuwirken, dann bleibt die Frage nach deren Altersstruktur interessant. Gibt sie doch Aufschluss über deren Handlungs-, Veränderungs- sowie Gestaltungsfähigkeit für die Zukunft einer Gesellschaft. 2006 waren 47 Prozent aller CDU-Mitglieder über 60 Jahre, bei der SPD lag der Anteil mit 45,1 Prozent nur knapp darunter. Eine im Mai 2010 veröffentlichte Analyse der SPD, die auf einer bundesweiten Befragung der SPD-Ortsvereine basiert, belegt, dass die Partei nicht nur überaltert, sondern auch von der gesellschaftlichen Realität weit entfernt ist. Die SPD hat zwar den Mut, dies offen zu diskutieren, aber man hat nicht den Mut, die Politik an die Realitäten anzupassen.

Bei den anderen Parteien sieht es insgesamt nicht viel besser aus, wenn auch zum Beispiel die nordrhein-westfälische CDU im Juni 2008 einen Leitantrag Demografie verabschiedete. Doch auch dieser ist bei der CDU nicht in praktische Politik umgesetzt worden. Was sagt das aus über die Kompetenz derjenigen, die parteiintern heute wie künftig als Mandatsträger bei den Wahlen den Wahlberechtigten vorgeschlagen werden?

Die Frage ist, wie Bürgerinnen und Bürger im Vorfeld von Wahlen an der Findung geeigneter Kandidaten beteiligt werden. Auf kommunaler Ebene führen insbesondere der Spagat der Vereinbarkeit von Familie, Beruf und Mandat sowie die Rahmenbedingungen, die vor allem Staatsbedienstete steuerlich subventionieren, dazu, dass immer weniger Berufstätige außerhalb des öffentlichen Dienstes den Weg in die (Kommunal-) Politik finden. Gerade die Herausforderung des demografischen Wandels verlangt aber Ideen zur Gestaltung, die zunehmend in den Räten und Parlamenten und damit auch in den Personalreservoirs der Parteien nicht mehr vorhanden zu sein scheint.

Hier ist der Mehrheitsfindungsprozess nicht unbedingt zu Ende, denn abschließend entscheidet immer der Wähler. Und in der Demokratie kann keine Entscheidung gegen die Interessen des Medianwählers durchgeführt werden, weil sie keine Mehrheit fände. Die Parteien werden daher bestrebt sein, Programme zu entwickeln, die den Präferenzen des Medianwählers möglichst nahekommen. Spätestens 2030 kippt das politische System, denn dann wird das Medianalter über 50 Jahre liegen: Gegen die Interessen der über 50-Jährigen wird aber schon ab 2020 keine Entscheidung mehr gestaltbar sein, da die Menschen unter 18 Jahren (noch) kein Wahlrecht haben. Das Zeitfenster für nachhaltige Reformen der sozialen Sicherungssysteme wird daher eng. Roman Herzog bilanziert: „Folgerichtig wird es in Zukunft noch mehr als heute darauf ankommen, dass Probleme, wo immer sie entstehen, so schnell wie möglich erkannt und gelöst werden, und wegen der zunehmenden Geschwindigkeit der Veränderungen wird es dabei immer mehr auf rasches Handeln und vor allem auf rasche Entscheidungen ankommen."[22]

---

22 Ebenda, Seite 34.

Daran sollten insbesondere die Beamten ein massives Interesse haben. Denn auch ihre Pensionen sind nicht sicher – jedenfalls nicht in der heute angekündigten Höhe. So warnte zum Beispiel der Bund der Steuerzahler im Juli 2010 vor „ausufernden Pensionszahlungen für Landesbeamte". Derzeit würden 4,1 Milliarden Euro jährlich aufgewendet, in zehn Jahren werde der Betrag auf 6,56 Milliarden Euro ansteigen. Das würde 14,5 Prozent des Landeshaushaltes betreffen. Der Nachhaltigkeitsfaktor bei den Renten wird somit auch für die Pensionen gefordert. Die Länderhaushalte werden hier überproportional belastet sein, denn die meisten der insgesamt 1,4 Millionen Beamten (rund 870.000) sind bei den Ländern beschäftigt. Aber auch für die 370.000 Beamten im Bundesdienst sieht die Situation nicht besser aus: Wurden 2007 noch 2,1 Milliarden Euro für Pensionen gezahlt, so werden es 2050 bereits 7,1 Milliarden Euro sein. Und für die rund 180.000 kommunalen Beamten werden die Pensionslasten 6,2 Milliarden Euro bis 2035 verschlingen. Torsten Albig, Oberbürgermeister der Landeshauptstadt Kiel, meint dazu: „Wir hätten dieses Geld seit 40 Jahren zurücklegen müssen." Stattdessen wurde es ausgegeben. Der demografische Aspekt wurde außer Acht gelassen, Finanzplanung damit unmöglich. Torsten Albig: „Wir werden unsere Ansprüche und Erwartungen an unsere Städte insgesamt herunterschrauben müssen, sonst geht es uns irgendwann wie Griechenland."[23]

Auf Deutsch: Die Pensionen müssen gekürzt werden, für etwas anderes ist es längst zu spät. Doch wer heute nicht handelt, reißt umso größere Löcher für die Zukunft, die wohl noch drastischere Maßnahmen erfordern, als sie gegenwärtig nötig wären.

Auch Bürger sind Lobbyisten ihrer eigenen Interessen. Dies ist vom Grundsatz her legitim, schließlich sollen ja auch die Bürger ihr Wissen sowie ihre Wünsche und Erwartungen an die Politiker herantragen, damit sie in den politischen Entscheidungsprozessen Berücksichtigung finden. Und der Politiker soll aus den vielen Einzelinteressen das Gemeinwohl formulieren. Die aktive Beteiligung oder „Einmischung"

---

23 Dieses Zitat ist der ‚Welt am Sonntag' vom 21. März 2010 entnommen.

von Bürgern und ihren Interessen in die Politik geschieht auf unterschiedliche Art und Weise:

- Freiwilliges Engagement im vorpolitischen Raum (Vereine, Initiativen, lokale Agenda etc.)
- (Kommunal-)Politisches Engagement
- Leserbriefe in den Tagesmedien
- Briefe und Anträge an Politik und Verwaltung
- Engagement in Berufsverbänden und -organisationen
- Engagement in Verbänden der Arbeitgeber bzw. Arbeitnehmer
- Bürgerinitiativengründung und -arbeit
- Unterschriftensammlungen und medial gut inszenierte Protestkundgebungen

Denken wir daran, dass die Achtundsechziger-Generation demnächst das Seniorenalter erreichen wird. Sie haben das Protestieren mit Lust gelernt. Sie werden es auch mit 65 erneut proben. Dennoch bleibt aber der Befund, dass längst nicht alle Bürger über das sogenannte Handlungswissen verfügen. Sie wissen nicht, wer für sie in welcher Angelegenheit zuständig ist. Sie wissen nicht, wer welche Entscheidungen treffen darf und trifft, sie kennen häufig die handelnden Personen nicht, auch mangelt es ihnen an geeigneten Strategien, ihr Thema öffentlich zu machen. Auch viele politisch engagierte Menschen haben davon keine Kenntnis.

Dabei wird nur der bestehen können, der auch zur eigenen Veränderung bereit ist. Das lehrt die Geschichte. Denn das Stemmen gegen Entwicklungen konnte nur kurzfristig Erfolge bescheren, bevor Fakten Widerstände zusammenbrechen ließen. Das lässt sich auch gut auf die gestalterische Herausforderung, die der demografische Wandel mit sich bringen wird, übertragen. Ob unser politisches System, das sich seit 1949 nicht wesentlich geändert hat, diesen Herausforderungen gewachsen sein wird, muss sich noch erweisen. Schließlich haben sich seit dem Ende des Zweiten Weltkrieges sehr viele gesellschaftspolitische Rahmenbedingungen fundamental geändert, worauf das politische System nur sehr unflexibel und wenig gestaltend reagiert hat. Politik wird aber zukünftig vor allem bedeuten, dass auf allen denkbaren Wegen „auf Sicht" gefahren werden muss – mit unendlich vielen Detailproblemen, unaufhörlichen Kurskorrekturen und mit der Notwendigkeit zu ständigen raschen Entscheidungen. Das Frühjahr 2011 mit der Reaktorkatastrophe im japanischen Fukushima hat dies denkwürdig belegt.

Wenn es der Politik dann nicht gelingt, rasche Entscheidungen zu treffen und diese sehr rasch getroffenen Entscheidungen nachvollziehbar zu kommunizieren und die Rahmenbedingungen für die nachwachsenden Generationen nachhaltig zu verbessern, dann werden insbesondere die qualifizierten jungen Menschen unser Land verlassen. Denn gut ausgebildete junge Menschen müssen nicht im eigenen Land bleiben, um sich weiter zu qualifizieren, um einen gut dotierten Arbeitsplatz oder um Partner für eine Familiengründung zu finden. Gut ausgebildete Menschen sind mobiler und flexibler im Handeln und Denken – sie gehen dahin, wo die Rahmenbedingungen für sie geeigneter erscheinen. Rund 160.000 Deutsche sind jeweils 2008 und 2009 ins Ausland abgewandert – das ist Nachkriegsrekord. In Österreich zum Beispiel gibt es inzwischen mehr deutsche als türkische Gastarbeiter. Thomas Straubhaar, Direktor des Hamburgischen Weltwirtschaftsinstituts, schlägt angesichts dieser Entwicklung Alarm: „Es gelingt der deutschen Gesellschaft immer schlechter, hoch qualifizierte, leistungsfähige Menschen an sich zu binden."[24]

Verlieren wir die Zukunft? Es bleiben die weniger gut ausgebildeten Menschen. Wie reagiert die Politik in Bund, Ländern und Kommunen? Bisher gar nicht.

In Rahmen eines Modellprojektes des Landes Sachsen-Anhalt und der Bertelsmann Stiftung hat sich deutlich Folgendes herauskristallisiert: Zum einen ist der demografische Wandel längst irreversible Realität, dem die Akteure vor allem durch die Anpassung an die Schrumpfungsprozesse begegneten – so zum Beispiel mit dem Programm Stadtumbau Ost, wo der Abriss leer stehender Gebäude finanziert wurde –, zum anderen hat die Bevölkerung aber den anstehenden Wandel in der Bevöl-

---

24 Dieses Zitat ist dem ‚Kölner Stadtanzeiger' vom 7. Juli 2006 entnommen.

kerungsstruktur noch immer nicht verinnerlicht. So wird zum Beispiel in der Stadt Tangerhütte im Jahre 2025 das Medianalter bei 59 Jahren liegen. Können Sie sich eine Stadt vorstellen, in der jeder zweite Bürger älter als 59 Jahre sein wird? Wie gestaltet man dort das Leben? Welche Antworten sind heute zu entwickeln? Wie organisiert man das Miteinander? Nur noch 8,5 Prozent der Bürger werden unter 18 Jahre alt sein. Diese Veränderungen waren nicht auf der Agenda. Das sah auch kein Förderprogramm vor.

In allen ostdeutschen Bundesländern finden schon heute alle (geeigneten) Schulabgänger einen Ausbildungsplatz. Doch reichen diese geeigneten Schulabgänger gar nicht aus, um die Ausbildungsplätze zu besetzen. (Ein Trend, der ab 2013 auch in den übrigen Bundesländern spürbar sein wird.) Im Handelskammerbezirk Cottbus konnten 2010 von den 600 ausgeschriebenen Ausbildungsplätzen nur noch 250 besetzt werden. Die Frage der Qualifikation stellt sich gar nicht mehr. Die Wucht und Dramatik dieser Entwicklung habe man unterschätzt, heißt es. Doch es wäre voraussehbar gewesen, wenn man einfach nur über einen längeren Zeitraum vorausgesehen hätte. Nicht wenige Ausbildungsbetriebe lassen sich Motivationsbonbons einfallen, um die Ausbildungswilligen für sich zu gewinnen. In Brandenburg bekommt zum Beispiel der beste Azubi einen eigenen Wagen – ein Geschenk zum Abschluss der Ausbildung. Und genau das ist die Zukunft: Die Ausbildungsinteressenten suchen sich ihren Betrieb aus, nicht mehr umgekehrt.

Die Bundesländer reagieren sehr unterschiedlich, wenn sie überhaupt reagieren. Wenn wir ehrlich sind, dann wird sich so manche lieb gewonnene Selbstverständlichkeit künftig nicht mehr halten lassen. Dazu zählt der Grundsatz der Einheitlichkeit der Lebensverhältnisse. Allein das wird zu Wanderungen führen, insbesondere derjenigen, die noch wandern können: Junge und wohlhabende Menschen. Wer eine Immobilie besitzt, wird sie künftig in bestimmten Regionen gar nicht mehr veräußern können, weil der Wert verfällt und weil die Käufer fehlen. Es wird Boomregionen geben, wie Potsdam, Hamburg, Köln oder München. Es wird aber auch Regionen geben, die massive Bevölkerungsrückgänge zu gestalten haben: Neben den ostdeutschen Bundesländern wird dies der Hochsauerlandkreis sein, aber auch der nordhessische Raum oder die

Eifel oder die bayerische Grenzregion zu Tschechien. Der Wettbewerb um Menschen in Deutschland hat längst begonnen, und er wird sich verstärken. Werden wir also neben einem wachsenden Verteilungsstress zwischen den Generationen eine demografische Spaltung des Landes in wachsende und schrumpfende Kommunen, Regionen und Bundesländer mit ihren jeweiligen Interessen beobachten? Werden wir erleben, wie die zugewanderten Bevölkerungsteile eigenständiger und unabhängiger leben wollen und als Minoritäten auseinanderdriften? Die Enquetekommission des Hessischen Landtags sieht die Herausforderung der Zukunft darin, das „Zusammenleben unterschiedlicher Kulturen und Generationen zum Vorteil aller zu gestalten". Schließlich bleibt die Frage offen, ob die deutsche Gesellschaft in Menschen mit Kindern einerseits und Kinderlose andererseits gespalten wird? Neben dem wirtschaftlichen Wohlstand, der bisher die Maxime des politischen, auf Wachstum getrimmten Denkens war, werden also weitaus fundamentalere gesellschaftliche Fragen einer Lösung zugeführt werden müssen. Dabei wird das Geld fehlen, diese Herausforderungen „großzügig" und damit „auf Pump" zu lösen. Kreative Veränderung ist angesagt.

Hinzu kommt ein weiterer Umstand: „Für die Politik ist der demografische Wandel ein unbequemes Thema, weil Zeiträume betroffen sind, die jenseits einer nächsten oder gar übernächsten Wahlperiode liegen, zum anderen, weil einige Entscheidungen mit schmerzhaften Veränderungen verbunden sein müssen", heißt es im 2005 erschienenen Zwischenbericht der hessischen Enquetekommission zum demografischen Wandel. Franz-Xaver Kaufmann vertritt die Auffassung, dass demografische Probleme für die Politik „unattraktiv" seien: „Ihre Wirkungen entfalten sich nur sehr allmählich; und sie produzieren in der Regel keine dramatischen Momente, welche die Politik zum Handeln hier und jetzt herausfordern."[25]

Das erklärt vielleicht auch, warum das Handeln der Akteure sehr spät einsetzte, obwohl man seit Langem um Daten und Fakten wusste. Das

---

25 Kaufmann, Franz-Xaver: Schrumpfende Gesellschaft. Vom Bevölkerungsrückgang und seinen Folgen. Frankfurt am Main 2005, Seite 34.

liegt aber auch daran, dass der Politik der Mut zu den anstehenden Veränderungen fehlt. Nehmen wir ein Beispiel: Heute besuchen die kommunalen Politiker Menschen, die 80, 85, 90, 95 oder 100 werden, und überreichen einen Blumenstrauß und/oder ein Präsent. Ebenso werden Menschen zur goldenen Hochzeit, zur diamantenen Hochzeit oder zur eisernen Hochzeit beglückwünscht. Stellen Sie sich bitte vor, diese kommunalen Politiker gehen nur noch dahin, wo ein Kind geboren wird! Das würde Geld sparen, wäre innovativ, würde den Akzent auf den Schatz der Zukunft richten und könnte gleichzeitig einen das Bewusstsein schärfenden kommunikativen Akzent setzen. Auf diese Idee kommen Menschen meist nicht, weil sie gewohnt sind, das zu tun, was sie schon immer getan haben, weil sie fürchten, dass andere „Sozialabbau" oder ähnlichen Unsinn schreien und weil die Alten wählen können, die Kinder nicht.

Nehmen wir ein weiteres Beispiel der jüngsten Zeit: Es wird jedes Jahr neu beklagt, wie wenig Kinder in Deutschland geboren werden. Dennoch formuliert keine Partei, keine Regierung das staats- oder landespolitische Ziel, alles tun zu wollen, dass jene Menschen, die potenziell Kinder zeugen und erziehen können und sollen, dazu nachhaltig ermutigt und dabei unterstützt werden. Im Gegenteil: Bei den jüngsten Sparbeschlüssen der Bundesregierung wird auch die Kürzung des Elterngeldes von 67 auf 65 Prozent des letzten Nettogehaltes (maximal 1800 Euro) festgeschrieben. Dies ist – zugegeben – kein riesiger Betrag. Doch das Signal, das damit gegeben wird, wirkt fatal. Es ermutigt nicht unsere potenziellen Eltern von morgen, es wird nicht das klare Signal für nachhaltige, vertrauensvolle Unterstützung gesetzt, das diese Menschen brauchen. Es fehlt an klaren politischen Zielen – auch um den demografischen Wandel zu gestalten.

Gleichwohl dürfen wir auch konstatieren, dass mit dem 6. Altenbericht im Frühsommer 2010 und mit der Fortsetzung des Integrationsgipfels sowie der Islamkonferenz wichtige positive Eckpfeiler gesetzt wurden. Gerade die Integrationspolitik hat durch Bundeskanzlerin Angela Merkel einen richtigen, spürbaren Schub erhalten. Die Rückschläge, die im Prozess festzustellen sind, sollten den Blick auf die langfristige Notwendigkeit nicht trüben. Nach Nordrhein-Westfalen haben zwischenzeitlich

auch Niedersachsen, Hessen und Berlin ein eigenes Integrationsministe-
rium etabliert. Dies ist jedoch nicht aus der Erkenntnis erwachsen, dass
es aus humanen Gründen anzeigt ist, mit einer menschlichen Geste des
Willkommens auf Zugewanderte zuzugehen, sondern es ist der demografischen Erkenntnis geschuldet, dass wir in wenigen Jahren mehr denn
je von den zugewanderten Menschen und insbesondere ihren Kindern
abhängig sind. Die Frage zum Beispiel, wer Sie im Alter einmal pflegen
wird, kann schon heute eindeutig beantwortet werden: Es werden mehrheitlich Menschen mit Migrationshintergrund sein.

Dennoch fällt es politisch engagierten Menschen schwer, Ziele zu formulieren. Denn sie denken zumeist in Maßnahmen und Instrumenten.
Es findet meist auch keine Zielvereinbarung zwischen Bund, Ländern
und Kommunen statt, sodass anschließend jeder im Rahmen seines
Zuständigkeitsbereiches an die Umsetzung der zuvor gemeinsam formulierten Zielsetzungen geht. Wollen wir in Deutschland zum Beispiel
mehr für Kinder tun, auch dafür, dass wieder mehr Kinder hier geboren
werden? Dann müssen die Kräfte gebündelt werden, schließlich bestä-
tigte der am 1. September 2010 veröffentlichte Familienmonitor der
Bundesregierung, dass 69 Prozent der Bevölkerung und 78 Prozent der
Eltern von Kindern unter 18 Jahren der Meinung sind, Familienpolitik
sei eine der wichtigsten Aufgaben der Bundesregierung, insbesondere
die Sicherstellung der Vereinbarkeit von Familie und Beruf. Dabei haben
die Eltern auch klare Vorstellungen geäußert. Ihnen müsste konsequent
begegnet werden, damit die potenziellen Eltern von morgen diese
Lebensrolle auch einnehmen (wollen).

Oder wollen wir in Deutschland mehr Menschen aus dem Ausland zu
uns holen, sodass unser Wohlstand durch ausländische Kräfte wieder
einmal gesichert wird? Wenn ja, wen in welchem Tempo und woher?
Und wie integrieren wir sie? Oder wollen wir die Bildungsausgaben auf
die konzentrieren, die es besonders nötig haben? Dazu zählen dann vor
allem Kinder aus Migrantenfamilien, aber auch Kinder aus bildungsfer-
nen deutschen Elternhäusern.

Oder wollen wir älteren Menschen wieder das Gefühl vermitteln, dass
sie für unsere Gesellschaft wertvoll sind? Dann müssen eingefahrene

Denkweisen geändert werden, zuvörderst die jener Politiker oder Gewerkschafter, die noch immer das Mittel der Frühpensionierung bzw. der Altersteilzeit als ein probates Instrument der Politik betrachten.

Wir müssen lernen, nach den Zielen zu fragen und alternative Vorstellungen abzufordern, wenn ein vorgeschlagenes Ziel von anderen als nicht wünschenswert oder realisierbar angesehen wird. Und wir sollten lernen, nicht mehr alles selbst machen zu müssen, zu kooperieren. Diese Aussagen betreffen alle Akteure auf allen politischen Ebenen, denn Zusammenarbeit auf der gleichen Handlungsebene scheint genauso defizitär zu sein wie zwischen den einzelnen Ebenen. Im Übrigen stellt sich immer mehr die Frage danach, was umgesetzt werden kann, weniger die Frage danach, was nicht funktionieren wird.

Wir sollten insbesondere jene politische Handlungsebene stärken, die am meisten die Auswirkungen des demografischen Wandels spüren wird: die Kommunalpolitik. Aber gerade sie ist denkbar schlecht ausgestattet und vorbereitet und in die Entscheidungsfindungsprozesse auf europäischer Ebene, auf bundes- und landespolitischer Ebene völlig unzureichend eingebunden. Dies nachhaltig zu ändern, wurde gerade mit der sogenannten Föderalismusreform verpasst. Dabei böte der demografische Wandel eine wirkliche Chance für einen innovativen Ansatz, zumal diese Herausforderung die politischen Entscheidungsträger mehrere Legislaturperioden beschäftigen wird und sich allein aus diesem Grunde eine parteien- bzw. fraktionenübergreifende Zusammenarbeit empfiehlt.

Alle Städte und Gemeinden werden sich mit der Tatsache auseinandersetzen müssen, dass ihre kommunale Gesellschaft älter und bunter werden wird. Ob Kindergeschrei Zukunftsmusik in den Städten und Gemeinden sein wird, entscheidet das jeweilige kommunale Klima zwischen den Generationen und den Kulturen. Dafür werden die Weichen heute gestellt. Nicht alle Kommunen, aber die meisten, werden zudem zahlenmäßig schrumpfen. Wachstums- und Schrumpfungsprozesse können regional sehr eng nebeneinander liegen. Diese Prozesse werden Veränderungen mit sich bringen, die die meisten kommunalen Verantwortungsträger immer noch nicht realisiert haben. Dabei spüren immer mehr Kommunen den demografischen Wandel, da die Versorgung mit Kindergartenplätzen kein Problem mehr darstellt, dafür jedoch erste Schulen geschlossen werden müssen. Schließlich prägen immer mehr ältere Menschen mit Rollatoren das städtische Bild der Fußgängerzonen. Und wer die Abschlussfeier an einer Hauptschule miterlebt, wird feststellen, dass nicht selten die Hälfte der abgehenden Schüler über einen Migrationshintergrund verfügt und nach einer beruflichen Perspektive verlangt, die unsere Gesellschaft zurzeit nicht allen bietet.

Dabei fängt keine Kommune bei null an, denn eine Fülle unterschiedlicher Daten liegt heute bereits in den Stadtverwaltungen vor, auf die die kommunalpolitischen Verantwortlichen in Politik und Verwaltung mit einem anderen, da demografisch differenzierenden Blick zurückgreifen können. (Vom Grundsatz her gilt das auch für die anderen politischen Ebenen.) Dazu zählen:

■ **Einwohnerstatistiken**
Wir wissen heute nicht nur, wie viele Menschen in den jeweiligen Stadt- oder Gemeindegrenzen mit ihrem Haupt- oder Nebenwohnsitz gemeldet sind. Wir wissen auch, welches Alter diese Menschen haben. Ebenfalls gehören Geschlecht oder Staatsangehörigkeit zu den erfassten Kriterien. Schließlich kann recherchiert werden, welche Menschen (Alter, Ausbildung etc.) die Stadt verlassen haben, welche hinzugezogen sind. Ein Abgleich mit Daten, die vor fünf oder zehn Jahren statistisch aufgearbeitet worden sind, könnte Trends erkennen lassen, ob Ihre Kommune zum Beispiel attraktiv für Familien ist oder ob Sie hier handeln müssen. Defizite gibt es nach wie vor im Hinblick auf die statistische Erfassung von Menschen mit Migrationshintergrund.

■ **Jugendhilfeplanung**
Das Kinder- und Jugendhilfegesetz (KJHG) schreibt seit seinem Inkrafttreten 1991 bundesweit die Jugendhilfeplanung als Gestaltungsinstrument der Kommunen vor. Sie soll drei wesentliche Aufgaben erfüllen: (1) den Bestand an Einrichtungen und Diensten feststellen, (2) den Bedarf unter Berücksichtigung der Wünsche, Bedürfnisse und Interessen der jungen Menschen und der Personensorgeberechtigten für einen mittelfristigen Zeitraum ermitteln und (3) die zur

Befriedigung des Bedarfs notwendigen Vorhaben rechtzeitig und ausreichend planen. In der Regel verfügen die örtlichen Jugendämter
über einen für diese Aufgabe bestellten Jugendhilfeplaner. Wer zum
Beispiel die Vereinbarkeit von Familie und Beruf als politisches Ziel
verfolgt, müsste hier ablesen können, ob überhaupt ausreichend Betreuungsplätze vorhanden sind. Auch soziale Indikatoren, wie zum
Beispiel die Tatsache eines alleinerziehenden Elternteils, können
nachvollzogen werden oder Familien mit mehr als zwei Kindern.

- **Kindergartenbedarfsplanung**
  Jede Kommune ist gehalten, dem Jugendhilfeausschuss einen Kinder-
  gartenbedarfsplan vorzulegen. Daran kann abgelesen werden, ob die
  gegenwärtigen Kinder im Alter von drei bis sechs Jahren, aber auch
  die zwischenzeitlich geborenen Kinder bis drei Jahre ihren Rechtsanspruch auf einen Platz in einer Tagesstätte für Kinder wahrnehmen
  können oder nicht. Hier wird sichtbar, wann welche Kindertagesstätten in welchem Ausmaß nicht mehr benötigt werden oder wo qualita-
  tiv neue Angebote, so zum Beispiel für integrative Plätze, etabliert
  werden können. Die Verpflichtung, bis 2013 bundesweit exakt defi-
  nierte Quoten zur Betreuung von Kindern unter drei Jahren zu schaffen, führt gegenwärtig zu einem Ausbau der Betreuungseinrichtungen.

- **Seniorenplanung**
  Auf der Basis mehr oder weniger formulierter Handlungsmaximen
  liegen in vielen Kommunen sogenannte „Altenpläne" oder „Seniorenpläne" vor. Ziel ist es, die Potenziale älterer Menschen zu aktivieren
  sowie die angemessene Unterstützung bei der Suche nach Freizeit-,
  Wohn-, Kommunikations-, Bewegungs-, Bildungs-, Kultur- oder
  Gesundheitsangeboten zu gewährleisten. Diese Pläne sind zum Teil
  noch ohne die Beteiligung der älteren Menschen oder ihrer Interes-
  senvertretungen entstanden. Seniorenpläne sind in der Regel nicht
  gesetzlich vorgeschrieben, sondern freiwillige Leistungen der Kommunen. Artikel 28 II des Grundgesetzes verpflichtet die Gemeinden
  jedoch zur Daseinsvorsorge.

■ **Schulentwicklungsplanung**
Die Struktur der Schullandschaft obliegt den Ländern. Daher haben wir in Deutschland 16 Schulgesetze, die aber wiederum alle eine Schulentwicklungsplanung vorsehen. In genau definierten Zeiträumen müssen die kommunalen Verwaltungen ihren Räten einen Schulentwicklungsplan zur Beratung und Entscheidung vorlegen. Den Bedarf an Schulplätzen in Gegenwart und Zukunft zu decken, ist ein wesentliches Ziel. Eine zentrale Frage lautet, was die Kommunen in Zukunft mit dem frei werdenden Schulraum machen wollen. Der unter demografischen Aspekten an Bedeutung gewinnende Aspekt des lebenslangen Lernens wird sich auf Dauer auch niederschlagen.

■ **Pflegeplanung – Pflegemarktbeobachtung**
Kreisweite Pflegekonferenzen sollen auf der Basis der jeweiligen Landespflegegesetze und im Zusammenhang mit der Heimaufsicht die infrastrukturellen Voraussetzungen für die Unterbringung und Betreuung von älteren Menschen sichern helfen, die keinen eigenen Haushalt mehr führen wollen oder können. Hinzu kommt die Unterbringung, Betreuung und Pflege von altersverwirrten Menschen, aber auch von Menschen mit Behinderungen. Hierzu liegen ebenfalls kommunale Daten vor, die abgerufen werden können. Die zentrale Frage lautet, ob diese Einrichtungen dem zukünftigen Bedarf, der heute bereits zahlenmäßig beschrieben werden kann, entsprechen.

■ **Raum- und Gebietsentwicklungsplanung**
Bund und Land legen die groben Ziele dafür fest, wofür der Boden (Raum) genutzt werden soll: Siedlungs- oder Verkehrsfläche, Landwirtschaft, Wald oder Naturgebiete. Innerhalb dieser Grenzen bestimmen regionale Ziele, wie und wo sich die jeweiligen Kommunen in Form von Siedlungs- und Gewerbeansiedlungen weiterentwickeln können (Gebietsentwicklungsplanung). Erst dann und im Rahmen dieser Vorgaben greift die kommunale Selbstverwaltung mit ihren Flächennutzungs- und Bebauungsplänen. Auch diesen Planungen liegen Prognosen der künftigen Bevölkerungsentwicklung zugrunde, deren Aktualität zu prüfen bleibt. Damit verbunden ist die Planung der Infrastruktur: Trinkwasser- und Abwassersysteme, Strom, Telekommunikation, Sozialeinrichtungen.

■ **Verkehrsentwicklungsplanung**
Die landesrechtlichen Grundlagen zum öffentlichen Personennah-
verkehr schreiben in der Regel zur Sicherung und Verbesserung des
ÖPNV einen Nahverkehrsplan vor. Ebenso verhält es sich mit den
übrigen verkehrlichen Strukturen (Straßenverkehrsplan, Schienen-
verkehrsplan etc.). Diese Pläne sind in bestimmten Zeiträumen, meist
alle fünf Jahre, fortzuschreiben. Dann sind die Chancen einer aktiven
Gestaltung besonders gegeben. Dabei sind die Mobilitätsanforderun-
gen einer älter werdenden Gesellschaft besonders zu berücksichtigen.

■ **Stadtentwicklungsplanung**
Immer mehr kommunale Gebietskörperschaften haben ein Leitbild
definiert, haben Ziele formuliert, die beschreiben, wie sie sich ihre
Stadt, ihre Gemeinde oder ihren Landkreis in 10 oder 20 Jahren vorstellen. Die Schritte der Umsetzung münden letztlich in Planungen
zur städtischen Entwicklung. Wie sieht es mit Einkaufs- und Freizeit-
möglichkeiten aus? Wie sollen Wohnen, Arbeiten, Mobilität, Lernen,
Kultur und Erholen in dieser Kommune miteinander in Übereinstimmung gebracht werden? Die kommunale Entwicklungsplanung bündelt letztlich alle zuvor genannten Planungsinformationen zu einem
ganzheitlichen Miteinander. Hier ist der demografische Blick nicht
mehr länger wegzudenken.

Fazit: Neben den gesetzlich vorgeschriebenen Planungen sollte jedes
weitere kommunalpolitische Politikfeld auf einer Grundlagenplanung
basieren. Jede Planung braucht Daten, die wiederum unter dem Blickwinkel des demografischen Wandels neu vernetzt werden müssen. Ziel
künftiger kommunaler Politik muss es sein, die vielfältigen kommunalen
Planungen nicht mehr sektoral und nebeneinander, sondern zentral im
steten Austausch miteinander zu führen und unter demografischen
Gesichtspunkten zu entwickeln. Wie dies erfolgen kann, haben zwischenzeitlich auch viele Kommunen und gesellschaftlichen Akteure be-
wiesen. Es haben sich einige Kommunen sehr aktiv auf den Weg gemacht
(Beispiele nennt die Internetdatenbank http://www.demografie-kon-
kret.de). Es sind Modellprojekte der Bundesregierung, aber auch der
Bundesländer aufgelegt worden, um alltagstaugliche Handlungsstrategi-

en zu entwickeln. Genannt werden könnte das Bundesland Sachsen oder
der Landkreis Werra-Meißner.

Das Bundesland Sachsen führte im Dezember 2010 zum dritten Mal
einen Demografiekongress durch. Kein anderes Bundesland hat das
Thema Demografie soweit vorangebracht. Das hat vor allem seinen
Grund darin, dass in den letzten 30 Jahren rund 700.000 Menschen das
Land verlassen haben. Aber ein weiteres Problem setzt dem Freistaat zu:
„Die Zahl der Erwerbstätigen schrumpft schneller als die Zahl der Ein-
wohner", sagte Ministerpräsident Stanislav Tillich, der sich einen Tag
Zeit nahm, um gemeinsam mit den Teilnehmenden einen Sieben-Punk-
te-Plan zu gestalten:

1. Niemand darf die Schulen ohne Abschluss verlassen.
2. Die Quote der Ausbildungsbetriebe soll erhöht werden.
3. Die akademische Spitze bei Ingenieurs- und Naturwissenschaftsstu-
   diengängen soll ausgebaut werden.
4. In die alten Bundesländer abgewanderte Fachkräfte sollen zurückge-
   holt und kluge Leute aus anderen Bundesländern dazugeholt werden.
5. Arbeitslose sollen besser qualifiziert werden und
6. Ältere besser in den Arbeitsmarkt integriert werden.
7. Qualitative Zuwanderung ist erwünscht und soll gefördert werden.

Der Werra-Meißner-Kreis, der in Hessen stets die „rote Laterne" ange-
hängt bekam, weil so viele Menschen in den letzten Jahrzehnten den
Kreis verließen, entwickelt sich hingegen zunehmend zur Kompetenzre-
gion zur Gestaltung des demografischen Wandels. Im März 2011 ist dort
ein Masterplan „Region hat Zukunft" vorgelegt worden, der in weniger
als zwei Jahren unter reger Beteiligung zahlreicher Bürger erarbeitet worden ist. Dieser Masterplan wird nun wohl Modell für viele Regionen in
Deutschland werden können. Der Werra-Meißner-Kreis dürfte hingegen
seinen Wettbewerbsvorteil in der Gestaltung des demografischen Wandels nutzen.

In den Achtzigerjahren brachte die Ökologiedebatte die Umweltbeauftrag-
ten hervor und der Feminismus die Frauen- und Gleichstellungsbeauftrag-
ten. Sind heute die Demografiebeauftragten dran? Die Stadt Bielefeld stell-

te als erste eine Demografiebeauftragte ein. Der Rat der Stadt Schwerte bildete hingegen als erste Stadt in Nordrhein-Westfalen einen Demografie-Ausschuss. Alle Entscheidungsvorlagen, die eine Auswirkung auf die demografische Entwicklung dieser Stadt vermuten lassen, müssen erst diesem Ausschuss vorgelegt werden. Das ist aber auch nur sinnvoll, wenn der demografische Wandel in den Kommunen insgesamt zu einer erfahrbaren Realität wird. Wichtiger als die Frage, wo die Zuständigkeit für demografische Anliegen in einer Verwaltung angesiedelt ist, bleibt es, zu klären, wer sich mit Herzblut und Engagement, aber auch mit der notwendigen Zeit und der Rückendeckung des Verwaltungschefs darum kümmern kann und ob dieses Thema innerhalb der Verwaltung als Querschnittsaufgabe angelegt wird. Wie man den Motor auch immer benennen mag, es braucht ihn. Das belegt im Übrigen auch die Erfahrung im Werra-Meißner-Kreis, wo eine ganz andere Struktur gefunden worden ist, nämlich einen seit Langem bestehenden Verein mit dieser Aufgabe zu betrauen.

Die Bertelsmann Stiftung empfiehlt allen Kommunen fünf Kernaufgaben zu berücksichtigen:

- Kommunale Leitbilder sind um die Aspekte des demografischen Wandels zu ergänzen.
- Die Orientierung an der Region muss das kommunale Handeln bestimmen.
- Ressortübergreifende Gesamtkonzepte sind notwendig.
- Die Vielfalt der Handlungsfelder erfordert harte Priorisierung.
- Führung ist die kritische Ressource. Personalentwicklung lautet das Stichwort in Politik und Verwaltung.

Übrigens: Auch auf den anderen politischen Handlungsebenen liegt eine Fülle von Erkenntnissen vor, die in zahllosen Statistiken, Berichten und Dokumenten aufbereitet sind. Es stellt sich leider immer wieder die Frage, wer daraus etwas Wegweisendes zu gestalten versteht. Diese Menschen sind das Kapital der Zukunft.

Der demografische Wandel ist kein Thema, das gestern erst begann und morgen, versehen mit der passenden Antwort, wieder als Phänomen verschwindet. Wir haben es mit einem sehr langen, generationenübergreifenden Prozess zu tun, der sich seit Jahrzehnten schleichend und still ankündigte, sich immer stärker im Bewusstsein der Menschen und der realen Gesellschaftsstruktur verankert und noch weitere Generationen lang wirken wird. Darin liegt aber auch eine wesentliche Chance, denn niemand kann von sich behaupten, dass der demografische Wandel ihn nicht betreffe – ihn persönlich, seine Familie, seinen Beruf, seinen Wohnort und seine Branche – und er sich deshalb nicht damit beschäftigen müsse. Und niemand verfügt über eine Blaupause, wie man dieser Herausforderung begegnen kann. Das ist die Chance, dass man sich gemeinsam zielorientiert auf den Weg macht. Historische Erfahrungsparallelen können hier nicht helfen.

Dies zu gestalten erfordert vor allem Geduld, denn die Lösung gelingt nicht von heute auf morgen. Die Lösung liegt auch in einem Prozess. Die Bertelsmann Stiftung hat diesen Prozess in Form eines Strategiezyklus dargestellt.

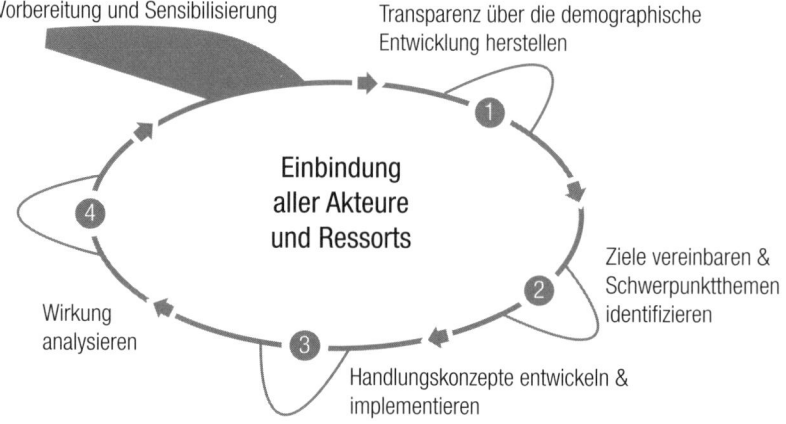

Quelle: Bertelsmann Stiftung

Die erste Aufgabe lautet demnach, für dieses Thema zu sensibilisieren, darüber zu informieren und die Menschen auf diese Veränderungen vorzubereiten. Die Sensibilisierungs-, Informations- und Vorbereitungsphase steht zurzeit bundesweit an. Noch immer!

Die nächste Phase wird die Transparenz der Daten mit sich bringen. Wir können globale Veränderungen feststellen, wir können die europäische Dimension der Bevölkerungsentwicklung beschreiben, wir können eine Bevölkerungsvorausberechnung für Deutschland, aber auch für jedes Bundesland und nahezu jede Region erhalten. Dabei helfen die vielfachen Daten und Berichte zahlloser öffentlicher Institutionen. Diese Daten zu besorgen und sie bekannt zu machen, ist die Aufgabe dieses Zyklusschrittes.

Daran anschließen wird sich eine Zielfindungsphase. Welche Ziele will die deutsche Gesellschaft, wollen die Bürger des Bundeslandes Bayern oder die der Stadt Flensburg im Rahmen ihres Zuständigkeitsbereiches erreichen, um dem demografischen Wandel gestalterisch zu begegnen? Da nicht alle Handlungsfelder gleichzeitig angegangen werden können, ist es sinnvoll, Prioritäten zu setzen und sie mit Zielvorstellungen zu versehen.

Wer weiß, wohin er will, der weiß auch die Handlungsfelder der jeweiligen politischen Ebene konsequent auf diese Zielsetzungen auszurichten. Konkret gesagt: Möchte ich mich als Stadt verstärkt auf die älteren Menschen konzentrieren, dann ist es sinnvoll, die kommunale Infrastruktur konsequent auf deren Bedürfnisse abzustimmen. Will ich hingegen junge Familien und damit Kinder ansprechen, sollten die Ressourcen andere Einsatzfelder finden. Sollten die Stadträte hingegen verstärkt generationenübergreifende Politikansätze favorisieren, müssten die kommunalpolitischen Handlungsfelder (Infrastruktur, freiwilliges Engagement, Bildung, Betreuung etc.) auf diese Ziele hin angepasst werden.

Natürlich ist eine regelmäßige Überprüfung notwendig, um zu sehen, ob die gesetzten Ziele mit den getroffenen handlungspolitischen Maßnahmen erreicht werden oder nicht. Ziel sollte es sein, ein Instrument zu entwickeln, das es immer wieder erlaubt, den Prozess kritisch und fördernd zu unterstützen. Gegebenenfalls sind die Ziele neu zu setzen oder Handlungsfelder anders zu gestalten. Es kommt auch darauf an, wie sich die demografischen Fakten weiterentwickeln – prognosegerecht oder greifen die ersten Maßnahmen?

Was kann ein Bürger tun, um diesen Prozess anzuregen, zu unterstützen und zu fördern?

■ Werden Sie sich über Ihre eigenen Motive klar! Warum ist aus Ihrer Sicht eine aktive Beschäftigung mit dem Thema „demografischer Wandel" wichtig? Was bewegt Sie? Was ist damit der Beweggrund für Ihr Engagement?

■ Suchen Sie sich Verbündete. Sprechen Sie mit anderen Menschen – im Freundeskreis, am Arbeitsplatz, im Verein, an der Theke, auf dem Sportplatz – über das Thema. Werben Sie für ein aktives Engagement, das dann gemeinsam weitergetragen werden kann. Schließlich bleibt die Erkenntnis „Gemeinsam sind wir stärker" wahr.

■ Definieren Sie (gemeinsam) Zielgruppen, die Sie ansprechen wollen (ob persönlich, schriftlich oder über Medien sei dahingestellt). Wen möchten Sie wachrütteln, animieren, etwas zu tun? Wer könnte (müsste) aus Ihrer Sicht etwas tun? Schreiben Sie die „Top Ten" Ihrer Kommune auf, die von Ihnen angesprochen werden sollen. (Dies können Sie auch mit den anderen politischen Ebenen machen.)

■ Bevor Sie aktiv werden: Bedenken Sie mögliche Folgen. Was passiert, wenn nichts passiert? Was machen Sie dann? Wie reagieren Sie, wenn nicht das geschieht, was Sie sich vorgestellt haben? Wie mischen Sie weiter mit, wenn genau das in Gang kommt, was Sie beabsichtigten? Wichtig ist, dass Sie umsetzungsbereit mitarbeiten wollen.

■ Nun geht es an die inhaltlichen Formulierungen. Für 85 Prozent der Menschen in Deutschland liegt ein Demografiebericht vor, da die Bertelsmann Stiftung mit dem Internetportal

http://www.wegweiser-kommune.de

einen barrierefreien Zugang für jeden Bundesbürger zu demografischen Daten der jeweiligen Kommune liefert, sofern sie mehr als 5000 Einwohner zählt. Ferner werden dort mögliche Ziele und Handlungsoptionen vorgestellt. Auf dieser Basis könnten Sie zum Beispiel durch Workshops oder Zukunftskonferenzen oder ähnliche Veranstaltungen in Ihrer Kommune oder in den Organisationen, zu denen Sie Zugang haben oder in denen Sie Verantwortung tragen, Sichtweisen aus vielen gesellschaftlichen Bereichen zusammenkommen lassen, um diese moderiert auszutauschen.

- Diese kommunikativen Prozesse sollten durch eine mediale Bericht-erstattung verstärkt werden. Suchen Sie das Gespräch mit Journalisten unterschiedlichster Medien.
- Nachhaltigkeit lebt von einer kritischen Nachbetrachtung der eigenen Aktivitäten. Auch die sollte nicht unterbleiben, zumal ein solcher Pro-zess Geduld, Disziplin und die Bereitschaft des ständigen Lernens erfordert.

Konkret können Bürger folgende Aktionen starten, um das Thema „demografischer Wandel" vor Ort aktiv ins Gespräch zu bringen:

- Schreiben Sie Ihren Bürgermeister, Ihren Kommunalpolitiker, Ihren Landrat, Ihren Kreistagsabgeordneten, Ihren Landtagsabgeordneten sowie die für Sie zuständigen Abgeordneten im Bundestag und Euro-paparlament an. Fragen Sie sie, wie sie den Prozess des demografi-schen Wandels im Rahmen ihrer Zuständigkeit aufgreifen und ihm gestaltend begegnen. Fragen Sie sie, welche konkreten Ergebnisse der Prozess bisher ergeben hat. Fragen Sie sie nach Prognosen und den jeweiligen Handlungsvorstellungen.
- Regen Sie an Ihrem Arbeitsplatz – im Branchenverband, in der Gewerk-schaft, im Betriebsrat – eine Diskussion zu diesem Thema an. Auch Vereine oder Organisationen, in denen Sie (ehrenamtlich) Verantwor-tung tragen, sollten überlegen, dieses Thema aktiv aufzugreifen und für sich, aber auch für die lokale Gesellschaft, einen Prozess zu starten.
- Sprechen Sie Ihre lokale Zeitungs- und Radioredaktion an und fragen Sie, wie man dort dieses Thema aufzugreifen gedenkt. Sensibilisieren Sie die Journalisten ihrer Lokalredaktion, denn ihnen muss klar wer-den, dass damit ein Dauerberichtsthema aufgegriffen wird, das Aktu-alität und Nachhaltigkeit verspricht.

Dass dieses Thema an Relevanz gewinnen wird, belegen nicht nur die Fakten selbst, sondern auch die an Quantität zugenommene Berichter-stattung in allen Medien und die Aktivität gesellschaftlicher Akteure. Stichworte dieser Debatte sind „Fachkräftebedarf", „Integration" oder „Ärztemangel". Es gibt kaum einen Tag, an dem nicht in der jeweiligen Tageszeitung ein Hinweis auf die Auswirkungen dieses nachhaltigen Megatrends formuliert wird.

Rezepte, die einen wie auch immer gearteten Erfolg versprechen, gibt es nicht. Für jede Stadt werden sich andere Ausgangslagen herauskristallisieren und damit auch andere Lösungswege, dem demografischen Wandel zu begegnen. Wer glaubt, ihn oder die eigene Stadt betreffe es nicht, der irrt. Denn niemand kann wissen, welche Prozesse aktives Handeln von Menschen wieder auslösen und welche Wirkungen dies auf die Gestaltung des demografischen Wandels haben wird.

Walt Disney hat uns zu vermitteln versucht, woraus Erfolg besteht. Erfolg habe vier Väter (oder Mütter): den Visionär, der träumt und Ziele entwirft, für die es sich zu handeln lohnt; den Initiator, der den Prozess startet, der motiviert, damit andere folgen; den Macher, der treu den Prozess umsetzt, weil er einen Sinn erkannt hat, für den es sich zu arbeiten lohnt; und den Kritiker, dessen Anmerkungen zwar manchmal nerven, der aber dennoch ein wichtiges Feedback liefert, was noch verbessert werden könnte. Diese vier Väter lebten in jeder Person in unterschiedlich ausgeprägter Form, sie seien aber immer in einem Team von Menschen vorhanden. Erfolg habe der, der sich diese vier Väter (oder Mütter) zusammenhole, um einer Herausforderung aktiv zu begegnen.

V. Handlungsfelder der Politik –
Systemänderung oder Systemoptimierung

Wenn Deutschland in die Jahre kommt, werden wir anders wohnen, anders reisen, anders Auto fahren, anders arbeiten, anders lieben und anders essen. Der demografische Wandel wird kein politisches Handlungsfeld unberührt lassen. Gerade für die Berechnung der Auswirkungen auf die wirtschaftliche Entwicklung, den Arbeits- und Wohnungsmarkt, die Infrastruktur und andere Bereiche sind demografische Vorausberechnungen schlichtweg unerlässlich. Die Frage, die sich daher stellt, lautet: Müssen wir unsere Handlungsfelder bzw. Politikfelder neu positionieren? Damit verbunden ist eine Politik, die das Leben in der Stadt möglichst attraktiv gestaltet.

Ein Beispiel sind die Politikfelder Kinder-, Jugend- und Familienpolitik einerseits sowie Seniorenpolitik andererseits. Mein Plädoyer geht dahin, künftig Generationenpolitik zu betreiben. Denn es wird in erster Linie darauf ankommen, ob die Generationen sich künftig miteinander verstehen und sich über die Verwendung der knappen (finanziellen) Ressourcen einig werden. Denn ab etwa 2020 werden die über 50-Jährigen bei jeder Wahl eine strukturelle Mehrheit haben. Wenn dann die seit 1965 geborenen Menschen zu fast einem Drittel kinderlos sind, so stellt sich zudem die Frage, was aus ihrer Sicht Zukunft ist: die der nächsten Generation oder die der eigenen? Gleichwohl sind aber auch sie darauf angewiesen, dass ihr Rollstuhl von jemandem geschoben wird. Das Gelingen der Gestaltung des demografischen Wandels wird daher von einem Gelingen des Miteinanders der Generationen abhängen. Die große Herausforderung besteht daher darin, eine ehrliche Debatte darüber zu führen, wie die wenigen Jungen mit den vielen Mittelalten, Alten und sehr Alten, den Hilfebedürftigen und sogar verwirrten Menschen leben wollen.

Das trifft im Übrigen auch den Titel des 2005 erschienenen EU-Kommissionsberichts: „Sich dem demografischen Wandel stellen: eine neue

Solidarität zwischen den Generationen." Seitdem wird alle zwei Jahre ein Bericht zur demografischen Entwicklung in der Europäischen Union vorgelegt. Und im Jahr 2012 werden wir in der EU das „Europäische Jahr des aktiven Alterns und der Solidarität zwischen den Generationen" begehen. Das Warenhaus Galeria Kaufhof hat das Konzept der barrierefreien „Galeria für Generationen" vorgelegt. Der Handelsverband Deutschland schuf ein neues Label „Ausgezeichnet, generationenfreundlich". Schließlich sprechen wir nicht mehr von seniorenfreundlicher Großschrift, sondern von Lesefreundlichkeit für alle Generationen.

Der Artikel 20a unseres Grundgesetzes schützt immerhin schon heute die künftigen Generationen, wenn auch aus einem anderen Verantwortungsblickwinkel heraus: „Der Staat schützt auch in Verantwortung für die künftigen Generationen die natürlichen Lebensgrundlagen." Ebenso mahnt der Zwischenbericht der hessischen Enquetekommission: „Lösungen müssen in Generationen, nicht in Legislaturperioden gedacht und entwickelt werden." Vielleicht waren diese Erkenntnisse mit ein Grund für 36, meist jüngere Bundestagsabgeordnete im Juli 2006 fraktionenübergreifend den Antrag einzubringen, dem Grundgesetz einen Artikel 20b anzufügen: „Der Staat hat in seinem Handeln das Prinzip der Nachhaltigkeit zu beachten und die Interessen künftiger Generationen zu schützen." Doch daraus ist bis heute nichts geworden.

1. Generationenpolitik

„Unser Leben währet siebzig Jahre, und wenn's hochkommt, so sind's achtzig Jahre, und wenn's köstlich gewesen ist, so ist es Mühe und Arbeit gewesen; denn es fährt schnell dahin, als flögen wir davon."

Diese Weisheit entnimmt ein jeder dem Psalm 90, Vers 10 des Alten Testaments. Weil die Lebenserwartung bis vor rund 100 Jahren nur in wenigen Fällen deutlich über das siebte Lebensjahrzehnt hinausragte und nicht zuletzt aus einer ökonomischen Betrachtung heraus, haben wir über Jahrzehnte hinweg eine Dreiteilung der Generationen zugrunde gelegt:

- Kinder und Jugendliche sowie in Ausbildung befindliche junge Erwachsene
- die erwerbstätige Generation
- die Generation im „dritten" Lebensabschnitt: Rentner und Pensionäre

Diese Unterteilung greift heute nicht mehr. Der Generationenvertrag der alten traditionellen Prägung gilt nicht mehr als Selbstverständlichkeit. Nicht nur innerhalb der oben genannten Generationen gibt es nachhaltige alters- und entwicklungsbedingte Unterschiede, auch zwischen den Generationen verwischen sich die markanten Erkennungszeichen. Für eine 95-Jährige ist ein 45-Jähriger ein „junger Hüpfer".

Es gehörte bisher, so Hans-Werner Sinn, Präsident des ifo-Instituts für Wirtschaftsforschung München, zu den normalen Pflichten einer jeden Generation, zwei Leistungen zu erbringen: „In der leistungsfähigen Lebensphase muss man seine Eltern und seine Kinder ernähren. Die erste dieser beiden Leistungen wird in Form der Rentenbeiträge erbracht, die ja in vollem Umfang an die heutigen Rentner fließen. Doch die zweite Leistung wird von vielen Menschen nicht erbracht, weil sie sich gegen Kinder entscheiden."

Kritisch bleibt daher die Frage, weshalb der Kinderlose, der seine eigenen Eltern über seine Rentenbeiträge zwar gut versorgt hat, aber für die Nachwuchsgeneration wenig leistet, einen Anspruch gegen die Kinder anderer Leute bekommt, die für ihn Beiträge einzahlen – und zwar ausgerechnet zulasten deren Eltern, die weniger aus dem Rentensystem erhalten, weil sie wegen der Erziehungsleistung nicht erwerbstätig waren? Hans-Werner Sinn würde am liebsten die Rente für Kinderlose „halbieren", damit Kinderlosigkeit nicht länger ein Wohlstandsfaktor bleibt.

Dieser Generationenkonflikt zwischen Kinderlosen und Eltern bedarf einer zukunftsgerechten Antwort. Generationengerechtigkeit gilt jedoch bei den abnehmenden Generationsgrößen als unerreichbares Ziel. Das Bundesverfassungsgericht wirkte hier bereits wegweisend, indem es einen „generativen Beitrag" in Form der Erziehung künftiger Beitragszahler forderte, nicht zuletzt weil das Prinzip der demografischen Nachhaltigkeit und der intergenerativen Gerechtigkeit verletzt ist. Franz-

Xaver Kaufmann schlägt zum Beispiel vor, den Generationenvertrag zwischen der Erwachsenen- und der Altengeneration so zu modifizieren, „dass die volkswirtschaftliche Leistung der Kindererziehung äquivalent zu einer höheren Sparrate der Kinderlosen gilt".

Diese Differenziertheit der generationenbedingten Zusammenhänge wird aktuell kaum aufgegriffen. So debattiert die Wirtschafts- und Sozialpolitik die Renten- und Gesundheitsreform in völlig anderen Sachverständigengremien und Kommissionen als die Familien- und Integrationspolitik beispielsweise die demografische Reformnotwendigkeit. Als ob sich die jeweilige Wirklichkeit in Ressorts aufteilen ließe. Ziel sollte es sein, dieses sektorale Politikdenken zu verlassen und generationenübergreifender zu denken und zu handeln. Dadurch sollen die generationsspezifischen Interessen nicht in den Hintergrund gerückt werden, doch der Zusammenhang sollte stärker bedacht werden. Die Stiftung Marktwirtschaft und das Forschungszentrum Generationenverträge der Albert-Ludwigs-Universität zu Freiburg veröffentlichen hierzu regelmäßig „Generationenbilanzen", um das nachhaltige Denken zugunsten nachfolgender Generationen zu fördern.

Denn bedenken wir, dass Familie heute nicht mehr nur dort ist, wo Eltern für ihre Kinder sorgen, sondern auch dort, wo Kinder ihre Eltern pflegen, mithin überall dort, wo Generationen füreinander eine auf Dauer angelegte Verantwortung übernehmen. Betrifft das auch jene Menschen, die keine Kinder haben oder deren Kinder irgendwo in dieser Welt leben und die mit anderen Menschen zusammen eine familienähnliche Solidargemeinschaft gründen und leben? Laut dem Familienmonitor 2010 hält die Mehrheit der Deutschen die Familienpolitik für eine der wichtigsten Aufgaben der Regierung – speziell die Vereinbarkeit von Beruf und Familie. Fakt ist aber auch, dass 74 Prozent der Bevölkerung die Vereinbarkeit von Familie und Beruf derzeit als schlecht bezeichnen. Dabei rechnen alle Generationen bei schwierigen Lebenslagen mit der Unterstützung der Familie. Laut dem Familienreport 2010 des Bundesfamilienministeriums verbringen deutsche Großeltern fast doppelt so viel Zeit mit ihren Enkeln, als dies Großeltern in den anderen europäischen Ländern tun. Kinder helfen in Deutschland im Vergleich zu ihren europäischen Nachbarn ihren Eltern am meisten.

Doch was ist künftig Familie? Laut einer Mehrgenerationen-Studie des Deutschen Jugendinstituts aus dem Jahr 2006 zählen heute noch etwa 8 Prozent aller Haushalte zu den Dreigenerationenhaushalten, die noch unter einem gemeinsamen Dach leben, wenn auch zur Hälfte in getrennten Wohnungen. In den anderen Familien haben sich Großeltern und Enkel meist nicht weit voneinander entfernt: Etwa ein Drittel wohnt im selben Ort, oft in unmittelbarer Nachbarschaft. Nur bei einem Fünftel der Großeltern beträgt die Distanz zum nächsten Enkelkind mehr als eine Stunde Fahrzeit. Walter Bien, Leiter der Studie, hält fest: „Enkel und Großeltern sind in der Regel füreinander da. Darauf kann man sich verlassen, selbst wenn man sich nicht so oft sieht."

Tatsache ist, dass die meisten Familien heute in multilokalen, mehrere Generationen umfassenden Netzwerken leben. Weniger Enkelkinder haben heute mehr Chancen auf harmonische Beziehungen zu ihren Großeltern als je zuvor.

Das hat auch Auswirkungen auf die Pflege. Zurzeit werden rund 68 Prozent aller Pflegefälle familiär betreut, insbesondere von Frauen. (Eine Quote, die sich in der Zukunft aufgrund der hohen Kinderlosigkeit, aber auch aufgrund der hohen beruflichen Mobilität der Kinder, insbesondere auch der Töchter, nur verringern kann.) Familie ist somit heute eine lebenslange generationenübergreifende multilokale Verantwortungsgemeinschaft. Wir sprechen in diesem Zusammenhang auch von der multilokalen Großfamilie, jener Mehrgenerationenfamilie, die aber jeweils an unterschiedlichen Orten lebt und meist nur noch aus ein bis zwei Kindern pro Generation besteht. Dieses Phänomen wiederum wird auch als „Bohnenstangenfamilie" bezeichnet: Onkel und Tanten, Nichten und Neffen, Cousins und Cousinen fallen nicht mehr so ins Gewicht, dafür aber Oma und Opa bzw. Uroma und Uropa.

Wer sich also heute zum Beispiel mit „Senioren" beschäftigt, sollte erst einmal formulieren, was er darunter versteht. Schließlich sagt so mancher 80-Jährige auf den Hinweis, ob er nicht auch zum Seniorentreffen der örtlichen Kirchengemeinde gehen wolle: „Was soll ich denn bei den alten Leuten?" Alter und alt sein ist eine höchst individuelle Wahrnehmung, zumal nahezu alle Menschen gern jugendlich aussehen wollen.

Bei einer repräsentativen Umfrage im Auftrag des *Senioren-Ratgebers* gaben 83,8 Prozent der über 60-Jährigen an, dass der Begriff Senioren die Lebenserfahrung älterer Menschen am besten widerspiegele, gleichwohl meinten 79,9 Prozent von ihnen, man sollte von ihnen doch einfach als von „älteren Menschen" sprechen. Dies reflektiert die gefühlte Tatsache, dass sich die meisten Menschen über 65 Jahre auch im Schnitt um bis zu 14 Jahre jünger fühlen, als sie tatsächlich sind. Dem gilt es auch politisch wie gesellschaftlich Rechnung zu tragen.

Wie bereits an anderer Stelle gesagt, unterteilen wir das Seniorenalter in vier verschiedene Gruppen, die verdeutlichen, dass die Seniorengruppe sich schon seit längerer Zeit aus mehreren Generationen zusammensetzt:

- die Menschen ab 50 Jahre (50 +): „reife Erwachsene"
- die Menschen ab 65 Jahre (65 +): „Senioren"
- die Menschen ab 80 Jahre (80 +): „Hochbetagte"
- die Menschen ab 100 Jahre (100 +): „Langlebige"

Im Kinder- und Jugendbereich unterscheiden wir ebenso, wenn auch nicht immer konsequent:

- Kinder (Säuglinge, Kleinkinder): bis 3 Jahre
- Kindergartenkinder: 3 bis 6 Jahre
- Schulkinder (Grundschule, Erprobungsstufe): 6 bis 12 Jahre
- Jugendliche (Teenager): 13 bis 17 Jahre
- Heranwachsende: 18 bis 23 Jahre
- Junge Erwachsene: 24 bis 27 Jahre

Und wenn wir die Generationen „dazwischen" betrachten, also jene, die im klassischen Sinn zu den Erwerbstätigen gehören, jene, die zwischen 20 und 50 Jahre alt sind, so kennen wir hier keine Unterscheidung im Generationensinn (auch wenn Horst W. Opaschowski hier die Bezeichnung „Generation des Übergangs" zur Diskussion stellt), sondern sprechen von unterschiedlichen Lebenswirklichkeiten:

- Menschen in der Ausbildung
- Menschen in der Familiengründungsphase

- Menschen in der Erziehungsphase
- Menschen in der (erneuten) Berufsfindungsphase
- Menschen, die beruflich engagiert sind (= Karriere machen)
- Menschen, die arbeitslos sind
- Menschen, die noch nie erwerbstätig waren
- Menschen, die pflegen

Diese Phasen vermischen und vermengen sich, wechseln sich auch in unterschiedlicher Weise ab, ergänzen sich oder ersetzen sich. So gibt es Menschen, die mit 20 Jahren ihr erstes Kind bekommen, manche erst mit 40 Jahren. Oder es gibt Menschen, die arbeiten, Kinder bekommen und großziehen, wieder arbeiten, arbeitslos werden, wieder arbeiten, wieder arbeitslos werden, wieder ein Kind bekommen. Nicht zu vergessen jene, die gerade Eltern geworden sind, gleichwohl aber bereits pflegebedürftige Eltern haben. Eine klassische Sandwichsituation von morgen. Die Interessen der Menschen dieser Generationen werden damit kurzzeitiger und lebenslagengebundener. Das bedingt auch die Bereitschaft, Kinder überhaupt großzuziehen, sich also für eine Familie zu entscheiden. Es gibt keine Standardbiografie, für die ein Standardpolitikangebot gemacht werden kann. Noch nie in der Geschichte der Menschheit hatte die Jugend zum Beispiel die Chance, so viele Ältere kennenzulernen, sich mit ihnen anzufreunden und gemeinsame Interessen zu teilen. Wird damit eine Erwachsenenkultur zu einem Leitbild, weniger – wie bisher – eine Jugendkultur? Verliert damit die Gesellschaft an jugendlichem Elan? Zumindest verliert der Jugendwahn.

In dem Zusammenhang verändern sich auch andere Aspekte, die wiederum generationenübergreifend wirken und sich mit den unterschiedlichen Lebenswirklichkeiten vermischen, die ein hohes Maß an Flexibilität abfordern. Folgende Beispiele seien hier angeführt:

Bildung

War es lange Zeit so, dass eine fundierte Ausbildung (Lehre oder Studium) eine hohe Garantie für beruflichen Erfolg war und für eine starke Sicherheit der Familie sorgte, so gilt heute das Prinzip des „lebenslangen

Lernens". Bildung ist somit ein generationenübergreifendes sowie gene-
rationenbegleitendes Thema geworden. Mobilität, Flexibilität und tech-
nischer Fortschritt verlangen ein hohes Maß an Lernbereitschaft und
Lernfähigkeit von allen Menschen – egal welchen Alters und welcher
Lebenssituation. Derjenige, der dem nicht standhalten kann, gehört zu
den sogenannten „Modernisierungsverlierern". Hinzu kommt, dass
der Anteil der Rentner und Pensionäre, die im reiferen Alter ein Studium beginnen oder gar promovieren, deutlich zugenommen hat. Noch
immer wird unter Bildung von den meisten „Schule" verstanden, dabei
wissen wir – zum Beispiel aus der Hirnforschung –, dass das Lernen nach
dem zwölften Lebensmonat als Fähigkeit einsetzt. Die ersten Lebensjahre sind entscheidend, nicht die Oberstufe. Denn in der Tat lernt Hans
umso schwerer, wenn Hänschen das Lernen nicht richtig am Anfang
erlernt hat. Ebenso belegt die Hirnforschung, dass Alter kein Hinderungsgrund für das Lernen ist. Das Hirn ist lebenslang dazu in der Lage,
allerdings nur, wenn wir es zulassen und es wollen. Es kommt auf die
Motivation an.

Erziehung

Heute ist eine Frau, die zum ersten Mal Mutter wird, durchschnittlich
30 Jahre alt. Dieses Durchschnittsalter hat sich in den letzten Jahrzehnten
deutlich erhöht. Das birgt auch andere Risiken, so ist zum Beispiel nahezu jedes zehnte Kind inzwischen eine Frühgeburt (mit allen Folgen für
die gesundheitliche Entwicklung des Kindes und für die sozialen Sicherungssysteme), was Experten auf das zunehmende Alter der werdenden
Mütter ebenso zurückführen wie darauf, dass immer mehr Frauen auf
künstlichem Wege zu einer Schwangerschaft gelangen. Letzteres hat die
Mehrlingsgeburten wiederum nachhaltig erhöht. Damit wird Erziehung
zu einer altersunabhängigen Lebensaufgabe: Mütter wie Väter können
20, 30, 40 oder älter sein, wenn sie das erste Mal ein eigenes Kind in den
Armen halten.

So berichtete zum Beispiel der *Kölner Stadt-Anzeiger* am 4. September
2010, dass eine 51 Jahre alte Belgierin „nochmals" Drillinge bekommen
habe und nun Mutter von zwölf Kindern sei. Sie fühle sich einfach zu

jung, um auf Babys zu verzichten, hat sie als Begründung angegeben. Die Befruchtung selbst sei künstlich in Spanien erfolgt, da dies in Belgien verboten sei. Die Frühchen wiederum seien aber alle im wallonischen Tournai per Kaiserschnitt zur Welt gekommen. Als älteste Mutter gilt die Rumänin Adriana Iliescu: Sie gebar ihre Tochter 2005 im Alter von 66 Jahren. Im Süden Englands schenkte im Juli 2006 eine 62-Jährige einem Neugeborenen das Leben. In Deutschland wird zurzeit etwa jedes sechste Baby von einer Frau über 35 Jahre geboren. Die weltweit jüngste Mutter ist im Übrigen in Brasilien mit neun Jahren bekannt geworden.

Die Erziehungsleistung wird, wie man sieht, in unterschiedlichen Lebensabschnitten erbracht. Erziehung wird – vor dem Hintergrund der meist unzureichenden Betreuungsangebote auf kommunaler Ebene – aber innerhalb der familiären Netzstrukturen auf die zur Verfügung stehenden Generationen verteilt: die Großeltern, die Geschwister oder Freunde und Tagesmütter in der Nachbarschaft. Es sind und bleiben daher mehrere Generationen nachhaltig mit Erziehungsaufgaben beschäftigt. Das wird sich auch nicht ändern, wenn angesichts des Fachkräftebedarfs die professionelle Kinderbetreuung an Bedeutung gewinnen wird.

Gesetzlich vorgeschrieben ist für 2013 eine Betreuungsquote für unter Dreijährige von 35 Prozent. Das entspräche in den westdeutschen Bundesländern einem Bedarf von 559.000 Betreuungsplätzen. Am 1. März 2009 waren dort rund 238.000 Kinder unter drei Jahren in Kindertagesbetreuungseinrichtungen untergebracht. In den kommenden Jahren müssen daher noch 321.000 Betreuungsplätze geschaffen werden (+ 134 Prozent zu 2009), um dieses Ziel zu erreichen. Mehrere Kommunen haben angekündigt, dieses Ziel finanziell nicht schultern zu können. Das wird Folgen für deren Attraktivität für junge Familien und Arbeitgeber haben, die auf Fachkräfte angewiesen sind.

Betreuung

Doch nicht nur Kinder wollen (und müssen) betreut werden, wenn die eigenen Eltern aus beruflichen oder sonstigen Gründen dieser Aufgabe nicht nachkommen können. Auch Hochbetagte, die zum Beispiel dement

sind, brauchen eine Betreuung rund um die Uhr. Hinzu kommen Famili-
en, in denen Menschen mit (Schwerst-)Behinderungen leben, wo ebenfalls ein hoher Betreuungsbedarf gegeben ist. Das Thema Betreuung
ist – nicht zuletzt dank der Alterung der Gesellschaft und des medizinischen Fortschritts – ein alle Generationen immer wieder betreffendes
Thema. Das war es zwar auch früher schon, nur dass die Dimensionen
sich massiv geändert haben bzw. sich weiter ändern werden. Weil die
Menschen älter werden und weniger Kinder haben, wird die Sorge um
pflegebedürftige Eltern künftig immer häufiger prägendes Familiener-
lebnis sein. Hinzu kommt, dass zum Beispiel ein Einzelkind sich gleich
für vier alte, hilfebedürftige Menschen verantwortlich fühlen könnte:
zwei geschiedene Eltern und ihre Lebenspartner. Die Journalistin Elisabeth Niejahr vermutet, dass es zahlreiche Menschen geben wird, die
„mehr Jahre ihres Lebens mit der Altenpflege als mit der Kinderbetreuung verbringen" werden. Ein Gewerbegebiet wird künftig nicht mehr
ohne eine Generationenbetreuungsstätte für die Angehörigen der dort
Beschäftigten auskommen können.

Arbeit

Immer mehr Unternehmen stellen wieder ältere Arbeitnehmer ein. So
jedenfalls entnehmen wir es zahlreichen statistischen Angaben. Was für
die einen ganz toll ist, sehen andere immer noch als viel zu gering an.
Fakt ist, dass wir ohne eine Bereitschaft der Älteren, länger zu arbeiten – zu welchen Rahmenbedingungen auch immer –, unseren wirtschaftlichen Wohlstand und unseren sozialen Frieden nicht erhalten
können. So rechnete zum Beispiel der Verband der deutschen Ingenieure (VDI) 2010 vor, dass es 2009 rund 34.000 unbesetzte Stellen für Ingenieure gegeben habe. Hätten diese Stellen mit geeigneten Menschen
besetzt werden können, wäre volkswirtschaftlich ein Umsatz von rund
drei Milliarden Euro erwirtschaftet worden. Im Mai 2010 waren schon
61.000 Stellen unbesetzt (gleichzeitig gab es 27.000 arbeitslose Ingenieure). Bis 2020 würden altersbedingt 450.000 Ingenieure aus dem Arbeitsleben ausscheiden. Jährlich stünden aber nur rund 40.000 Menschen zur
Verfügung, die von den Hochschulen kommen. Ähnliche Entwicklungen lassen sich in anderen Berufssparten ebenfalls feststellen: So werden

bis 2015 rund 300.000 Lehrer altersbedingt aus dem Schuldienst ausscheiden, die nur teilweise ersetzt werden können. Im Pflegebereich soll 2030 schon eine Million Arbeitskräfte nicht vorhanden sein. Um diesen Fachkräftebedarf zu minimieren, bieten sich vier Zielgruppen an: Frauen, Ältere, Zugewanderte und Jüngere ohne Schul- oder Berufsabschluss! Die Belegschaften werden daher ebenfalls älter, bunter, generationenreicher, aber auch weiblicher. Daher wird sich auch im Wirtschafts- und Arbeitsleben zeigen, das generationenübergreifender gedacht, geplant und gehandelt werden muss. Zumal sich auch quantitativ die Zahl der Erwerbspersonen verringern wird – darauf müssen sich alle Arbeitgeber einstellen. Dies wird verstärkte Fort- und Weiterbildungsanstrengungen zur steten Qualifizierungsaufgabe machen, die alle Generationen betreffen wird.

Wohnen

Der Trend von morgen geht eindeutig zum Mehrgenerationenwohnen. Dabei werden nicht unbedingt ganz junge Menschen und ganz alte Menschen zusammenleben, aber die Generationen, insbesondere jene über 50, werden sich verstärkt zusammenfinden. Dies hat auch ganz banale Versorgungsaspekte, denn immer mehr Menschen werden im Alter allein leben, immer mehr Menschen können im Alter auf keine eigenen Kinder bauen und immer mehr Menschen, die Kinder großgezogen haben, werden erfahren, dass diese Kinder nicht unbedingt ortsnah leben. Daher werden andere familienähnliche Solidarnetze sich als tragfähig erweisen (müssen). Familie ist dann da, wo die Menschen dies so sehen.

Längere gemeinsame Lebenszeiten

Anfang des 20. Jahrhunderts überlebte die Mutter die Pubertät ihres jüngsten Kindes in der Regel nicht. Heute überlebt sie nicht nur diese Entwicklungsphase, sondern kann danach noch 40 bis 60 Lebensjahre gestalten. Heute wird es zur Regel, dass vier bis fünf Generationen eines Familienverbandes an verschiedenen Orten wohnen, arbeiten, leben: Das einjährige Kind hat eine 26-jährige Mutter, die bei den Erziehungsleistungen auf die 49-jährige Großmutter sowie die noch rüstige 73-jährige Urgroßmutter zurückgreifen kann, obwohl diese sich aktuell Sorgen um den gesundheitlichen Zustand der 94-jährigen Ururgroßmutter macht, da Letztere zwischenzeitlich pflegebedürftig geworden ist. Menschen durchleben also nicht nur mehrere Generationen, sie erleben im Laufe ihres Lebens auch mehrere Generationen. Diese Tatsache ist ein weiterer Grund (kommunal-) politisch in Generationendimensionen zu denken, zu planen und zu handeln, zumal Generationen auch immer wieder Verantwortung füreinander übernehmen, insbesondere im familiären Verband. Generationen werden in Zukunft daher wieder enger zusammenrücken. Die Familien werden aber anders aussehen als bisher. Der Familienbegriff wird immer mehr als eine Folge von miteinander verbundenen Generationen begriffen. „Generationenbeziehungen", das weiß auch Zukunftsforscher Horst W. Opaschowski, „werden wichtiger als Partnerbeziehungen".

Das Bild der Großfamilie, die drei verwandtschaftlich verbundene Generationen unter einem Dach miteinander verbindet, bleibt zwar nostalgisch in vielen Köpfen verankert, hat sich aber weder in die Gegenwart hinein verlängert, noch wird es ein Prototyp für die Zukunft sein. So prognostizierte das Statistische Bundesamt für 2010 rund 40 Millionen Haushalte. Von denen werden aber schon 39,4 Prozent nur von einer Person bewohnt. Durchschnittlich leben 2,05 Personen in einem Haushalt. 15 Jahre später – 2025 – werden wir 40,5 Millionen Haushalte zählen, allerdings sind dann schon 41,2 Prozent nur noch von einer Person bewohnt. Die durchschnittliche Haushaltsgröße wird dann nur noch bei 1,95 liegen. Die Herausforderung dieses Trends liegt in der Entwicklung eines neuen Generationenpaktes, „die gelebte Solidarität zwischen den Generationen". Schon im Oktober 2007 sah Bundeskanzlerin Angela Merkel die Notwendigkeit eines „Bündnisses der Generationen". Doch davon ist noch nicht viel in praktische Politik gegossen worden. Umfragen belegen nach wie vor ein gutes Miteinander der Generationen, auch wenn es mittlerweile in Deutschland die erste privat organisierte Siedlung im Emsland gibt, wo Menschen unter 16 Jahren nicht hinziehen dürfen.

Mobilitätsforderungen der Wirtschaft, Flexibilitätsanforderungen, die sich aus dem Tempo der gesellschaftlichen Veränderungen ergeben, und eine auf Selbstverwirklichung ausgerichtete Lebenseinstellung bedingen, dass Menschen zwar im familiären Verband miteinander verbunden bleiben (und sich auch so fühlen), aber das eigene Leben an unterschiedlichen Orten führen. Das dazugehörige Stichwort ist bereits genannt worden, „multilokale Großfamilie". Es bleibt eine weitere Differenzierung festzuhalten: Je gebildeter und qualifizierter die Menschen sind, umso entfernter sind die jeweiligen Wohnorte. Je bildungsferner und sozial schwächer, umso näher bleiben Familienangehörige auch örtlich miteinander verbunden. Gültig bleibt aber auch die Aussage: Wenn Familienangehörige krank werden oder in andere schwierige Lebenslagen geraten, dann hält die Familie in der Regel auch fest zueinander und stützt. („Blut ist dicker als Wasser.")

Je älter man wird, umso wichtiger wird also die nachwachsende Generation. Doch wie wird es denen ergehen, die kinderlos sind, sich also im Alter nicht mehr auf familiäre Bande verlassen können? Ziel dieser Menschen muss es sein, so früh wie möglich andere soziale Netze zu knüpfen, die sich auch im Alter als tragfähig erweisen können. Dies können familienähnliche Strukturen sein, wie es sogenannte Mehrgenerationenhäuser oder Wohngemeinschaften von Singles oder betreute Wohnstrukturen letztlich alle anstreben. Es können aber auch weitere, von Solidarität und gegenseitiger Unterstützung geprägte Netze sein: Selbsthilfegruppen oder Freundeskreise. Gerade kinderlose Menschen bewegen sich häufig in Kreisen kinderloser Erwachsener, die somit alle die gleichen Herausforderungen im Alter zu meistern haben. Sie erleben das gemeinsame Älterwerden, zum Teil mit wechselnden Partnern, aber in Gemeinschaft mit einer festen Freundesclique.

Davon sind ebenfalls Menschen betroffen, die allein leben und deren Familienangehörige (zumeist in geringer Zahl) weit weg wohnen, sodass der Lebensalltag in keiner Weise geteilt werden kann. Auch sie sind auf soziale Netze angewiesen, die sie im Alter begleiten. Das Robert-Koch-Institut schätzt, dass 30 Prozent der über 75-Jährigen nicht mehr alleine klarkommen, sieben von zehn Pflegebedürftigen noch allein zu Hause wohnen. Inge Mette, Spezialistin für gerontologische Wohnforschung, hat vier Wohnwünsche alter Menschen identifiziert, die es – in dieser Reihenfolge – zukünftig zu beachten gilt:

- „Ich möchte dort wohnen bleiben, wo ich bisher wohne."
- „Wenn das nicht mehr geht, möchte ich in die Nähe der Kinder ziehen."
- „Wenn das nicht mehr geht, möchte ich zumindest in meinem Stadtteil bleiben."
- „Ich möchte vom Land in die Stadt ziehen, weil da besser für mich gesorgt werden kann und ich mehr Möglichkeiten habe, wenn mein Bewegungsraum eingeschränkt wird."

Eine Umzugsbereitschaft wird heute noch bei Menschen mit 70 Jahren wahrgenommen. Hinzu kommt, dass die meisten Wohnungen heute nicht generationengerecht gestaltet sind. Hier ist in den letzten Jahren ein riesiger Investitionsstau entstanden.

(Kommunale) Generationenpolitik sollte diese zentralen Bedürfnisse und die daraus folgenden Handlungsempfehlungen, insbesondere den Wohnungsbau und die Engagementförderung betreffend, unterstützend sehen und begleiten. Dies kann vor Ort auch deshalb gelingen, wenn für diese Entwicklungen eine kommunikative Transparenz geschaffen wird.

Wichtig ist die Diskussion auf kommunaler Ebene auch deshalb, weil der gesamtgesellschaftliche Generationenvertrag, der sich im Rentensystem widerspiegelt, nicht mehr finanzierbar und damit tragfähig ist. Auch diese Herausforderung bedarf einer gesamtgesellschaftlichen generationenübergreifenden Diskussion, die unabhängig davon ist, ob jemand Kinder erzieht oder nicht. Gleichwohl wird dabei ein gerechterer Ausgleich zwischen jenen, die Kinder erziehen und jenen, die keine Kinder erziehen, gefunden werden müssen. Insgesamt sind auch deshalb die Weichen auf ein verstärktes Miteinander der Generationen gestellt. Dies scheint den handelnden Akteuren nicht bewusst zu sein, denn sonst könnte das Rentengarantiegesetz nicht entstanden sein. Das sagt auch der frühere Bundesarbeitsminister Walter Riester: „Die Rentengarantie war in der Sache falsch." Gäbe es einen Generationenvertrag, so müssten ihn die unter 40-Jährigen jetzt kündigen. Bernd Raffelhüschen, Mitautor der zitierten Generationenbilanz, formuliert es noch drastischer: „Der Deich ist so durchlöchert, dass ihn die Flut der Transferempfänger in wenigen Jahrzehnten durchbrechen wird. Dann gnade uns Gott."

Diese Alarmrhetorik mag sehr pessimistisch klingen, sie sollte aber dem Ziel dienen, ein gesellschaftliches Klima zu erzeugen, das verstärkend dahingehend wirkt, eine nachhaltige Generationenpolitik zu konzipieren und umzusetzen.

Die Chance einer erfolgreichen Etablierung der (kommunalen) Generationenpolitik ist groß, denn der Prozess der zukunftsorientierten Auseinandersetzung mit den Folgen des demografischen Wandels für Kommunen und Regionen bietet dazu einen innovativ gestimmten Rahmen. Es bedarf der Verbündeten, denn niemand wird dies allein stemmen können. Sie gilt es zu suchen, zu finden und zu gewinnen. Wenn zum Beispiel ländliche Gemeinden es schaffen, Kinder und Jugendliche früh im Dorfleben zu verankern, die Dörfer also in generationengerechter Verantwortung zu prägen verstehen, dann werden diese Menschen als Erwachsene auch eher wieder zurückkehren.

Fazit: Wir brauchen ein neues Politikfeld: Generationenpolitik. Wir brauchen ein neues Denken, das den Interessenausgleich der Generationen in den Mittelpunkt stellt.

Doch auch dann bleibt einiges zu tun, denn eine (kommunale) Generationenpolitik allein wird nicht für den notwendigen (kommunal-) politischen Wandel sorgen, der Zukunft aktiv gestalten wird. Parallel dazu wird eine (kommunale) Engagementpolitik nötig werden. Das vielfältige Engagement der Menschen muss nachhaltig gefördert, gewürdigt und qualifiziert werden. Ferner gilt es die noch schlummernden Engagementpotenziale in allen Generationen zu wecken und zu schöpfen.

2. Engagementpolitik

Wer die Herausforderungen des „Weniger, Bunter und Älter" im Rahmen des demografischen Wandlungsprozesses gestalten möchte, der wird dies nicht ohne eine aktive Beteiligung der Menschen leisten können – nirgendwo in Deutschland. Denn die Auswirkungen werden Veränderungen des bisher Selbstverständlichen mit sich bringen. Dafür braucht die Politik aber auch das Zutrauen sowie das Vertrauen der Menschen. Es wird eine Stadtentwicklungspolitik erforderlich, die noch mehr auf Partizipation, soziale Integration und Identifikation der Bewohner mit ihrer Stadt und ihrem Stadtteil setzt. Dabei werden auch Wege wichtig, die die sozial Schwachen unserer Gesellschaft erreichen. Kann die stets wachsende Schar der enkellosen Ruheständler dafür gewonnen werden?

Die Politik begreift das freiwillige Engagement häufig als „billigen Jakob", um bisher öffentliche Dienstleistungen nicht mehr finanzieren zu müssen, gleichwohl erhalten zu können. Menschen wollen sich hingegen gern engagieren, dies aber inhaltlich selbst bestimmen. Deshalb ist es Aufgabe der Politik, die Rahmenbedingungen so zu setzen, dass möglichst viele Menschen ihrem Wunsch, sich freiwillig für die Gesellschaft zu engagieren, auch nachkommen können. Bei den Herausforderungen des demografischen Wandels wird jeder Bürger gebraucht. Dank des Freiwilligensurvey 2009, dessen Daten erst im November 2010 in Gänze veröffentlicht wurden, verfügen wir über jede Menge Informationen, wie Engagementpolitik auf allen politischen Ebenen, insbesondere aber in der Kommune, erfolgreich sein kann – und das auch im Zeitvergleich, denn zwei weitere Freiwilligensurveys wurden bereits 1999 und 2004 durchgeführt.

Diese lange wissenschaftliche Beobachtung belegt, dass „das freiwillige Engagement der Bürgerinnen und Bürger eine verlässliche Größe der gesellschaftlichen Agenda darstellt, mit einem über die gesamte Dekade positiven qualitativen Trend" – so lesen wir es im „Monitor Engagement", einem Kurzbericht zum 3. Freiwilligensurvey der Bundesregierung. Eine weitere eindrucksvolle Entwicklung ist, dass sich immer mehr gegenwärtig nicht engagierte Menschen grundsätzlich vorstellen können, sich freiwillig zu engagieren. Waren es 1999 erst 26 Prozent, so sind es 2009 bereits 37 Prozent. Genau betrachtet waren 36 Prozent der Bevölkerung ab 14 Jahre in Deutschland freiwillig engagiert, 26 Prozent zeigten sich „eventuell bereit" und 11 Prozent „bestimmt bereit". 27 Prozent hingegen waren weder engagiert noch konnten sie überhaupt für ein freiwilliges Engagement gewonnen werden (1999: 40 Prozent; 2004: 32 Prozent).

Doch diese Zahlen sind nicht fix. Allein der intensive Austausch zwischen der Gesellschaft und ihrer Umwelt sowie biografische Ereignisse auf der individuellen Ebene führen immer wieder dazu, dass Engagierte aus persönlichen oder beruflichen Gründen sowie wegen regionaler Mobilität ihre Tätigkeit beenden. Eine kommunale Engagementpolitik zielt daher darauf ab,

1. das Engagement derjenigen, die sich freiwillig engagieren, zu würdigen, anzuerkennen, zu fördern und zu entwickeln (dies wird ohne eine hauptamtliche Koordinations- und Anlaufstelle nur bedingt funktionieren),
2. das Engagement der „Bereiten" zu wecken, es in allen Facetten, die gewünscht werden, zu fördern und anzuerkennen (das bedarf der professionellen Unterstützung),
3. das Engagement derjenigen, die aus persönlichen oder beruflichen Gründen zeitweise „aussetzen", nachhaltig anzuerkennen, um den jederzeitigen Wiedereinstieg zu erleichtern und
4. eine stete wertschätzende Öffentlichkeitsarbeit zu leisten, um den Wert des Engagements und der Engagierten in aller Munde zu halten.

Eine gezielte Ansprache derjenigen, die sich nicht für ein freiwilliges Engagement erwärmen können, ist verpuffte Energie. Eine erfolgreiche Ansprache der anderen gelingt dann, wenn die oben genannten vier Politikansätze umgesetzt werden. Überhaupt gilt die Erkenntnis des „Monitors Engagement": „Freiwilliges Engagement kann nicht verordnet werden: Menschen suchen sich je nach Motiv- und Interessenlage ihre Tätigkeiten. Vereine, Organisationen und Institutionen agieren zunehmend auch als mehr oder weniger attraktive Anbieter auf dem Markt der Engagementmöglichkeiten."

Insgesamt kann aber festgehalten werden, dass seit der Durchführung des „Internationalen Jahres der Freiwilligen" (2001) durchweg eine größere Aufmerksamkeit und eine besondere Sensibilität für dieses Thema vorhanden ist. Weitere Rahmenbedingungen haben darüber hinaus eine verstärkte Berücksichtigung des freiwilligen Engagements in vielen Politikbereichen gefördert. Dazu zählen zum Beispiel:

■ das gesellschaftliche Image der freiwillig Engagierten hat sich nachhaltig verbessert;

- die versicherungstechnischen und steuerlichen Rahmenbedingungen sind endlich nachhaltig zur Diskussion gestellt und verbessert worden;
- die Krise der öffentlichen Kassen auf allen politischen Ebenen hat das Verantwortungsbewusstsein vieler Bürger und somit ihre Bereitschaft zum freiwilligen Engagement gestärkt;
- die demografische Entwicklung sowie die Entwicklung auf dem Arbeitsmarkt bringen es mit sich, dass immer mehr ältere, gleichwohl sehr vitale Menschen in den Ruhestand treten und Interesse sowie Freude an einem freiwilligen Engagement haben.
- Politik und Verbände trauen den freiwillig Engagierten deutlich mehr Verantwortung zu, sodass das Engagement auch mehr Spaß macht.

Doch die Förderung des freiwilligen Engagements wurde auch strukturell verankert. Die vielfältigen Engagementformen und -initiativen haben 2002 ein bundesweit agierendes Dach erhalten: das Bundesnetzwerk Bürgerschaftliches Engagement (BBE). 230 Organisationen und Einzelpersonen sind zwischenzeitlich Mitglied geworden. Das Spektrum der Mitglieder des Netzwerks reicht von Kirchen und Religionsgemeinschaften über die großen Verbände und Trägerorganisationen aus den Bereichen freie Wohlfahrtspflege, Kultur, Sport und Umweltschutz, zivilgesellschaftliche Akteure der Freiwilligenarbeit und Selbsthilfe, Stiftungen, Wissenschaftsinstitute bis hin zu Wirtschaftsunternehmen und Gewerkschaften sowie Vertretern von Bund und Ländern.

Das Thema Demografie stand beim BBE erstmals am 28. März 2007 auf der Tagesordnung. Heute ist dieser gesellschaftliche Veränderungsprozess ein fester Bestandteil der BBE-Aktivitäten: Seniorenbüros, intergenerationelles Lernen, Wohnen im Alter, Engagement im ländlichen Raum oder ein Ideenpool für ältere Menschen sind die dort diskutierten Themen. Auch der „Monitor Engagement" greift den demografischen Wandel auf: „Der demografiebedingte Mangel an jungen Menschen und der Zustrom älterer Menschen in den Freiwilligensektor können zu Ungleichgewichten führen, da ältere Freiwillige oft andere Themen besetzen als jüngere."

Lücken im Sport, bei der Freiwilligen Feuerwehr oder den Rettungsdiensten können nur bedingt von älteren Menschen geschlossen werden.

Ebenfalls hat die Politik an diesem Thema festgehalten. So ist im Deutschen Bundestag auch nach der letzten Bundestagswahl im September 2009 wieder ein Unterausschuss „Bürgerschaftliches Engagement" eingerichtet worden, der diesem Thema intensiv Aufmerksamkeit schenken will. Sein Vorsitzender, der CDU/CSU-Abgeordnete Markus Grübel, beschreibt dessen Arbeit: „Die Mitglieder des Unterausschusses befassen sich mit laufenden Gesetzesvorhaben und Initiativen, die bürgerschaftliches Engagement betreffen, und arbeiten an der weiteren Umsetzung der Handlungsempfehlungen der Enquete-Kommission ‚Zukunft des bürgerschaftlichen Engagement'. Darüber hinaus wirken die Abgeordneten – im Dialog mit Akteuren der Zivilgesellschaft – an der Fortentwicklung der Engagementpolitik des Bundes und an der Entwicklung einer ressortübergreifenden engagementpolitischen Strategie des Bundes mit. Sie beschäftigen sich auch besonders mit der Frage, welche Rolle bürgerschaftliches Engagement bei den Herausforderungen des demografischen Wandels und beim Thema Integration spielen kann."

Mit dem „Europäischen Jahr der Freiwilligentätigkeit" ist diesem Themenkomplex 2011 erneut hohe mediale Aufmerksamkeit gewiss.

Für die meisten (Kommunal-) Politiker steht noch immer das Ehrenamt oben an, wenn sie von Bürgern sprechen, die sich für andere Bürger engagieren. Aus dieser Gedankenwelt kommen sie, diese Gedankenwelt kennen sie. Dass sich die Rahmenbedingungen für das Engagement von Menschen nachhaltig geändert haben, wird meist nur mit bedauerndem Ton zur Kenntnis genommen. „Es ist doch schade, dass sich keiner mehr engagieren will", heißt es dann. Und dass es auch nicht mehr so wie früher sei. Dass die Menschen nach wie vor zum Engagement bereit sind, dies aber in anderen Formen und in anderen Strukturen umsetzen möchten, ist bei den meisten (kommunalpolitischen) Akteuren noch nicht angekommen. Mit anderen Worten: Die Chancen werden nicht erkannt. Das belegt auch eine Studie des Sozialwissenschaftlichen Instituts der Evangelischen Kirche Deutschlands (EKD) aus dem Jahre 2008. 30 Prozent der 70-Jährigen und Älteren betonen, dass sie sich gern bürgerschaftlich engagieren würden, aber ihr Potenzial nicht abgerufen werde. Der Senior wird noch immer eher als kirchliches Betreuungsobjekt gesehen.

Diese neuen Chancen der älter werdenden Gesellschaft sind aber klar zu greifen, wenn die Entwicklungen im freiwilligen Engagement nüchtern analysiert werden. Walter Bender hat es im Rahmen seines Forschungsprojektes für das Erzbistum Bamberg bereits 2001 griffig auf einige Formeln gebracht, die aus seiner Sicht den Weg vom traditionellen zum neuen Ehrenamt ebnen und wohl noch heute zutreffen:

■ Von der Verpflichtung zur selbst gewählten, sinnvollen Aufgabe,
■ vom „Hilfsdiener" zum gleichwertigen „eigennützigen" Engagement,
■ vom Dienst am anderen zum „eigennützigen" Engagement,
■ vom einsamen Samariterdienst zum sozialen Erlebnis,
■ von der einfachen zur anspruchsvollen, qualifizierten Tätigkeit,
■ vom ausführenden Hilfsorgan zum gestaltenden Ehrenamt,
■ von der Verbandsaufgabe zur biografischen Passung,
■ von der Dauerverpflichtung zum zeitbegrenzten Projekt.

Daher darf es nicht wundern, wenn die Forscher mitteilen, dass sich der größte Teil der Zunahme freiwilliger Tätigkeiten auf kurzfristiges und projektbezogenes Engagement zurückführen lässt.

Das scheint die Rahmenbedingungen für das Engagement für immer mehr Menschen widerzuspiegeln. Und es erklärt wohl auch die großen Unterschiede bei den Zahlen im Hinblick auf das Engagement in der Bevölkerung in den verschiedenen Studien, die immer wieder veröffentlicht werden. Dennoch sollten diese Erkenntnisse genutzt werden, um auch das Ehrenamt wieder attraktiver zu machen. Dies scheint auch gelungen zu sein, denn der Freiwilligensurvey 2009 belegt folgende Verteilung des Selbstverständnisses engagierter Menschen: 42 Prozent sehen ihr Engagement als „Freiwilligenarbeit", 35 Prozent als „Ehrenamt", 9 Prozent als „bürgerschaftliches Engagement", 8 Prozent als „Initiativen-/Projektarbeit" und 6 Prozent nannten andere Bezeichnungen.

Von welcher Form des freiwilligen Engagements geht man aus, wonach wird gefragt? Die Begrifflichkeiten sind in der Tat sehr vielfältig. Sie reichen vom klassischen Ehrenamt in der traditionell bekannten Form über das Engagement in und für Selbsthilfegruppen bis hin zu dem punktuellen Engagement in Bürgerinitiativen und Projektgruppen und dem freiwilligen Engagement in zeitlich und strukturell überschaubarem Rahmen. Der Begriff „bürgerschaftliches Engagement", wie ihn vor allem die Politik immer wieder gern verwendet, ist im Allgemeinen kein Begriff des Freiwilligenalltags. Das belegt auch der aktuelle Freiwilligensurvey, wonach gerade 9 Prozent der Freiwilligen ihr Engagement als „bürgerschaftliches Engagement" begreifen.

Welchen Begriff wir auch immer wählen mögen, die wesentlichen Kriterien bleiben doch gleich oder sehr ähnlich. Gemeint ist eine Tätigkeit, die

- freiwillig,
- nicht auf materiellen Gewinn gerichtet sowie
- gemeinwohlorientiert ist, dabei aber auch
- öffentlich bzw. im öffentlichen Raum stattfindet und
- in der Regel gemeinschaftlich bzw. kooperativ ausgeübt wird.

In diesem Buch wird der Begriff „freiwilliges Engagement" bevorzugt, weil er deutlicher macht, was das wesentliche Kennzeichen des Engagements in einer Gesellschaft ist: Freiwilligkeit. Zumal freiwilliges Engagement häufig ganz unpolitisch, nämlich einfach Teil der Gemeinschaftsaktivität im persönlichen Lebensumfeld der Betroffenen ist. Darunter verstehen wir hier also alle freiwilligen Engagementformen der Bürger für die Organisation von Gemeinschaftsaktivitäten sowie das politische, soziale und gesundheitliche Engagement.

Der Freiwilligensurvey 2009 fragte im Auftrag des Bundesministeriums für Familie, Senioren, Frauen und Jugend (BMFSFJ) telefonisch rund 20.000 zufällig ausgewählte Menschen ab 14 Jahre nach ihrem freiwilligen Engagement. Dabei zeigte sich, dass 35 Prozent der 14- bis 24-Jährigen sich freiwillig engagieren. Ein Trend zeichnet sich allerdings ab: Schüler an Ganztagsschulen und am achtjährigen Gymnasium sind hinsichtlich ihres Engagements weniger aktiv. Das weist auf ein schwieriges Zeitmanagement in dieser Lebensphase hin, das sich noch verstärken dürfte. Hinzu kommt ein Typus einseitig medienorientierter Jugendlicher (ca. ein Drittel dieser Altersgruppe), bei denen die Dominanz der elektronischen und virtuellen Tätigkeiten auf Kosten sozialer Kontakte, vor allem aber des Lesens, anderer kreativer Tätigkeiten und des freiwilligen Engagements geht. Wenn junge Menschen sich freiwillig engagieren, erheben sie oft den Anspruch, dass ihre Tätigkeit ein Qualifikationsangebot enthält, das ihnen unter Umständen auch beruflich Vorteile bringen kann. Engagementpolitik sollte diese Erkenntnisse aktiv aufgreifen.

Deutlich verändert hat sich das Engagement älterer Menschen: Engagierten sich von den über 65-Jährigen 1999 erst 23 Prozent, so waren es 25 Prozent im Jahr 2004 und bereits 28 Prozent im Jahr 2009. Besonders eindrucksvoll, so der „Monitor Engagement", erscheine das Engagement der Menschen im Alter von 60 bis 69 Jahren: Es ist von 31 Prozent (1999) auf 37 Prozent (2009) gestiegen. Es bleibt insgesamt festzuhalten, dass sich die Grenze, bis zu der sich ältere Menschen noch recht aktiv in die Gesellschaft einbringen, in Richtung des Alters von etwa 75 Jahren hinausgeschoben hat. Eine europäische Erhebung zu Gesundheit und Ruhestand in Europa belegt, dass sich nahezu drei Viertel der Europäer, die auf das Rentenalter zugehen, vorstellen können, im Ruhestand eine gemeinnützige oder ehrenamtliche Tätigkeit auszuüben. Tatsächlich umgesetzt wird dies zurzeit jedoch noch nicht einmal von der Hälfte der Rentner. Wie stellt man sich auf dieses Potenzial politisch-strukturell ein? Übrigens: Auch bei den 30- bis 49-Jährigen stieg das Engagement um ca. 3 Prozent an. Festzuhalten ist auch, dass noch immer mehr Männer (40 Prozent) als Frauen (32 Prozent) freiwillig engagiert sind. Bei den 40- bis 44-Jährigen gleicht sich dies übrigens einmal an (43 Prozent).

Die wichtigsten Gründe für das vielfältige Engagement seien – so das Meinungsforschungsinstitut TNS Infratest Sozialforschung – das Bedürfnis, die Gesellschaft wenigstens im Kleinen mitzugestalten, und die Suche nach Gemeinschaft mit anderen. Diese Entwicklung wird sich verstärken, prophezeit Horst W. Opaschowski: „Im Jahr 2030 wird die Mehrheit (53 Prozent) der über 60-Jährigen nicht verheiratet, sondern ledig, verwitwet oder geschieden sein. Die meisten leben in Ein-Personen-Haushalten und sind dann, wenn sie kinder- und enkellos bleiben, auf den Auf- und Ausbau einer professionellen Infrastruktur von Hilfe- und Pflegeleistungen angewiesen."[26]

---

26 Opaschowski, Horst W.: Der Generationenpakt. Das soziale Netz der Zukunft. Darmstadt 2004, Seite 197.

Das Gegenseitigkeitsprinzip könnte zu einer neuen Norm für soziale Netze werden. Daher wird ein Ziel einer kommunalen Engagementpolitik die Stärkung sozialer Netzwerke sein, die familienähnliche Funktionen mit übernehmen können.

Interessant ist das Potenzial, das noch „unerschlossen" ist. Denn der Freiwilligensurvey 2009 belegt, dass 37 Prozent der Bevölkerung angeben, „eventuell bereit" bzw. „bestimmt bereit" für ein freiwilliges Engagement zu sein. Auch dies kann eine lohnenswerte Aufgabe einer lokalen Engagementpolitik sein, zumal sich bundesweit das Klima für gesellschaftliches Engagement von Menschen nachhaltig verbessert hat.

Das gilt es auch zur Gestaltung der Herausforderungen des demografischen Wandels zu nutzen. Die politischen Akteure auf der Bundesebene haben sich effektiv und effizient mit diesem Thema auseinandergesetzt und in Bund-Länder-Gremien für eine Umsetzung in den politischen Strukturen gesorgt. Der Freiwilligensurvey 2009 belegt erneut eine echte Belebung der Engagementbereitschaft, insgesamt aber ein stabiles und sich weiterentwickelndes Freiwilligenpotenzial. Viele Akteure haben dieses Thema aufgegriffen und – verbandsbezogen sowie verbandsintern – für neue und verbesserte Rahmenbedingungen gesorgt. Da könnte sich der (Kommunal-) Politiker vor Ort zurücklehnen und fragen, was denn da noch zu tun bleibe, zumal sich ja bereits vieles getan habe.

Die Dorf-Forscherin und Soziologin Claudia Neu hat herausgefunden, dass in erfolgreichen Orten Sportvereine und Freiwillige Feuerwehren das Leben prägen. Sie weiß aber auch: „Es braucht dafür Zugpferde." Menschen, die etwas für eine Gesellschaft leisten, müssen auch gehegt und gepflegt werden. Und dies geschieht hauptsächlich vor Ort. Kommunale Aufgabe bleibt es, eine Anerkennungskultur zu entwickeln und zu pflegen, die nachhaltig für ein positives Klima des Engagements sorgt. Denn schließlich sollte bedacht werden, dass Menschen, die sich in einer Gesellschaft freiwillig engagieren, der Gesellschaft auch etwas schenken. Sie kosten nicht nur, sie erbringen auch etwas. Dies ist in Zeiten knapper Haushaltskassen besonders zu berücksichtigen, denn wer in die freiwilligen Leistungen von Menschen investiert, der wird auch Werte schöpfen. Das ist aus mehreren Gründen positiv für eine Gemeinschaft:

1. Freiwillige Leistungen ergänzen oder ersetzen (kommunale) Angebote bzw. gleichen Defizite aus. Das trägt in der Regel zur Verbesserung der Situation (vor Ort) bei.
2. Es werden soziale Kontakte geschaffen, sodass Begegnung stattfindet. Das wiederum wirkt Trends der Individualisierung und Vereinsamung entgegen. Auch werden alte, kranke, sozial schwache oder junge Menschen betreut und menschlich in ihrem Leben begleitet.
3. Das Engagement befriedigt die Tätigen selbst, weil es ihren Neigungen und Motiven (= inneren Beweggründen) entgegenkommt. Sie erfahren Erfüllung und Zufriedenheit, die sie auch in andere Lebensbereiche positiv ausstrahlen.
4. Soziales Engagement wird vorgelebt und soziale Kompetenzen werden vermittelt.
5. Die „erlernte Kompetenz" (hauptamtliche Kräfte) wird durch eine „erlebte Kompetenz" (freiwillige Kräfte) bereichert.
6. Der freiwillige Einsatz von Menschen spart der Gemeinschaft viel Geld.

Daraus folgt für die (Kommunal-) Politik, dass das freiwillige Engagement so gestaltet werden muss, dass die Rahmenbedingungen motivieren statt demotivieren. Dazu – das ist die Aufgabe und Herausforderung – müssen alle Akteure in Politik und Gesellschaft beitragen. Nicht wenige Unternehmen unterstützen diesen Ansatz, so zum Beispiel der Volkswagen-Konzern mit seiner Initiative „Pro Ehrenamt". Es handelt sich dabei um eine Anlaufstelle für ehemalige und aktive Mitarbeiter, die einer freiwilligen Tätigkeit nachgehen wollen, und für Organisationen, die freiwillige Helfer suchen.

Ziel sollte es daher sein, vor allem für eine ausreichend dichte, auf kommunaler Ebene angesiedelte Infrastruktur von Informations- und Kontaktstellen für freiwilliges Engagement zu sorgen. Denn Information und Beratung gehört noch immer zu den wichtigen Forderungen der Freiwilligen, belegt der Freiwilligensurvey. Die Attraktivität des freiwilligen Engagements wird durch Weiterbildungsmöglichkeiten (= Personalentwicklung), durch gelebte Wertvorstellungen sowie ein verändertes Verhältnis von Hauptamtlichen und Freiwilligen wesentlich beeinflusst.

Adrian Reinert, ehemaliger Geschäftsführer der Stiftung Mitarbeit, formuliert als Folge aus diesen Erkenntnissen zehn konkrete Handlungsmöglichkeiten in der jeweiligen Kommune, um das Engagement auch im Blick auf den demografischen Wandel nachhaltig zu fördern:

- engagementfördernde Infrastruktur aufbauen, entwickeln und sichern
- Bürgerorientierung als Querschnittsaufgabe in Politik und Verwaltung begreifen
- stadtteilbezogene Initiativen verstärkt aufgreifen und fördern
- zielgruppenspezifische Anspracheformen entwickeln und aktiv nutzen
- Engagement älterer Menschen aktiv stärken und nutzen
- bewussten Umgang mit Freiwilligen pflegen
- Anerkennungskultur entwickeln und pflegen
- differenzierte und zeitlich abgestufte Angebote entwickeln
- Prinzip der Mitverantwortlichkeit aktiv und glaubwürdig leben
- aktivierende Bürgerbeteiligung in der Kommunalpolitik als Zielvision anstreben.

Fazit: Engagementpolitik wird zu einem wichtigen Eckpfeiler einer zukunftsorientierten Gestaltung des demografischen Wandels.

3. Gesundheits- und Pflegepolitik

Insbesondere ältere Menschen lernen eine gute Gesundheit zu schätzen, denn sie haben bereits mehrfach Erfahrungen mit einer Erkrankung machen müssen – entweder bei sich selbst und/oder bei einem nahestehenden Betroffenen. Junge Menschen quittieren nicht selten den Wunsch eines älteren Verwandten, der einem eine „gute Gesundheit" wünscht, weil dies ja „das Wichtigste" sei, mit einem Lächeln. Denn für sie, die Jüngeren ist eine gute Gesundheit in der Regel selbstverständlicher Alltagsbestandteil, über den man sich keine großen Gedanken machen muss.

Die mit dem demografischen Wandel einhergehenden tief greifenden und nachhaltig wirkenden gesellschaftlichen Veränderungen beeinflussen jedes Politikfeld. Kein Handlungsfeld ist dabei von größerer, da unmittelbarer Bedeutung als das der Gesundheitspolitik. Gleichwohl wird dieser Zusammenhang noch immer eher wenig gesehen und entsprechend bewertet. Keine Branche hat mehr Kunden: 81,7 Millionen Menschen. Das entspricht dem geschätzten Einwohnerstand der Bundesrepublik Deutschland Ende 2010. Keine Branche wird in Zukunft mehr gebraucht, denn Gesundheit ist vor allem ein Gut, das im Alter notwendiger wird. Je älter wir werden, umso höher ist der Aufwand, mit dem sich das medizinische System um uns kümmert. Dies belegt auch eine Untersuchung des Statistischen Bundesamtes aus dem Jahr 2008.

Danach belaufen sich die Krankheitskosten pro Einwohner über alle Altersgruppen im Jahr durchschnittlich auf 2870 Euro. Statistisch liegen die unter 65-Jährigen unter diesem Durchschnittssatz, während ab dem 65. Lebensjahr diese Kosten deutlich ansteigen. Von den rund 170 Milliarden Euro, die die gesetzlichen Krankenkassen daher jährlich ausgeben, wird schon heute der größte Ausgabeposten für die Behandlung von Menschen über 65 Jahre fällig. Glaubt man den Berechnungen der AOK Rheinland/Hamburg, so werden, laut dem Vorstandsvorsitzenden Wilfried Jacobs, diese 170 Milliarden Euro 2040 nur für altersbedingte Erkrankungen ausgegeben werden müssen. Dass diese Entwicklung so kommen wird, belegt ein Blick in die Altersstatistik.

Leben heute rund 20 Millionen Menschen in Deutschland, die älter als 60 Jahre sind, so werden es 2030 bereits 28 Millionen Menschen sein. Eine Steigerung um 40 Prozent. Gleichzeitig wird die Zahl der Kinder und Jugendlichen unter 20 Jahren, bei einer unterstellten konstanten Geburtenrate von 1,4 Kindern pro Frau im gebärfähigen Alter, um 20 Prozent sinken. 2060 wird jeder dritte Bundesbürger älter als 65 Jahre sein.

Um die tief gehenden und ebenso tief wirkenden Folgen dieser demografischen Veränderung noch spürbarer zu machen, sei ein Beispiel aus dem Operationsalltag genommen: Bluttransfusion. Wenn es immer weniger junge Menschen und immer mehr ältere Menschen gibt, dann werden auch immer weniger Menschen zur Verfügung stehen, die Blut spenden, gleichzeitig werden aber immer mehr Menschen operiert werden müssen, die wiederum Blut brauchen. Nach einer Studie der Universität Greifswald fehlten schon 2010 in Mecklenburg-Vorpommern bis zu 35 Prozent der benötigten Blutkonserven. Dieser Trend wird sich in den anderen Teilen Deutschlands mit einer zehnjährigen Verzögerung ebenfalls einstellen.

Andreas Greinacher, Transfusionsmediziner an der Universität Greifswald, stellte die Ergebnisse dieser Studie im September 2008 auf der Jahrestagung Europäischer Transfusionsmediziner in Düsseldorf vor. „Wir haben jetzt zehn bis 15 Jahre Zeit, um zu reagieren", sagt er. Eine Maßnahme sei, die Altersbegrenzung bei der Blutspende von derzeit 68 Jahren aufzuheben oder zumindest heraufzusetzen. Eine andere Maßnahme sei es, durch entsprechende Bewusstseinskampagnen die Blutspendebereitschaft nachhaltig zu erhöhen. Friedrich-Ernst Düppe, Sprecher des DRK-Blutspendedienstes, sagt dazu: „Wir erreichen nur knapp drei Prozent der Bevölkerung. Fünf bis sechs wären nötig, um die Versorgung sicherzustellen."[27]

Natürlich könne der medizinische Fortschritt helfen. Einerseits mache die Blutgewinnung aus Stammzellen „beeindruckende Fortschritte", so Rüdiger Scharf, Direktor des Instituts für Transfusionsmedizin der Universität Greifswald, andererseits erfordere er immer mehr Blutkonserven. So habe sich zum Beispiel die Zahl der offenen Herzoperationen zwischen 1990 und 2002 mehr als verdoppelt. War 1990 noch 1 Prozent der Patienten bei Herzoperationen älter als 80 Jahre, so versechsfachte sich diese Zahl bis 2002. Tendenz weiter steigend.

Diese Entwicklung betrifft aber alle Krankheitsaspekte. Das Fritz-Beske-Institut aus Kiel legte im August 2009 in Berlin die Ergebnisse der „Morbiditätsprognose 2050" für ausgewählte Krankheiten für Deutschland, Brandenburg und Schleswig-Holstein vor. Das Institut geht davon aus, dass nicht nur die Zahl der Älteren zunimmt, sondern damit auch die Zahl der altersbedingten Erkrankungen. Die Auswahl der 22 Krankheiten orientiert sich an deren Häufigkeit und Schwere sowie an Art,

---

27 Die Zitate stammen aus dem Internetauftritt ‚süddeutsche.de' vom 17. September 2008.

Umfang und Validität der gewonnenen Daten und damit an der Möglichkeit, eigene Hochrechnungen mit belastbaren Ergebnissen durchzuführen. Unterstellt man einen ähnlichen Erkrankungsgrad bei den Menschen über 65 Jahre wie heute, so lassen sich folgende Hochrechnungen plausibel darstellen:

■ Altersbedingte Makuladegeneration: Zunahme der Erkrankten von 710.000 im Jahr 2007 auf 1,6 Millionen 2050 (+ 125 Prozent)
■ Diabetes mellitus: Zunahme der Erkrankten von 4,1 bis 6,4 Millionen 2007 auf 5,8 bis 7,8 Millionen 2050 (+ 20–22 Prozent)
■ Herzinfarkt: Zunahme der jährlichen Neuerkrankungen von 313.000 im Jahr 2007 auf 548.000 im Jahr 2050 (+ 75 Prozent)
■ Schlaganfall: Zunahme der jährlichen Neuerkrankungen von 186.000 im Jahr 2007 auf 301.000 im Jahr 2050 (+ 62 Prozent)
■ Krebs insgesamt: Zunahme der jährlichen Neuerkrankungen von 461.000 im Jahr 2007 auf 588.000 im Jahr 2050 (+ 27 Prozent)
■ Demenz: Zunahme der Erkrankten von 1,1 Millionen 2007 auf 2,2 Millionen 2050 (+ 104 Prozent). Zunahme der jährlichen Neuerkrankungen von 290.000 im Jahr 2007 auf 610.000 im Jahr 2050 (+ 113 Prozent)

Diese Liste ließe sich entsprechend erweitern. Sie belegt deutlich, dass etwas getan werden muss. Fritz Beske identifiziert den nächsten Schritt: „Von entscheidender Bedeutung für Reformen ist als erster Schritt die öffentliche Anerkennung der auf die Gesundheitsversorgung zukommenden Probleme durch die Politik." Für ihn werden „Priorisierung und Rationierung" künftig die Methoden der Wahl sein.

Der Fokus muss schnell und wirksam von der Krankheitsbewältigung hin zur Gesundheitsprävention gehen – und das von Kindesbeinen an und ein Leben lang. (Damit ist der Blick im Übrigen auch zu anderen Handlungstrends gegeben: Demografie und Bildung: frühkindlich und ein Leben lang.)

Noch eine weitere Entwicklung gilt es hier zu betrachten. Denn das Thema Krankheit und Behinderung ist kein alleiniges Thema der älteren Generation. Auch in der heutigen Kinder- und Jugendgeneration beobachten wir eine deutliche Zunahme von (chronischen und psychischen) Erkrankungen. Dies belegt die über mehrere Jahre angelegte Untersuchung KiGGS des Robert-Koch-Instituts in Zusammenarbeit mit der Bundeszentrale zur gesundheitlichen Aufklärung. 17.641 Kinder und Jugendliche bis 17 Jahre wurden befragt bzw. untersucht. KiGGS liefert neben Informationen zur körperlichen und seelischen Gesundheit von Kindern und Jugendlichen auch Auskünfte zur sozialen Lage und Lebenssituation, zu gesundheitlich bedeutsamen Verhaltensweisen sowie zur Inanspruchnahme medizinischer Versorgungsangebote.

Im Folgenden wird – auf der Basis von KiGGS – für weitere Gesundheitsprobleme hochgerechnet, wie viele Kinder und Jugendliche in Deutschland von diesen betroffen sind, um die Größe der potenziellen Zielgruppen und den Umfang erforderlicher Maßnahmen einschätzen zu können:

- Bei 15 Prozent der 3- bis 17-Jährigen gibt es Hinweise auf psychische Probleme. In realen Zahlen: 1,8 Millionen Kinder und Jugendliche.
- 75 Prozent der Kinder und Jugendlichen wurden nicht ausreichend gestillt, geht man von einer durch die Nationale Stillkommission empfohlenen Stillzeit von sechs Monaten vollen Stillens aus. Das sind 10,7 Millionen Kinder und Jugendliche.
- Über 6 Prozent der 3- bis 17-Jährigen sind adipös, also etwa 750.000 Kinder und Jugendliche.
- 25 Prozent der 3- bis 10-Jährigen sind sportlich inaktiv. Dies entspricht 1,5 Millionen Kindern. Im Alter von 11 bis 17 Jahren sind 10 Prozent der Jungen und 20 Prozent der Mädchen sportlich nicht aktiv. Das entspricht ca. 300.000 Jungen und 600.000 Mädchen.
- 15 Prozent der 1- bis 17-Jährigen, etwa zwei Millionen Kinder und Jugendliche, erleiden pro Jahr mindestens eine behandlungsbedürftige Unfallverletzung.
- 20 Prozent der 11- bis 17-Jährigen rauchen. Das sind 1,2 Millionen Kinder und Jugendliche.
- 20 Prozent der 12- bis 17-Jährigen praktizieren exzessives Rauschtrinken. Dies entspricht etwa 1,1 Millionen Jugendlichen.
- 20 Prozent der 11- bis 17-Jährigen lassen Hinweise auf ein gestörtes Essverhalten erkennen. Betroffen sind 1,2 Millionen Kinder und Jugendliche.

- 17 Prozent der bis 17-Jährigen haben eine Allergie. Dies entspricht ca. 2,4 Millionen Kindern und Jugendlichen.
- Bei 5 Prozent der 3- bis 17-Jährigen, ca. 600.000 Kindern und Jugendlichen, wurde bereits ADS diagnostiziert.
- 25 Prozent der bis 17-Jährigen, sprich 3,6 Millionen Kinder und Jugendliche, putzen nur selten die Zähne.
- 19 Prozent der bis 5-Jährigen haben nur unvollständig an den Früherkennungsuntersuchungen teilgenommen. Dies entspricht ca. 800.000 Kindern und Jugendlichen.
- Etwa zwei Drittel der Jugendlichen zwischen 15 und 17 Jahren haben die Jugendgesundheitsuntersuchung nicht wahrgenommen. Dies entspricht ca. 1,8 Millionen Jugendlichen.

Auch aus diesen Zahlen spricht eine Botschaft: Eine nachhaltige Prävention ist dringend nötig – von Beginn an, ein Leben lang. Und die Handlungsebene ist stets die der Kommune. Doch die ist weder darauf vorbereitet noch dafür ausgestattet. Sie zeigt sich schon meist überfordert, wenn es darum geht, die richtigen Konsequenzen aus den Eingangsschuluntersuchungen zu ziehen, die regelmäßig Tagesordnungspunkt der Gesundheitsausschüsse sind. Aus den Daten von 36.000 Schuleingangsuntersuchungen aus den Jahren 2004 bis 2007 wissen wir, dass bei rund 40 Prozent der Kinder Auffälligkeiten festgestellt worden sind: Übergewicht, Sprachentwicklungsstörungen, seelische Probleme. Beide Quellen machen sehr deutlich, dass der Arbeitgeber künftig mehrere Gründe hat, den Arbeitsplatz „gesünder" zu gestalten. Und auch der Arbeitgeber ist zum Handeln aufgefordert, denn Gesundheitsprävention muss integraler Bestandteil des Arbeitsplatzes werden.

Wenn man bedenkt, dass heute etwa 9 Prozent aller Geburten Frühgeburten sind und der medizinische Fortschritt es schafft, diese Kinder am Leben zu erhalten – mit allen Folgen für die Kinder, die Eltern, die Gesellschaft sowie das Gesundheitssystem –, so wird deutlich, dass vor dem Hintergrund des demografischen Wandels jedes Kind wichtig ist und einer individuellen Förderung bedarf. Diese Kinder kommen nicht nur in Kindergärten und Schulen, sie werden später auch im Beruf gebraucht. Nur weil ein Kind sehbehindert ist, ist es noch nicht dumm. Das pädagogische Paradigma lautet Inklusion. Aber auch der Arbeitsplatz muss sich verändern und zuvor das Denken in den Köpfen der handelnden Menschen in Politik und Wirtschaft.

Doch der demografische Wandel beeinflusst nicht nur die Seite der Patienten. Auch die Seite der Ärzte und der anderen Professionen wird davon betroffen sein. So ist schon heute jeder zweite niedergelassene Arzt älter als 51,61 Jahre (2009). Folgt man den Angaben der Kassenärztlichen Vereinigung Nordrhein, wonach zurzeit ein Arzt mit 62 bis 63 Jahren in den Ruhestand geht, so bedeutet dies, dass in 10 bis 15 Jahren jede zweite niedergelassene Praxis von heute geschlossen sein wird. (2009 praktizierten nur 7985 Ärztinnen und Ärzte über 65 Jahre in Deutschland – von insgesamt 125.264 Niedergelassenen.) Damit wird die ärztliche Versorgung in einer älter werdenden Gesellschaft insbesondere in ländlichen Regionen vor große Herausforderungen gestellt. Und an diese denkt bis heute kaum jemand. Die nordrhein-westfälische Landesregierung zahlt nun jedem Arzt, der sich in einer ländlichen Region niederlässt, 50.000 Euro Startgeld. Doch das allein wird den drohenden Ärztemangel nicht lindern oder gar beseitigen. Bundesgesundheitsminister Philipp Rösler schlug im April 2010 vor, jenen bevorzugt einen Studienplatz in Medizin zu geben, die heute zusagen, später auf dem Lande praktizieren zu wollen.

Glaubt man dem Berufsverband der Kinder- und Jugendärzte, so werden innerhalb der nächsten fünf Jahre bundesweit 35 Prozent der Kinderärzte ihre Praxen altersbedingt schließen. Nachfolger sind nicht in Sicht. Zwar studieren rund 8500 Menschen jährlich Medizin (davon 70 Prozent Frauen), doch reicht dies nicht, um den drohenden Ärztemangel auszugleichen. Rund 33.500 Menschen würden gern Medizin studieren. Es war eine politische Entscheidung, die Zahl der Studienplätze von rund 12.000 in den Neunzigerjahren auf gegenwärtig 8500 zu reduzieren. Man ging damals von einer Ärzteschwemme aus. Fakt ist, dass nur 20 Prozent der Medizin-Studienplätze nach der Abiturnote vergeben werden, weitere 20 Prozent gehen an Bewerber, die schon lange auf einen Platz warten, den Rest der Studienplätze können die Universitäten selbst vergeben.

Studierten 1993 noch 90.594 Menschen Humanmedizin, so waren es 2006 nur noch 78.106 junge Leute. Dramatisch wirkt zudem, dass der

Schwund im Laufe des Studiums vom Erstsemester bis zur Assistenz-
arztzeit eklatant ist: Für das Erstsemester 1997 lag die Quote bei 41,6 Prozent. Und von denen, die es schaffen, lassen sich rund 60 Prozent als Arzt
nieder, 40 Prozent gehen in die Wirtschaft, die Forschung oder ins Ausland. Dass der Arztberuf im Ausland lukrativer scheint als in Deutschland, belegen nicht nur die 16.000 deutschen Ärzte, die im Ausland
arbeiten, sondern auch die Ärzteströme, die aus osteuropäischen Ländern an Deutschland vorbei nach Irland oder Frankreich streben. Laut
Kassenärztlicher Bundesvereinigung fehlten Ende 2009 in Deutschland
3620 Ärzte.

Eine weitere Baustelle sei nur angetippt: Unsere Solidarsysteme – Rente,
Gesundheit, Pflege – sind alle auf einem Generationenvertrag aufgebaut,
der bereits seit Jahren ganz offensichtlich nicht mehr funktioniert. Doch
immer höhere Steuerzuschüsse halten überholte Systeme noch mühsam
am Leben. Neben der Renten- und Pflegeversicherung ächzt auch das
Solidarsystem der gesetzlichen Krankenversicherung. So gab zum Beispiel der Schätzerkreis der gesetzlichen Krankenversicherungen im
Dezember 2009 bekannt, dass den gesetzlichen Krankenversicherungen
2010 – trotz eines Bundeszuschusses von 3,9 Milliarden Euro – rund
4 Milliarden Euro fehlen werden. Selbst die 2010 umgesetzte Gesundheitsreform ist nicht demografiefest, sondern orientiert sich an der
Schließung der finanziellen Lücken. Sie bedarf daher in wenigen Jahren
einer erneuten Reform. Aus all diesen Fakten, die zahllos angereichert
werden können, wird immer klarer, dass auch die gesundheitlichen
Implikationen der demografischen Entwicklung nachhaltige Beachtung
finden müssen.

Wenn der Ärztemangel vorprogrammiert ist, wenn dank der älter werdenden Gesellschaft mehr ärztliche Dienstleistungen abverlangt werden, bleibt die Frage, wie diese Herausforderung bewätigt werden kann.
Manche sprechen heute schon von der künftigen „Wartelisten-Medizin",
weil 2020 rund 7000 Hausärzte, vor allem auf dem Lande, fehlen werden.
Der mobile Mediziner für den ländlichen Raum, der jeden Tag der
Woche in einer anderen Gemeinde Station macht, kann da eine Lösung
sein. Andere diskutieren die Anwerbung ausländischer Ärzte, bevorzugt
aus Österreich. Vielleicht gelingt es aber, insgesamt ein neues Bewusst-

sein im Gesundheitswesen einziehen zu lassen, denn mit rund 18,1 jähr-
lichen Arztkontakten pro Patient gehört man in Deutschland zu den
Weltmeistern. Laut dem Barmer GEK Arztreport 2008 verbleiben dem
Arzt pro Patient am Tag im Schnitt acht Minuten für Gespräch, Diagno-
se und Therapie. In Belgien, Dänemark, Frankreich, Österreich und
Polen suchen die Menschen ihren Arzt durchschnittlich siebenmal im
Jahr auf. In Schweden kommen die Menschen sogar nur mit drei Arztbe-
suchen pro Jahr aus.

In dem Zusammenhang sei von einem deutschen Arzt berichtet, der in
einem 300-Einwohner-Dorf in Südschweden lebt. In seinem Einsatzge-
biet leben 18 Menschen je Quadratkilometer, rund 4000 Kinder sind zu
betreuen. Trotz seines riesigen Einsatzgebietes habe er geregelte Arbeitszeiten von 8 bis 17 Uhr und freie Wochenenden. Wenn ein Kind abends
krank werde, riefen die Eltern in der Gesundheitszentrale an, die die
Situation einschätze und Empfehlungen gebe. Meist könne bis zum
nächsten Tag gewartet werden. Im Ernstfall müssten die Eltern ihr Kind
ins 75 Kilometer entfernte Krankenhaus bringen.

Auch wir müssen uns wohl von der Vorstellung verabschieden, dass alles
überall gleich ist und dass dem einen Ort das Gleiche zustehe wie dem
anderen Ort. Spätestens 2020 wird jeder zweite Landkreis in Deutschland von sinkenden Einwohnerzahlen betroffen sein. Interessant ist,
dass auch die schwedische Bevölkerung nicht viel kränker und die
Lebenserwartung nicht viel niedriger ist als bei uns.

Die Deutschen geben schon heute sehr viel Geld für gesundheitliche
Dienstleistungen, wie zum Beispiel freiverkäufliche Medikamente, Prävention, alternative Medizin und Wellness aus: 900 Euro pro Jahr und
Bürger. Und das zusätzlich zu den Beiträgen zu den gesetzlichen Krankenkassen. Auch Unternehmen investieren weitere Summen in die
Gesundheitserhaltung ihrer Mitarbeiter. Der Stahlkonzern Thyssen-
Krupp führte im Herbst 2010 eine regelmäßige „Gesundheitsschicht" ein,
in der die Arbeiter statt in die Produktion in eine medizinische Bera-
tungsstunde gehen. Andere Betriebe führen unter Azubis einen Gesund-
heitscheck durch und geben, falls nötig, auch mal Ernährungstipps. Mit
Fast Food hält schließlich niemand bis 67 durch.

Es ist also viel Geld für Gesundheit vorhanden. Die Frage stellt sich, wofür wir es künftig ausgeben. Der Paradigmenwechsel von der Reparatur zur Prävention ist längst überfällig. Dafür wird auch der Druck von der Pflegefront sorgen. Nicht jeder wird sich eine osteuropäische Pflegekraft als 24-Stunden-Hilfe leisten können. Schließlich bleibt abzuwarten, ob das auch so preiswert bleiben wird für die, die es sich leisten wollen.

2030, so Andreas Westerfellhaus, Präsident des Deutschen Pflegerates, werden Hochrechnungen zufolge etwa eine Million Pflegekräfte fehlen. Bereits im Jahre 2025 müsste jeder vierte Schulabgänger den Pflegeberuf ergreifen, um den Bedarf zu decken. Sein Fazit: „Wir schlittern gemeinsam in ein Desaster ungeahnten Ausmaßes, wenn jetzt nicht gegengesteuert wird."[28]

Parallel dazu werden die Menschen so lange wie möglich in ihren eigenen vier Wänden bleiben, ein Pflegeheim ebenso lange meiden wollen. Doch wird die Pflegebedürftigkeit dadurch nicht abnehmen. Hochrechnungen zufolge wird sich die Zahl von heute rund 2,2 Millionen Pflegebedürftigen bis 2050 verdoppeln (4,5 Millionen). Sind heute 2,6 Prozent der Bevölkerung in einer Pflegesituation, werden es 2050 schon 6,0 Prozent sein. Heute wird im Durchschnitt ein Mensch rund acht Jahre gepflegt. Ein Demenzkranker zum Beispiel kostet die Kranken- und Pflegekassen durchschnittlich 10.000 Euro jährlich. Bei gegenwärtig rund einer Million Demenzkranken sind dies rund zehn Milliarden Euro Gesamtkosten. Tendenz steigend. Für 2050 liegen Schätzungen von zwischen 2,1 und 3,5 Millionen Demenzkranken vor. Wird Demenz zu einer Massenkrankheit, in die wir unvorbereitet hineinschlittern wollen? Es bleibt noch Zeit, Weichen für diese vorhersehbare Zukunft zu stellen.

Es mangelt nicht an Erkenntnissen, sondern wieder einmal an der Umsetzung. Dabei ist der Föderalismus auch hier eher hinderlich als förderlich. Es gilt, die Kompetenzen von Bund, Ländern und Gemeinden sinnvoll zu ordnen. Der Pflegebedürftigkeitsbegriff muss neu gefasst werden – bundesweit. Standards für Pflegeeinrichtungen müssen ver-

---

28 Dieses Zitat stammt aus dem Internetauftritt ‚pflegen-online.de' vom 24. August 2010.

einheitlicht werden – bundesweit. Die Überprüfung sollte landesweit nachvollziehbar gestaltet werden. Der Fachkräftebedarf ist bundesweit zu steuern und landesweit auszubilden nach bundesweiten Standards. Aber die Pflege muss in der Kompetenz der lokalen Gebietskörperschaften liegen, nah bei den Menschen, die es betrifft. Entsprechend sollten auch die Zuständigkeiten sein.

Letztlich erfahre ich Gesundheit dort, wo ich lebe. Daher ist und bleibt es zwingend, die Kompetenz zur lokalen Gesundheits- und Pflegepolitik in den Aufgabenkatalogen der Landkreise sowie der kreisfreien Städte zu stärken. Gleichwohl werden auch die übrigen Kommunen den gesundheitsfördernden Rahmenbedingungen kommunalen Lebens mehr Aufmerksamkeit schenken müssen. Dort, wo der direkte Einfluss gegeben ist, so zum Beispiel in den Kindertagesstätten, sollte er auch unbedingt genutzt werden. Mögliche zentrale kommunale gesundheitspolitische Ziele können folgendermaßen aussehen:

- **Positives und aktives kommunales Gesundheitsklima schaffen.** Eine Bestandsaufnahme der lokalen Akteure, die sich weitestgehend mit Gesundheit und gesundheitlichen Dienstleistungen professionell (Ärzte, Apotheker, Heilpraktiker, Masseure etc.) oder auch freiwillig strukturiert (Selbsthilfegruppen, Vereine etc.) beschäftigen, sollte als wichtigste Maßnahme anstehen. Ziel ist es, gemeinsam mit diesen Akteuren auf der Grundlage ihrer Erfahrungen sowie ihrer jeweiligen Potenziale zu sehen, wie ein aktiv das Gesundheitsbewusstsein förderndes sowie die Gesundheit präventiv stärkendes Klima lokal oder regional erzeugt werden kann.
- **Kommunalpolitische Einflüsse zugunsten gesundheitsorientierten Handelns nutzen.** Überall dort, wo die Kommune selbst direkt Einfluss nehmen kann, so zum Beispiel in der eigenen Verwaltung oder in den Kindertagesstätten sowie den Jugend- und Senioreneinrichtungen der Stadt, sollte aktiv das Bewusstsein für gesundheitliche Fragen gefördert werden. Die jeweiligen Mitarbeiter sind dahingehend nicht nur zu sensibilisieren, sondern auch zu qualifizieren.
- **Handlungsfelder vernetzen.** Lokale Handlungsfelder wie Kinder- und Jugendhilfe oder Seniorenpolitik müssen mit der zuständigen Gesundheitsorganisation vernetzt und verzahnt werden. Dabei sind

amts- bzw. kommunenübergreifende Strukturen zu schaffen. Ziel ist
es, möglichst viele Menschen für ein gesundheitsbewusstes Leben zu
gewinnen. Auch die Förderrichtlinien und Zuwendungsbescheide
sollten dahingehend geprüft werden, ob diese Zusammenhänge akti-
viert werden können.

- **Attraktive Standorte für gesundheitliche Professionen bieten.** Während die Apothekendichte in den meisten Kommunen sehr gut sein
dürfte, wird sich in wenigen Jahren ein massiver Ärztemangel einstellen. Welche Rahmenbedingungen werden für Ärztinnen und Ärzte
künftig bei ihrer Entscheidung, sich niederzulassen, relevant, zumal
rund 40 Prozent eines Studienjahrgangs ins Ausland abwandern oder
Beschäftigungen in der Wirtschaft und Forschung suchen? Ist es ein
attraktives Grundstück samt Haus und Tagesmutter für den Nachwuchs?

- **Stadtquartiersmanager finden, qualifizieren und nutzen.** Ziel ist es,
die Menschen möglichst lange in der vertrauten Umgebung zu belas-
sen. Wenn 2030 mehr als die Hälfte der über 60-Jährigen ledig, verwitwet oder geschieden meist in Ein-Personen-Haushalten lebt und auch
noch kinder- bzw. enkellos bleibt, stellt sich die Frage nach einem
quartiersnahen Auf- und Ausbau einer professionellen Infrastruktur
von Hilfe- und Pflegeleistungen. Dies sollten Städte und Gemeinden
gegebenenfalls auch mit den großen Wohnungsbaugesellschaften als
gemeinsame Gestaltungsaufgabe begreifen.

Gesundheit wird zum Standortfaktor. Das hat zum Beispiel das Bundesland Sachsen-Anhalt, das von der Bevölkerungsschrumpfung derzeit
stärkst betroffene Bundesland, begriffen. Ziel ist es dort, sich als „Gesund-
heitsregion der Zukunft" zu profilieren. „TRANSAGE" lautet das Kürzel,
hinter dem sich ein Programm verbirgt: **Trans**formation von Versorgung für eine alternde Gesellschaft. Erklärtes Ziel ist es, die medizinische
Versorgung in Sachsen-Anhalt demografiefest zu gestalten.

Fazit: Eine präventive Gesundheits- und Pflegepolitik wird zum Dreh-
und Angelpunkt einer den demografischen Wandel aktiv gestaltenden
Politik – auf jeder Ebene, am meisten allerdings auf der kommunalen
Ebene. Daran wird auch jeder Arbeitgeber ein massives eigenes Interesse
haben.

4. Genderpolitik

Die Haushaltsdebatte im November 2010 über den Bundeshaushalt 2011 wurde in der *Frankfurter Allgemeinen Zeitung* (FAZ) durch einen Bericht wiedergegeben, dessen Schlagzeile Bundeskanzlerin Angela Merkel und die Fraktionsvorsitzende der Fraktion Bündnis 90/Die Grünen, Renate Künast, zitierte. Diese beiden waren aus Sicht der FAZ die Protagonistinnen der Debatte. Wem es noch nicht klar ist, dem sei gesagt: Die Zukunft wird weiblich(er) sein. Dies wird allein deshalb so sein, weil heute die Mädchen mit Abstand die besseren Schulleistungen erbringen, deutlich bessere Bildungsabschlüsse vorzeigen können und in den meisten – ehemals von Männern dominierten Studiengängen – die Mehrheit bilden. So ist zum Beispiel im Bereich der Humanmedizin der Frauenanteil auf 64 Prozent gestiegen, in den Erstsemestern liegt er sogar inzwischen bei 70 Prozent. Männliche Patienten müssen sich darauf einstellen, dass sie in Zukunft von einer Urologin behandelt werden.

Zwar werden mehr Jungen als Mädchen geboren (von den 15,3 Millionen Kindern und Jugendlichen unter 20 Jahren waren 2009 51,3 Prozent männlich), die Frauen leben aber deutlich länger als die Männer (nur 43,9 Prozent der Menschen über 60 Jahre waren 2009 männlich). Gibt es am Anfang des Lebens einen Männerüberhang, so wandelt er sich zum Lebensende hin in einen Frauenüberschuss. Frauen haben eine deutlich höhere Lebenserwartung als Männer. (Lag die durchschnittliche Rentenbezugsdauer im Jahr 1995 noch bei 15,8 Jahren, so kletterte sie bis Ende 2008 auf 18,0 Jahre. Bei den Frauen betrug die Rentenbezugsdauer sogar 20,4 Jahre.) Nicht zuletzt deshalb bleibt es notwendig, die sogenannte Genderperspektive in die Generationenpolitik einzubauen. Demografisch betrachtet wird es spannend, wenn die ältere Gesellschaft einen gigantischen Partnermarkt für die Männer zur Verfügung stellt. Rund zwei Drittel der Menschen über 80 und etwa drei Viertel der Menschen über 90 sind weiblich. Die Männer holen zwar auf, doch zu einem Gleichstand wird es – selbst wenn sich die Gleichstellungspolitik hierum bemühen würde – nicht kommen.

Wenn wir in Deutschland das Ziel verfolgen, wieder mehr Kinder zur Welt zu bringen, brauchen wir sowohl Männer als auch Frauen, die sich mit flexiblen Rollenbildern auf ihre Vater- bzw. Mutterrolle einstellen können. Allein der Fachkräftebedarf der Wirtschaft wird es ab 2015 kaum noch zulassen, dass Väter oder Mütter sich den Luxus erlauben können, nur für Haushalt und Kinder da zu sein. Der Druck, geeignete Betreuungsangebote anzubieten, wird enorm zunehmen; Arbeitgeber werden hier selbst aktiv werden müssen, wenn sie wettbewerbsfähig bleiben wollen. Doch viel entscheidender ist, dass Frauen und Männer auch zueinander finden müssen. In Ostdeutschland ist zum Beispiel zu beobachten, dass auf 100 Männer im Alter von 20 bis 40 Jahren nur noch rund 90 Frauen kommen. Der Partnermarkt ist hier längst aus dem Gleichgewicht geraten. Und heiraten Frauen „gebildetere" Männer, so wollen Männer oft nicht „gebildete" Frauen zur Gattin. Hinzu kommt verstärkend, dass es in Deutschland mehr kinderlose Männer als kinderlose Frauen gibt.

Die Gleichstellungspolitik der letzten Jahrzehnte, die aus der Frauenbewegung heraus entstand, konzipierte sich weniger als Gleichstellung, sondern eher als Frauen- und Mädchenförderung. Ein großer Nachholbedarf musste aus Sicht der Frauen befriedigt werden. Das ist auch sichtbar gelungen: Heute sind mit Bundeskanzlerin Angela Merkel sowie den Ministerpräsidentinnen Hannelore Kraft und Christine Lieberknecht inzwischen drei Frauen in politische Spitzenämter gelangt. Wer die Talkshows im Fernsehen verfolgt, kann ebenfalls zahlreiche Frauen in Spitzenpositionen beobachten – und dies immer häufiger. Das hat Gründe. So kümmerte sich zum Beispiel die Initiative „Girls' Day" Mitte April 2011 zum elften Mal um die Zukunft der Mädchen, während die Jungen zum ersten Mal keine Zukunft zu haben scheinen, um die man sich zu kümmern hätte. Erstmals fand nun auch ein „Boys' Day" statt. Ob man Jungen wirklich das Berufsbild der Hebamme näherbringen sollte, muss angesichts der tatsächlichen Situation jedoch bezweifelt werden. Hinzu kommt, dass gut gemeinte Programme des Bundesfrauenministeriums, die Männer motivieren wollen, Erzieher in den Kitas zu werden, nur dann fruchten werden, wenn auch die Bezahlung sich entsprechend verändert. Diese Diskussion wird sich künftig in nahezu allen sozialen Berufen stellen, wo heute vor allem Frauen mehrheitlich beschäftigt sind. Das hängt zum einen mit dem demografischen Wandel zusammen (Stichwort: Pflege), das hängt aber auch mit der

Qualifizierung der Frauen zusammen und dem Fachkräftebedarf in allen Branchen.

Die Fakten sind eindeutig: Es gab im Schuljahr 2008/2009 mehr Förderschüler als Förderschülerinnen (63,4 Prozent Jungen), mehr Hauptschüler als Hauptschülerinnen (56 Prozent Jungen), allerdings mehr Abiturientinnen als Abiturienten (52,2 Prozent Mädchen). Bei den Studierenden überwiegt der Frauenanteil schon leicht (51 Prozent). In Nordrhein-Westfalen waren 2008 sogar 60,3 Prozent der Schulabgänger ohne Schulabschluss männlich. Dabei ist die „Hardware" Gehirn bei Jungen und Mädchen von Geburt an gleich, doch die „Software", die heute diese „Hardware" gefügig machen möchte, scheint nicht ausreichend geschlechterspezifisch zu sein. Wolfgang Bergman, Leiter des Instituts für Kinderpsychologie und Lerntherapie in Hannover: „Jungen lassen sich leichter von modernen Medien beeinflussen. Sie sind sehr schnell, haben großen Bewegungsdrang und sind visuell ungeheuer tüchtig. Doch im Auditiven sind sie oft passiv und hören nicht gezielt zu. In der Schule steht das Auditive im Vordergrund." Dadurch werden Mädchen bevorzugt. Hinzu kommt, dass zum Beispiel in Nordrhein-Westfalen 98 Prozent der Grundschullehrer weiblich sind. Ihre Erziehungspräferenzen sind ebenfalls eher weiblich orientiert. Und für den Fall, dass eine Schulleiterstelle ausgeschrieben wird, heißt es immer noch, dass Frauen bei gleicher Eignung bevorzugt werden. In manchen Bundesländern müssen Ausschreibungen gar wiederholt werden, wenn sich keine Frau bewerben sollte.

So wundert es nicht, dass zum Beispiel Erziehungshilfen im kommunalen Jugendhilfebereich bis zu 80 Prozent von Jungen abgerufen werden, die Verhaltensauffälligkeit ADS (= Aufmerksamkeitsdefizitsyndrom) zu zwei Dritteln ein Jungenproblem ist und in den Jugendgefängnissen deutlich mehr Jungen als Mädchen einsitzen. (Nur 5,3 Prozent aller Gefangenen in Deutschland sind Frauen. Und alle unsere Gleichstellungsprogramme zielen nach wie vor einseitig auf die Förderung der Mädchen und Frauen.) Auch bei Rechtsextremen engagieren sich überwiegend die Jungen. Warum ist das so? Hierzu gibt es nur wenig belastbare Ergebnisse aus Forschung und Wissenschaft.

Fassen wir zusammen: Jungen haben in den prägenden ersten Lebensjahren mehr weibliche als männliche Ansprechpartner: Mutter, Erzieherin im Kindergarten, Grundschullehrerin in der Grundschulzeit. Männer kommen – neben dem Vater – meist erst in der weiterführenden Schulform vor. Wenn sich dann noch die Eltern trennen, bleiben die meisten Kinder (80 Prozent) bei der Mutter. Was es für den Jungen in seinem Selbstwertgefühl bedeutet, wenn das männliche Vorbild fehlt, kann häufig nur erahnt werden. Der Familienforscher Wassilios Fthenakis wies in seinen Forschungen nach, dass der Vater für die Entwicklung eines Kindes weitaus wichtiger ist als bisher angenommen.[29] Welche Folgen das für das Generationenerleben als Mann bzw. Frau hat, bleibt ebenfalls noch zu erforschen. Klar ist, dass es Auswirkungen hat, denn warum sonst wollen deutlich mehr Männer als Frauen keine Verantwortung für Kinder übernehmen?

Frauen haben sich in den letzten 40 bis 50 Jahren enorm weiterentwickelt. Es sind zahlreiche Rollenbilder entstanden, die für Mädchen und Frauen heute zur Verfügung stehen. Ein festes Rollenbild gibt es schon lange nicht mehr. Auch das verhindert nicht selten das Familienglück, weil Männer an tradierten Rollenbildern noch eher festhalten. Daher verzichten gut ausgebildete Frauen meist auf Kinder und Familie, während eher bildungsferne Frauen auf berufliche Karriere verzichten. Die Chance des demografischen Wandels ist, dass wir uns beides eigentlich nicht mehr leisten können. Doch hierzu bedarf es vor allem einer Veränderung des Mannes. Das Männerbild hat sich nicht weiterentwickelt, es ist stehen geblieben. Nicht selten versteht sich der Mann immer noch als der Ernährer. Wenn dann die Zeiten eher unsicher sind, wird dann doch lieber auf den Nachwuchs verzichtet. Eine Vision für die Zukunft wären Väter und Mütter, die sich gemeinsam um den Unterhalt für die Familie, aber auch gemeinsam um die alltäglichen Dinge der Familie kümmern.

---

29 Die Ausführungen liegen dem Autor als Manuskript eines Vortrags vor, den Wassilios Fthenakis anlässlich des 2. Demographiekongresses am 30. April 2010 in Wiesbaden gehalten hat.

Sicher, die Mehrheit der heutigen Chefs im Erwerbsleben ist noch männlich. Nur 2,5 Prozent der Vorstandsposten in den 200 größten Unternehmen werden von Frauen eingenommen. Nur vier von zehn Firmengründern sind weiblich und noch immer verdienen Akademikerinnen rund fünf Jahre nach dem Abschluss durchschnittlich 20 Prozent weniger als Akademiker des gleichen Jahrgangs. Das sind die berechtigten Argumente engagierter Frauenrechtlerinnen, wenn sie die Geschlechterdebatte in Deutschland führen. Dabei ist Bewegung festzustellen, so zum Beispiel im „Ländle": In Baden-Württemberg waren im Jahr 2007 annähernd 189.000 Männer, jedoch nur rund 52.000 Frauen in einer Führungsposition. Dabei hat seit dem Jahr 2000 die Zahl der weiblichen Führungskräfte mit einem Plus von fast 62 Prozent deutlich stärker zugenommen als die Zahl der Männer in Führungspositionen mit knapp 16 Prozent. Gemessen am Frauenanteil an den Erwerbstätigen insgesamt (gut 45 Prozent) sind »Chefinnen« mit einem Anteil von knapp 22 Prozent an allen Führungskräften dennoch nach wie vor deutlich unterrepräsentiert. Gleichwohl ist der Blick heute deutlich differenzierter zu sehen. Auch hier ist der demografische Wandel eine wirkliche Chance, zumal wir in Zukunft die Talente beider Geschlechter brauchen. Um dies aber auch im Alltag mit Leben füllen zu können, bedarf es neuer Rollenbilder, insbesondere eines erweiterten Bildervorrats für Männer.

Ein aktuelles Beispiel aus Schweden illustriert die gesamte Situation. Denn dort wird überlegt, die Quotenregelung an den Universitäten wieder abzuschaffen. Es ist vor allem das weibliche Geschlecht, das sich durch die vermeintliche Bevorzugung nun benachteiligt fühlt. Denn die Statistik zeigt, dass gerade für bei Frauen beliebte Studiengänge, wie Medizin oder Psychologie, wegen der Quotenregelung bevorzugt Männer genommen werden, um das weibliche Übergewicht auszugleichen. Dabei gibt es auch dort mehr qualifizierte Frauen als Männer für diese Studienplätze. Eine Quote, die Frauen in ihrem berechtigten Streben nach Gleichberechtigung half, soll nun abgeschafft werden, weil es zu ihrem Nachteil gereicht?

Wir brauchen eine Jungen- und Männerpolitik. Der Koalitionsvertrag der 2009 gebildeten Bundesregierung sieht dies auch im Kapitel „Gleichstellung" zaghaft als letzten Abschnitt vor: „Wir wollen eine eigenständige Jungen- und Männerpolitik entwickeln und bereits bestehende Projekte für Jungen und junge Männer fortführen und intensivieren. Damit eröffnen wir ihnen auch in erzieherischen und pflegerischen Berufen erweiterte Perspektiven."

Auch soll die Zusammenarbeit mit Väterorganisationen und anderen gleichstellungsorientierten Männerorganisationen intensiviert werden. Das Ergebnis lässt sich anhand einer ersten Publikation ableiten, in der im Juni 2010 die Resultate einer aktuellen Studie veröffentlicht wurden: „Männliche Fachkräfte in Kindertagesstätten".[30] Wenige Monate zuvor publizierte das Bundesministerium für Familie, Senioren, Frauen und Jugend eine Studie „Frauen in Führungspositionen".

Liest man hingegenden Koalitionsvertrag von SPD und Bündnis 90/Die Grünen in Nordrhein-Westfalen vom Sommer 2010, so lautet dort eine Überschrift: „Zukunft geht nur mit Frauen und Mädchen". Themen dieses Abschnitts sind der Schutz vor Gewalt, die gleichen Rechte für Frauen sowie die frauengerechte Gesundheitsversorgung. Die in diesem Kapitel aufgeworfenen Fragen und Fakten werden gar nicht wahrgenommen. Das Ministerium trägt nun den Titel „Emanzipation" und ficht erneut die Kämpfe der Siebzigerjahre des vergangenen Jahrhunderts aus.

Vorausschauende, den demografischen Wandel gestaltende Politik sollte mit einer Veränderung der Gleichstellungspolitik einhergehen. Das erschöpft sich nicht darin, dass der seit 100 Jahren begangene Internationale Tag der Frauen (8. März) nun seit zehn Jahren durch einen Internationalen Tag der Männer (3. November) ergänzt wird. Es gilt viel mehr als je zuvor, die Jungenförderung aktiv in den Fokus zu nehmen. Das darf nicht dazu führen, dass sie einseitig betrieben wird, sie sollte sachgerecht neben eine weiterhin zu praktizierende Mädchenförderung platziert werden. Dies ist nun erklärtes Ziel der Bundesministerin für Familie,

---

30 Bundesministerium für Familie, Senioren, Frauen und Jugend (Hrsg.): Männliche Fachkräfte in Kindertagesstätten. Eine Studie zur Situation von Männern in Kindertagesstätten und in der Ausbildung zum Erzieher. Berlin 2010.

Senioren, Frauen und Jugend, Kristina Schröder. Sie berief im November 2010 einen neuen Beirat für „Jungenpolitik". Das ist einerseits eine Reaktion auf die beschriebenen Fakten, andererseits auch ein tagespolitischer Reflex auf die Deutungshoheit der Geschlechterpolitik zwischen verschiedenen Frauengenerationen.

Es wird spürbar, dass die Genderpolitik eine wichtige Rolle im Gestaltungsprozess des demografischen Wandels einnehmen muss. Wer allerdings die Geschlechterfrage außen vor lässt, wird in wenigen Jahren ernten, was gesät wurde. Denn Frauen sind schon heute mobiler und gebildeter als Männer. Dies gilt es in der Geschlechterauseinandersetzung zu kompensieren: Gewalt als Kommunikationshilfsmittel des Mannes führt weiterhin dazu, dass die Frauenhäuser sich füllen und die extreme Rechte Zulauf erhält. In Ostdeutschland sind derartige Entwicklungen bereits seit Längerem zu beobachten.

Bei den Migrantenkindern, insbesondere den türkischstämmigen, erleben wir dies noch verschärft: Denn dort sammelt sich bei den Jungen das Verliererpotenzial der modernen Gesellschaft. Wer ihnen keine Perspektive anbietet, darf auch nicht erwarten, dass sie Perspektiven für sich entwickeln. Perspektivlosigkeit war und bleibt aber kein guter Ratgeber. Auch hier hilft nur der differenzierende Blick. Generationenübergreifend werden beide gebraucht: Mann und Frau. Entsprechend sind beide nachhaltig zu fördern.

Fazit: Die Gestaltung des demografischen Wandels braucht Männer und Frauen, Väter und Mütter. Insbesondere Männer sind hier entwicklungsbedürftig, denn ihr begrenzter Vorrat an zukunftstauglichen Rollenbildern ist sehr bescheiden. Gleichstellungspolitik sollte in Zukunft darauf achten, dass in allen Lebensphasen Geschlechtergerechtigkeit gelebt wird. Das verlangt auch geschlechtsspezifische Antworten, so zum Beispiel in der Bildungspolitik.

5. Bildungspolitik

In ihrer ersten Regierungserklärung nach der Bundestagswahl 2009 sagte Bundeskanzlerin Angela Merkel: „Wir können gar nicht genug tun, um in Bildung für alle zu investieren. Deutschland zur Bildungsrepublik zu machen, darf kein leeres Wort bleiben."

Ziel sei es daher, 3 Prozent des Bruttoinlandsproduktes für Forschung und Entwicklung und 7 Prozent für Bildung bereitzustellen. Ein Ziel, das aus Sicht der Bundesregierung bis 2015 erreicht werden könne. Nur: Bildung ist Ländersache. Das Ziel ist daher mit allen Bundesländern parteiübergreifend abzustimmen. Von Vorteil ist, dass sie alle die demografischen Auswirkungen zu gestalten haben. Bezogen auf die Eckpunkte des demografischen Wandels werden wir im bildungspolitischen Bereich daher drei anspruchsvolle Herausforderungen zu meistern haben:

■ **Weniger**
Die Schülerzahlen werden deutlich sinken. Einer Studie der Bertelsmann Stiftung zufolge werden die Schülerzahlen bundesweit von derzeit rund elf Millionen auf neun Millionen bis 2025 fallen. Das ist ein Minus von 18 Prozent. Während sich die Schülerzahlen im Grundschulbereich nur um 14,3 Prozent reduzieren werden, ist der Rückgang in der Sekundarstufe I mit 15,8 Prozent und vor allem in der Sekundarstufe II mit 27,4 Prozent besonders stark. Das bleibt nicht ohne Auswirkungen auf die Schulstruktur. Längst weicht das dreigliedrige Schulsystem neuen Modellen wie der Mittelschule oder der Werkrealschule. Besonders betroffen sind auch hier die ostdeutschen Bundesländer. Von 1991 bis 2008 sanken die Schülerzahlen allein in Sachsen-Anhalt von 350.000 auf 170.000. Damit verbunden sind einschneidende Maßnahmen. Längst können nicht mehr alle Kinder in ihrem Wohnort auch zur Schule gehen. Die Frage, die sich mit diesem „Weniger" verbindet, ist, ob dafür die Qualität der Bildung, insbesondere in der frühkindlichen Phase, also während der Betreuung der unter Dreijährigen, im Kindergarten und in der Grundschule deutlich verbessert werden kann und sollte. Experten raten dazu. Das hängt aber auch mit dem Eckpfeiler „Bunter" zusammen.

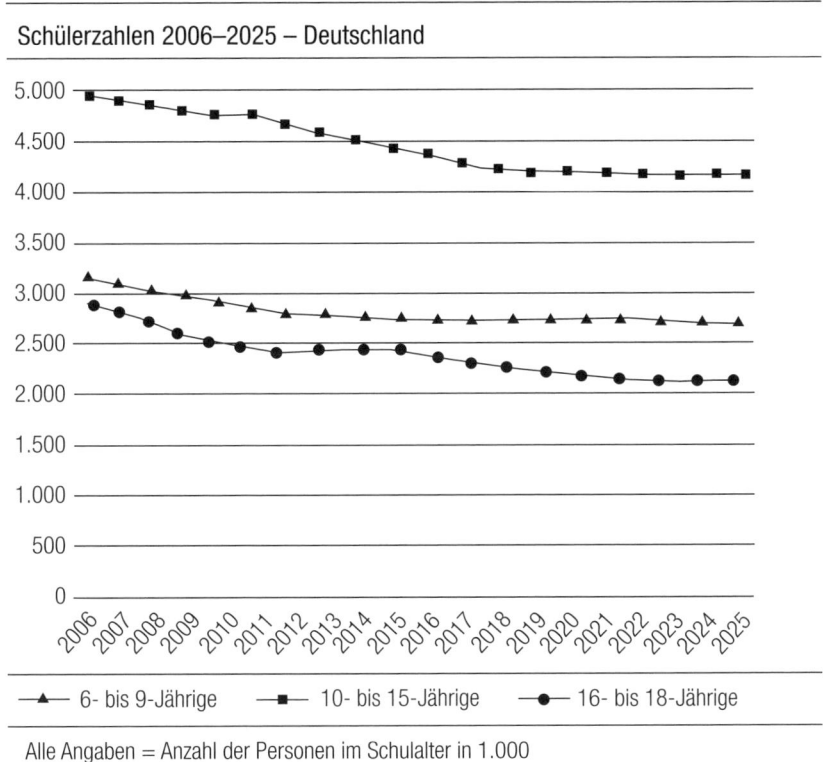

Schülerzahlen 2006–2025 – Deutschland

— ▲ — 6- bis 9-Jährige   — ■ — 10- bis 15-Jährige   — ● — 16- bis 18-Jährige

Alle Angaben = Anzahl der Personen im Schulalter in 1.000

Quelle: www.wegweiser-kommune.de | BertelsmannStiftung

■ **Bunter**
Schon heute gibt es Stadtteile, insbesondere in den Großstädten, aber
auch bestimmte Schulformen, die von einem hohen Migrantenanteil
geprägt sind. Wenn die Eltern dieser Kinder sich den Kindergarten
wegen der Kosten gespart haben (denn hier ist die Mutter in der Regel
noch zu Hause), dann kommen Kinder in die Grundschule, die kaum
ein Wort Deutsch sprechen. Mussten sie auch nicht, denn die Infrastruktur verlangt dies in den Großstädten zunehmend nicht mehr.
Gleichwohl kommen diese Kinder irgendwann auf den Arbeitsmarkt.
Welche Chancen haben sie? Der 8. Bericht der Beauftragten der Bun-

desregierung für Migration, Flüchtlinge und Integration über die Lage
der Ausländerinnen und Ausländer in Deutschland, der im Juni 2010
vorgelegt wurde, stellt nüchtern folgende Fakten fest:

- 13,3 Prozent der 15- bis 19-jährigen Migranten verlassen die Schule ohne Abschluss (bei den Jugendlichen ohne Migrationshintergrund sind es 7 Prozent).
- 43 Prozent der Migrantenkinder beenden ihre Schulzeit mit einem
  Hauptschulabschluss (bei den deutschen Jugendlichen sind es
  31 Prozent).
- Nur 8,9 Prozent der 15- bis 19-Jährigen mit Migrationshintergrund
  schaffen bislang die Fachhochschulreife oder das Abitur (bei den
  deutschen Jugendlichen sind es 12,5 Prozent).
- Nur 32,2 Prozent der ausländischen Jugendlichen befanden sich
  2008 in einer Ausbildung. Von den deutschen Jugendlichen waren
  es 68,2 Prozent.
- Die Arbeitslosenquote von Migranten ist nach wie vor doppelt so
  hoch wie die der Menschen ohne Migrationshintergrund (12,4 Prozent zu 6,8 Prozent).

Angesichts der Tatsache, dass jedes dritte Kind unter fünf Jahren in
Deutschland einen Migrationshintergrund aufweist, stellt sich bei
der oben aufgezeigten Realität im Bildungsbereich die Frage, wie
Deutschland seinen hohen Bedarf an qualifizierten Arbeitskräften
künftig decken kann. Schon heute macht sich ein Mangel an akade-
misch gebildeten Menschen bemerkbar. Bei den Ingenieuren ist
bereits ein deutlicher und nachhaltiger Fachkräftebedarf abzulesen,
ohne dass das deutsche Bildungswesen nennenswert reagiert hätte.
Auch aus PISA (Program for International Student Assessment) und
anderen Untersuchungen, die eine Benachteiligung von Kindern aus
sozial schwachen Familien, insbesondere mit Migrationshintergrund, belegten, sind nur halbherzige und geringe Konsequenzen
gezogen worden. Wir werden es uns aber nicht mehr leisten können,
diese Kinder so wie bisher zu vernachlässigen. Es ist eine Bildungsoffensive zu fordern, die es ermöglicht, dass in den armen Vierteln der
Städte die besten Schulen vorhanden sind und besonders motivierte
Lehrer beschäftigt werden. Zum achten Mal werden im Lagebericht
diese Defizite aufgezeigt. Es wird Zeit, dass tatsächlich auch etwas
geschieht!

■ Älter

Das Prinzip des lebenslangen Lernens gilt theoretisch heute als unbestritten. Dennoch geht es hier um Mentalitätsänderungen bei Arbeitgebern und Arbeitnehmern, die noch lange nicht abgeschlossen sind. Klar ist, dass einmal beruflich ausgebildete Menschen – egal in welcher Branche – stets bereit sein müssen, sich fort- und weiterzubilden. Das verlangt aber auch eine entsprechende Infrastruktur und deren Förderung. Weniger eindeutig ist hingegen, dass Menschen mit 60 nicht einfach aus dem Berufsleben ausscheiden sollten, nur weil formal ein Datum erreicht wurde. Schließlich gilt ein 60-Jähriger heute als so fit wie ein 45-Jähriger 1960. Die Lebenserwartung lässt ihn auf weitere 20 bis 30 Jahre hoffen, die er nicht nur Däumchen drehend im Schaukelstuhl verbringen möchte. So stellen wir zum Beispiel fest, dass Menschen, die in den Ruhestand gehen, einen hohen Bedarf haben, sich weiterzuqualifizieren. Die Zahl der studierenden Rentner und Pensionäre nimmt stetig zu. Wir hingegen glauben mehrheitlich noch immer, dass Menschen, die mit 80 Jahren ihre Doktorarbeit vorlegen, zum „alten Eisen" gehören und für die Gesellschaft unproduktiv sind. Es bedarf einer Neudefinition der Arbeit, um auch diese nach wie vor produktiven Menschen im gesellschaftlichen Prozess integriert zu wissen, und einer Bildungsinfrastruktur, die dies flankierend ermöglicht. Davon sind wir noch weit entfernt. Differenziert zu betrachten sind allerdings auch zwei weitere Fakten: Die Lehrerkollegien an den Schulen werden immer älter und die Frühpensionierungsrate unter ihnen ist die höchste im Land. Bis 2015 scheiden in Deutschland rund 300.000 Lehrkräfte altersbedingt aus dem Schuldienst aus. Bis 2020 werden es weitere 160.000 Lehrkräfte sein. Jährlich kommen etwa 26.000 Menschen aus den Hochschulen, 38.000 müssten es allerdings sein.[31]

Bevorzugt sollten die Mittel im Bildungsbereich auf die Auswirkungen des „Weniger" und „Bunter" konzentriert werden. Vorrang sollte vor allem die frühkindliche Bildung haben, was im Übrigen die einschlägigen Gesetze alle vorsehen, aber eben nur auf dem Papier. Dabei wissen

---

31 Diese Zahlen sind der ‚Kölnischen Rundschau' vom 17. Juni 2009 entnommen. Sie beruhen auf Berechnungen des Bildungsforschers Klaus Klemm.

wir seit Jahrzehnten aus den Erkenntnissen der Entwicklungspsychologie, dass die Weichen eines menschlichen Lebens in den ersten sieben Lebensjahren gestellt werden, weniger auf der Oberstufe eines Gymnasiums.

Deshalb sollten wir endlich, um auch den Auswirkungen des demografischen Wandels Rechnung zu tragen, Konsequenzen ziehen. Wie, das sagt uns zum Beispiel Donata Elschenbroich in ihrem Buch „Weltwissen der Siebenjährigen". Dort schreibt sie: „Rund 4000 Stunden verbringen Kinder heute vor dem Schuleintritt in einem Kindergarten. In diesen Stunden sollen sie ausdrücklich mehr als nur ‚betreut' werden. Das Kindergartengesetz von 1996 formuliert einen Bildungsauftrag an alle Kindergärten."

Und weiter betont Elschenbroich: „Für die frühen Jahre ist der Kindergarten ein ideales Bildungsmilieu: Hier werden Kinder aller Schichten unter einem Dach versammelt, hier werden keine Noten vergeben. … Im Kindergarten kann wie von selbst in ‚Projekten' gelernt werden. Chemie, Mathematik, Physik in der Küche: das Hebelgesetz beim Nüsseknacken, elementare Mengenlehre beim Salzen. Kunst und Mathematik sind noch nicht auseinanderdefinierbare Schulfächer. – Die Zukunft lernt im Kindergarten."

Umso bedauerlicher und erschreckender ist die Tatsache, dass die Kindergartenpädagogik in Deutschland nach wie vor einen niedrigen Stellenwert hat, für die Zukunft als wenig wichtig angesehen wird. Deutschland bildet, was den Status der Erzieherausbildung angeht, mit Österreich das Schlusslicht der europäischen Länder. Aufs Ganze gesehen zeigt sich: Die Qualitätsentwicklung von Kindergärten wird mehr denn je – erst recht nach PISA und IGLU (= Internationale Grundschul-Lese-Untersuchung) – zu einer (kommunal-) politischen Aufgabe ersten Ranges.

Das sieht übrigens auch die Unternehmensberatung McKinsey so. Deren ehemaliger Deutschland-Chef, Jürgen Kluge, rief zu erheblichen Anstrengungen im Bereich der frühkindlichen Bildung in Deutschland auf und warb für Milliardeninvestionen in mehr Qualität und Chancengerechtigkeit. Das Vier-Punkte-Programm, das die Beratungsfirma im

Oktober 2005 (!) der Öffentlichkeit vorstellte, regte eine nationale Qualitätsagentur und die verpflichtende Fachhochschulausbildung für Erzieherinnen und Erzieher an. Darüber hinaus wurden der Ausbau weiterer Krippenplätze und ein Sonderprogramm für die Betreuung von Kindern und Eltern in sozialen Brennpunkten empfohlen. Kluge unterstrich zudem die Bedeutung der frühkindlichen Bildung für die schulische Entwicklung. Er plädierte dafür, Kinderkrippen und Kindergärten als Teil des Bildungssystems anzuerkennen und bereits im Vorschulalter spielerisch, aber gezielt mathematische und naturwissenschaftliche, musische und künstlerische Talente zu fördern. An der Aktualität dieser Vorschläge hat sich nichts geändert, doch die Umsetzung lässt immer noch auf sich warten.

Dabei hatte bereits das Bundesministerium für Familie, Senioren, Frauen und Jugend im Jahre 2003 ein wissenschaftliches Gutachten über die Perspektiven der Tageseinrichtungen für Kinder in Deutschland veröffentlicht. In dem Gutachten von Wassilios Fthenakis heißt es unter anderem: „Die Bildung, Erziehung und Betreuung von Kindern unter sechs Jahren muss zum politischen Thema höchster Priorität werden. Das System der Tageseinrichtungen für Kinder bedarf dringend der deutlichen Verbesserung und Weiterentwicklung. Eine solche Reform muss umfassender Natur sein und sollte von allen gesellschaftlichen Gruppen (inklusive der Wirtschaft) getragen und gefördert werden."

Die Gutachter plädieren dafür, den Bewertungsmaßstab für Kindertageseinrichtungen zu verändern. Welchen Wert, so fragen die Autoren, messen wir der Bildung und Erziehung der Kinder bei? „Bei näherer Betrachtung der gegenwärtigen Debatte bezüglich der Weiterentwicklung des Systems der Tageseinrichtungen zeigt sich, dass das finanzielle Argument lediglich die Manifestation eines Bewertungsproblems darstellt, aus dem politisch ein Ressourcenverteilungsproblem entsteht. Dadurch werden letztendlich die erforderlichen Investitionen in diesen Bereichen verhindert."

Die zunehmende Bedeutung des Themas „frühe Bildung" zeigt nicht nur das zitierte Gutachten, sondern auch der Umstand, dass nach und nach verschiedene Bundesländer Bildungspläne für Kindertageseinrichtungen entwickeln und implementieren. Hinzuweisen ist zum Bei-spiel auf die Enquetekommission „Chancen für Kinder" des nordrhein-westfälischen Landtags. Dort stellten alle Politiker und Sachverständigen in ihrem Abschlussbericht 2008 den ungeheuren Wert der frühkind-lichen Bildung fest – gerade vor dem Hintergrund der demografischen Zeitenwende. So tritt die Enquetekommission dafür ein, „dass das Wohl des Kindes, und zwar jedes einzelnen Kindes, das oberste Ziel der Erneuerung des Erziehungs-, Bildungs- und Betreuungssystems sein muss".

Jedes Kind soll nach seinen Begabungen und Interessen wahrgenom-men, beurteilt und gefördert werden. Das gesamte Erziehungs-, Bil-dungs- und Betreuungssystem soll so organisiert sein, dass die Individu-alisierung möglich ist. Hinsichtlich der frühkindlichen Bildung wird „allgemein anerkannt, dass eine frühe individuelle Förderung von Anfang an eine entscheidende Antwort für die positive und erfolgreiche Entwicklung aller Kinder ist". Die Kommission stellt fest: „Die frühe Kindheit ist prägend für die Persönlichkeitsentwicklung eines Menschen und in keiner Lebensphase ist der Mensch so lernfähig."

Es gilt der Grundsatz: „Bildung für alle Kinder von Anfang an."

Daran anknüpfend formuliert die Enquetekommission acht Handlungs-empfehlungen. Weil die Betreuung der unter Dreijährigen eine be-sondere Qualität erfordere, empfiehlt die Kommission „vor allem feste Bezugspersonen, eine altersgerechte Erzieherinnen-Kind-Relation, eine spezifische Frühpädagogik und Eingewöhnungsprogramme".

Für die unter Dreijährigen sind Bildungsziele zu vereinbaren. Daher empfehlen die Kommissionsmitglieder, für jedes Kind einen „individuel-len Bildungsplan" zu erstellen. Schließlich soll ein „aufeinander aufbau-endes Gesamtkonzept zur Sprachförderung vom Eintritt in die Kinderta-gesstätten über die Grundschulen bis zum Ende der Sekundarstufe I" entwickelt werden. Die Kommission begreift die Mehrsprachigkeit von Kindern als „Kompetenz", die es neben vorrangiger Förderung der Deutschkenntnisse anzuerkennen und zu fördern gilt.

Die Betreuungspraxis für Kinder soll in der Kindertagespflege und den Kindertageseinrichtungen je nach Alter und Entwicklungsstand organisiert werden. Dabei sollen die Erzieherinnen und Erzieher in der Kombination von Freispiel und angeleiteten Phasen eine sachgerechte und altersspezifische Relation sichern. Überhaupt gilt es, die Qualitäts-entwicklung und -sicherung in den Tageseinrichtungen, Familienzentren und in der Tagespflege zu gewährleisten. Die Kommission empfiehlt, „für die erforderliche familienunterstützende und sozialraumorientierte Arbeit der Einrichtung und die Beratung von Eltern sowie für regelmäßige Entwicklungsgespräche" zeitliche Ressourcen zur Verfügung zu stellen. Die Kommission empfiehlt auch hier eine Vernetzung der Akteure: „Der Ausbau von Kindertagesstätten zu Familienzentren, die eine sozialräumliche Vernetzung der Angebote der Kinder- und Jugendhilfe, der Erziehungsberatung, der Familienhilfe und Familienbildung sowie der Gesundheitsvorsorge mit Kinderärzten, bieten, ist fortzusetzen."

In dem Zusammenhang empfiehlt die Kommission die Wahrnehmung der gemeinsamen Verantwortung durch „Erziehungspartnerschaften".

Neben der frühkindlichen Bildung wird den Kompetenzen der Eltern im Hinblick auf die Sozialisation ihrer Kinder mehr Aufmerksamkeit geschenkt werden müssen. Das verlangt eine verstärkte kommunale Bildungspolitik in der Zeit vor dem Eintritt in den Kindergarten, während der Kindergartenzeit und in der Grundschulzeit. Gezielte Elternunterstützung und ebenso gezielte Förderung von Kindern in diesen Phasen, begleitet durch gut ausgebildete Erzieher/-innen sowie Pädagogen und Pädagoginnen lautet das Gebot der Stunde. Ziel ist es, den Eltern in der für die Gesamtgesellschaft wichtigen Aufgabe der Erziehung ihrer Kinder jedwede gewünschte und benötigte Unterstützung zukommen lassen zu können. Schließlich sei der Wohlstand einer Gesellschaft das „Endprodukt einer langen Produktionskette", die, laut Herwig Birg, „in den Familien mit der Erziehung lernfähiger Kinder beginnt, sich in den Schulen und Universitäten bei der Ausbildung qualifizierter Arbeitskräfte fortsetzt und sich schließlich in den Betrieben in Form qualitätsvoller, konkurrenzfähiger Produkte manifestiert".

Wenn diese Kette Defizite aufweist, dann geht das hohe Qualifikations-
potenzial, das bisher als entscheidender Standortvorteil und Garant des
Wohlstands galt, verloren. Die demografische Entwicklung verschärft
diesen Prozess, wenn nicht massiv gegengesteuert wird.

Eine weitere Facette ist die geschlechtsspezifische Bildungsbewertung.
Christiane Dienel von der Hochschule Magdeburg plädiert dafür, in der
Aus- und Weiterbildung pädagogische Modelle verstärkt auf Jungen und
junge Männer abzustimmen. Ziel ist es unter anderem, ihnen eine Chance zu geben, das gleiche Qualifikationsniveau wie die Mädchen zu erreichen. Davon hängen gleich mehrere demografische Stellschrauben ab.
Zum einen ist der heimische Arbeitsmarkt auch auf qualifizierte Arbeitskräfte angewiesen, obwohl gerade gebildetere Menschen als flexibler gelten, da sie die jeweilige Region schneller verlassen, um an einem anderen
Ort, auch im Ausland, eine berufliche Tätigkeit aufzunehmen. Die Herausforderung lautet daher, diese Menschen möglichst zu halten. Das
gelingt umso besser, wenn Menschen auch vor Ort einen Partner für das
Leben finden können. Andererseits wirkt sich die einseitige Entwicklung
auch negativ auf den „Partnermarkt" aus – und zwar doppelt. Der verstärkte Wegzug der Frauen hinterlässt zum Beispiel in Ostdeutschland
einen Männerüberhang, während in westdeutschen Regionen ein Frau-
enüberhang herrscht. Frauen können sich zudem, wie Dienel sagt, bil-
dungsmäßig „nach oben heiraten, Männer nicht". Schließlich führt der
hohe Bedarf an qualifizierten Arbeitskräften dazu, dass vornehmlich
Frauen dafür eingestellt werden – ob sie dann noch für die Familiengründung zur Verfügung stehen oder der Trend zur Kinderlosigkeit
durch sie verstärkt wird? Hier erweist sich die Bedeutung einer modernen Gleichstellungspolitik, die auch Männer Rollen erlernen lässt, die
verstärkt familiäre Aufgaben beinhalten.

Für Michael Hüther, den Direktor des Instituts der Deutschen Wirtschaft, ist Bildung der „einzige deutsche Rohstoff", der deshalb auch gut
gepflegt werden müsse. Zurzeit ist dieser Rohstoff aber nicht gut verteilt,
denn die PISA-Studien haben signalisiert, dass es dem deutschen Bildungswesen besonders schlecht gelingt, den Zusammenhang von sozialer Ungleichheit und Leistungsunterschieden der Schüler zu durchbrechen. Franz-Xaver Kaufmann führt dafür vier Gründe an:

- die Vernachlässigung der Frühförderung
- der Mangel, dass sich die deutsche Schule weder als Erziehungsein-
  richtung noch als Erfahrungs- und Lebensraum für Kinder und
  Jugendliche versteht
- die Zunahme des Anteils schwieriger und aus unterschiedlichen
  Gründen lernbehinderter Kinder
- der zunehmende Anteil der Kinder mit Migrationshintergrund

Von besonders erfolgreichen Bildungssystemen – dazu zählt zum Beispiel das finnische System – wird berichtet, dass jedes Kind als gleich
wertvoll und förderungswürdig betrachtet wird. Die Schule wird hier
nicht als Selektionsmaschinerie wahrgenommen, sondern ihr wird pri-
mär eine Kompensationsfunktion für vorhandene Schwächen zugeord-
net. Wenn es richtig ist, dass wir dauerhaft mit einem quantitativen
Rückgang des Nachwuchses rechnen müssen, der sich jedoch zum Teil
durch eine bessere Qualifikation des vorhandenen Nachwuchses in
etwa kompensieren ließe, dann muss unser Bildungssystem in seinen
Kerngedanken neu justiert werden. Die Tatsache, dass laut Bildungsbericht 2010 jährlich ca. 65.000 Menschen die Schulen ohne Abschluss
verlassen und 17 Prozent der 20- bis 29-Jährigen keinen Berufsabschluss
haben, sollte aufhorchen lassen. Denn wenn wir jedes Kind brauchen
und wenn unsere Wirtschaft auf jede Arbeitskraft wird zurückgreifen
müssen, dann können wir uns diesen Luxus nicht mehr erlauben. Das
setzt allerdings voraus, dass wir über unser Bildungssystem reden, es
verändern und an den individuellen Bedarf der jungen Menschen
anpassen. Schließlich hat dieses System diese Menschen unqualifiziert
entlassen. Der demografische Wandel erlaubt keine „Bildungsverlierer"
mehr. 2015 werden 35 Prozent aller berufstätigen Akademiker älter als
50 Jahre sein (1998 waren es noch 24 Prozent). Wer übernimmt deren
Tätigkeiten 2030?

Michael Hüther fordert: „Wir müssen früher in den Beruf einsteigen, später aufhören und mehr Stunden im Jahr arbeiten." Die Arbeitswelt müsse
auf die psychische Grundstruktur älterer Menschen eingestellt sein und
Anreize für längere Arbeitszeiten schaffen. Zudem bleibt auch hier die
Erkenntnis wichtig, dass durch die Dynamik einer globalisierten Wirtschaft die sogenannte Halbwertszeit des durch eine Berufsausbildung

erworbenen Wissens sinkt. In solchen Fällen schlägt die mit dem Alter angewachsene Erfahrung als Kapital zu Buche. Meinhard Miegel rechnet in seinem Buch „Die deformierte Gesellschaft" vor, dass von den knapp 700.000 Stunden, die derzeit ein Menschenleben im statistischen Mittel in Deutschland währt, Erwerbstätige rund 60.000 Stunden mit Erwerbsarbeit verbringen. „Das sind acht Prozent ihres Lebens", so Miegel.

Bildungs-, Wirtschafts- und Arbeitspolitik hängen somit eng miteinander zusammen. Diesem Dreiklang gilt auch bei der Gestaltung des demografischen Wandels eine hohe Aufmerksamkeit. Überhaupt ergibt es sich zunehmend, dass die gleichen Sachverhalte, die unter einem anderen Thema bereits diskutiert wurden, auch in den nachfolgenden Themenbereichen relevant sind. Da bestätigt sich erneut, dass der demografische Wandel als Querschnittsthema jedes gesellschaftliche Handlungsfeld durchdringt, somit einfach jeden Menschen betrifft. Nicht zuletzt deshalb werden die Zusammenhänge nachstehend zwar angerissen, aber nicht mehr so vertieft, um Wiederholungen zu vermeiden.

Fazit: Bildungspolitik wird zu einem Schlüsselfaktor einer erfolgreichen Gestaltung des demografischen Wandels. Dies gelingt jedoch nur dann, wenn wir Bildung als einen lebenslangen, die individuellen biografischen Stationen begleitenden Prozess sehen und leben. Ziel ist es, Bildung als ein Gut von der Geburt bis ins hohe Alter zu begreifen, dem insbesondere vor Ort aktiv Rechnung getragen wird.

6. Wirtschafts- und Arbeitspolitik

2008 verständigten sich die Sozialpartner der Chemie-Industrie auf einen Tarifvertrag „Lebensarbeitszeit und Demografie". Damit griff erstmals eine Branche in Form einer tarifvertraglichen Antwort den demografischen Wandel auf. Die „Chemie-Formel" besteht aus vier Elementen. Dazu zählen

- das Erstellen einer betrieblichen Demografie-Analyse,
- die alters-, alterns- und gesundheitsgerechte Gestaltung der Arbeitsprozesse,

■ die Qualifizierung während des gesamten Erwerbslebens,
■ die Vorsorge und Nutzung passgenauer Instrumente für den Wechsel zwischen Bildungs-, Erwerbs- und Ruhestandsphasen.

Für den gleitenden Übergang in den Ruhestand stellt der Tarifvertrag fünf Instrumente zur Verfügung: Langzeitkonto, Altersteilzeit, Teilrente, Berufsunfähigkeitszusatzversicherung und die tarifliche Altersvorsorge. Andere Branchen träumen wohl noch davon, dass der demografische Wandel sie nicht betreffen wird. Ein ver.di-Funktionär sagte dazu: „Erklären Sie das mal einem einfachen Mitglied." Kommunikative Vermittlungsprobleme, tradierte Bilder und liebgewonnene Besitzstände sind die meistgenannten Gründe, warum die Erkenntnisse in vielen Betrieben noch immer nur unter dem Druck der Ereignisse reifen können. Die Firmen unterschätzen nach wie vor die Folgen der Alterung. Das belegte auch eine Umfrage der Wirtschaftsförderung des Kreises Euskirchen im Jahre 2010. Die Herausforderungen der Zukunft werden von den befragten Unternehmern immer noch nicht ausreichend wahrgenommen.

Dabei liegen die Auswirkungen des demografischen Wandels auf die Wirtschafts- und Arbeitspolitik auf der Hand. Sie manifestieren sich in vier Themenkomplexen, auf die Antworten zu finden sein werden:

■ Personal (Rekrutierung von Personal, Entwicklung des Personalbestandes, Erhaltung der Arbeitskraft der älter werdenden Belegschaften, Motivierung und Führungsfragen)
■ Produkte und Dienstleistungen (Anpassung der Produktionsprozesse und der Produkte an die Bedarfe der veränderten Situation)
■ Gestaltung sowohl von Arbeitsplätzen als auch von Kundenräumen (Barrierefreiheit sei hier als ein wichtiges Stichwort genannt, Generationen- und Gesundheitsmanagement lauten weitere Stichwörter.)
■ Wirtschaftswachstum, Wertschöpfung (Weniger Arbeitskräfte erwirtschaften weniger Wachstum und Werte, was wiederum durch verbesserte Bildung und technologische Innovationen aufgefangen werden könnte.)

Wenden wir uns der Personalfrage zu. Hans Heinrich Driftmann, Präsident des Deutschen Industrie- und Handelskammertages, gibt im Okto-

ber 2010 zu Protokoll, dass bereits jetzt rund 400.000 Fachkräfte fehlen.
Einzelne Berufsverbände können dies mit konkreten Zahlen in ihren
Sparten vertiefen. So wurden zum Beispiel 2009 rund 34.000 Ingenieure
gesucht – und nicht gefunden. (Erste Unternehmer holen in Rente
befindliche, gleichwohl geistig und körperlich fitte Ingenieure wieder
zurück.) 20.000 IT-Spezialisten wurden 2009 gesucht – und nicht gefunden. 5000 Ärzte wurden 2009 für deutsche Krankenhäuser gesucht – und
nicht gefunden. 50.000 Ausbildungsplätze konnten 2009 nicht mit geeigneten Bewerbern besetzt werden. Ein Trend, der sich auch in 2010 anhielt
und 2011 fortsetzen wird. Klaus Zimmermann, Präsident des Deutschen
Instituts für Wirtschaftsforschung (DIW) in Berlin: „Ab 2015 verlieren
wir jedes Jahr eine viertel Million Menschen am Arbeitsmarkt." Bald
bewerben sich die Arbeitgeber bei den Auszubildenden darum, doch zu
ihnen zu kommen, und nicht mehr umgekehrt.

Bereits Ende März 2009 gründeten das Bundesarbeitsministerium, Ver-
treter der Wirtschaft und der Gewerkschaften eine gemeinsame „Allianz
gegen Fachkräftemangel". Der damalige Bundesarbeitsminister Olaf
Scholz sagte auf dem Gründungskonvent der „Allianz zur Beratung der
Bundesregierung in Fragen des Arbeitskräftebedarfs": „Wir stehen an
einem Scheideweg: Entweder werden in wenigen Jahren Unternehmen
händeringend nach Fachkräften suchen, während sich vor den Arbeits-
agenturen Schlangen bilden. Oder wir verfügen über genügend Fachkräfte und haben eine geringe Arbeitslosigkeit."

Machen wir es konkret: 2009 lebten in Deutschland rund 1,4 Millionen
Menschen im Alter von 45 Jahren. Sie stehen zumeist im Erwerbsleben,
schöpfen volkswirtschaftlichen Wertzuwachs, zahlen Sozialbeiträge und
erziehen zu rund zwei Dritteln auch noch Kinder bzw. sorgen für die
Pflege ihrer Eltern. Die heute 20-Jährigen können diesen Jahrgang schon
nicht mehr ersetzen, denn von ihnen lebt in Deutschland nur noch rund
eine Million. 2009 wurden schließlich nur noch 665.000 Kinder geboren – also weniger als die Hälfte der 1964 Geborenen. Und von diesen
Kindern stammt rund ein Drittel aus Familien mit Migrationshintergrund. Handwerkspräsident Otto Kentzler prägte schon im Februar
2009 den Slogan: „Der Meister der Zukunft ist ein Türke."

Erschwerend kommt hinzu, dass das Erwerbspersonenpotenzial im
Zeitraum von 2000 bis 2050 doppelt so stark schrumpfen wird wie die
Bevölkerung insgesamt. Vor allem im Zeitraum 2020 bis 2030 geht das
Erwerbspersonenpotenzial wegen des Renteneintritts der geburtenstar-
ken Jahrgänge aus den Sechzigerjahren um rund fünf Millionen zurück.
Bundesarbeitsministerin Ursula von der Leyen ist überzeugt: „Das Land
hat Reserven." Dazu zählt sie „gut ausgebildete Frauen, die gerne arbeiten würden, aber Beruf und Familie nicht vereinbaren können, sozial
benachteiligte Kinder, die zu wenig gefördert werden und Schule oder
Ausbildung nicht schaffen, Ältere, deren Berufserfahrung ungenügend
genutzt" werde. So seien alleinerziehende Mütter und Väter genauso
qualifiziert wie der Rest der Bevölkerung, aber 40 Prozent von ihnen
sind in Hartz IV. Rechnerisch werden wir um 2023 eine Vollbeschäftigung erreicht haben, doch das entscheidende Problem bleibt das der
Qualifikation bzw. Qualifizierung.

Wenn die oben angeführten 45-Jährigen in 20 oder 25 Jahren den Ruhestand antreten, dann wird die Wirtschaft die frei werdenden Stellen nicht
mehr besetzen können. Denn die Menschen, die man dann brauchen
wird, sind bereits nicht mehr geboren worden – sie fehlen. Sie werden im
Übrigen auch in der Altenpflege fehlen. Positiv betrachtet heißt das:
Jedes heute geborene Kind hat einen Arbeitsplatz sicher. Vorausgesetzt,
es verfügt über Bildung. Doch darüber hinaus muss es gelingen, die
bereits angesprochenen Reserven auszuschöpfen, die seit Jahren in
Deutschland zu wenig Beachtung finden. Dazu zählen:

- **Frauen.** Deutschland weist eine relativ niedrige Frauenerwerbsquote
  auf (71,4 Prozent), insbesondere auch unter den zugewanderten
  (muslimischen) Frauen. Hieraus wäre ein erhebliches Erwerbspersonenpotenzial zu schöpfen. Würden wir in Deutschland zum Beispiel
  das Niveau von Dänemark (77,3 Prozent) erreichen, wären das bis
  2025 rund 900.000 Arbeitskräfte mehr. Hinzu kommt, dass derzeit
  nur 55 Prozent einen Vollzeitjob innehaben. 40 Prozent der teilzeit-
  beschäftigten Frauen würden übrigens gern mehr arbeiten. Allein
  dies – so Experten – würde ein Fachkräftepotenzial von rund einer
  Million Frauen erschließen. Wollten wir diese Potenziale nutzen, setzt
  das voraus, dass wir deutlich mehr Möglichkeiten zur Betreuung von

Kindern und pflegebedürftigen Älteren anbieten. Unternehmen werden hier lernen, Synergien mit anderen Unternehmen in den Gewerbegebieten oder den Kommunen sowie mit freien Trägern, die derartige Betreuungseinrichtungen unterhalten, zu bilden. Schon heute finden zum Beispiel jene Krankenhäuser, die auch über Betreuungseinrichtungen verfügen, leichter den ersehnten Ärztenachwuchs als solche, die das noch immer für überflüssig halten.

- **Ältere.** Wir werden alle Modelle erproben müssen, um ältere Menschen und deren Wissen länger an das Unternehmen zu binden. Zurzeit sind 56 Prozent der Bundesbürger zwischen 55 und 64 Jahre laut Bundesagentur für Arbeit noch in Beschäftigung. Das ist deutlich über dem EU-Durchschnitt (48 Prozent). Würde diese Quote um 10 Prozent steigen, könnten rund 500.000 Vollzeitstellen besetzt werden. Würden wir – wie in Schweden – eine Quote von 70 Prozent erreichen, wären es 1,2 Millionen Fachkräfte mehr. Wir werden Arbeit allerdings neu definieren müssen. Denn künftig spielt es keine Rolle, ob jemand vier Stunden am Tag oder in der Woche arbeitet. Wir brauchen jede Arbeitskraft. Die künftigen älteren Generationen werden zudem auch arbeiten müssen, um ihre Renten aufzubessern, denn der Sozialstaat bekannter Prägung wird nicht mehr finanzierbar sein.

- **Zuwanderer bzw. Zuwandernde.** Die deutsche Wirtschaft wird auf die bereits zugewanderten und die künftig Zuwandernden dringend angewiesen sein. Aus diesen Potenzialen gilt es zu schöpfen. Noch immer sind deutlich zu viele Menschen mit einem Migrationshintergrund in sozialen Transfersystemen verhaftet. Eine völlig fehl gelenkte deutsche Zuwanderungspolitik hat zum Beispiel dafür gesorgt, dass hoch qualifizierte Menschen sich als Putzkraft und Aushilfe verdingen mussten. Erst 2011 soll endlich bundesweit ein Rechtsanspruch auf Anerkennung der im Ausland erworbenen Bildungsabschlüsse eingeführt werden. Aber es gibt auch viele Menschen, deren Eltern es nicht vermochten, ihren Kindern den richtigen Bildungsweg zu weisen. Auch hier müssen wir erkennen, dass diese Menschen der Förderung bedürfen, um ihre Potenziale auszuschöpfen. So richtig der Weg in eine fördernde Bildungspolitik ist, so richtig ist auch, dass die Wirtschaft bis zur Heranreifung dieser jungen Menschen nicht die Zeit hat. Sie braucht vorher schon viele geeignete Arbeitskräfte. Daher wird auch ein weiterer Zuzug qualifizierter Menschen nach Deutschland notwendig sein. Das wiederum kann nur einhergehen mit einer (kommunalen) Integrationspolitik.

■ **Jugendliche ohne Schulabschluss.** Laut dem Bildungsbericht 2010 gehen jährlich 65.000 Jugendliche ohne Abschluss von der Schule ab. Das sind genau 10 Prozent des Geburtsjahrgangs von 2009. Diesen Luxus leisten wir uns – und das nicht erst seit gestern. Der demografische Wandel ist aber deren Chance, denn künftig werden wir auf diese jungen Arbeitskräfte und ihre Potenziale nicht mehr verzichten können. Das Problem bisher war, dass diese Menschen im ideologisierten Bildungssystem in Deutschland, in dem die bildungs- und schulstrukturellen Fragen wichtiger sind als die Ergebnisse, keine Chance hatten. Sie fielen durch den Rost. Das kann sich in Deutschland künftig niemand mehr erlauben. Wenn man dann noch weiß, dass – laut Bildungsbericht 2010 – 20 Prozent der 15-Jährigen nicht richtig lesen, schreiben und rechnen können und 17 Prozent der 20- bis 29-Jährigen keinen Berufsabschluss haben, dann wird angesichts dieser Zahlen nicht nur das bildungspolitische Ausmaß der Herausforderung deutlich, sondern auch ebenso die Chance, wenn es gelänge, diese Potenziale auszuschöpfen. Schlechte Schüler können gute Arbeiter sein.

Wir können es auch anders formulieren: Von 100 Nachwuchskräften, die die deutsche Wirtschaft künftig brauchen wird, werden 31 nicht mehr geboren, verfügen 17 über keinen Berufsabschluss und wandern 10 ins Ausland ab. Es verbleiben also 42. Wohin gehen sie? Ein Bürgermeister einer sauerländischen Stadt beobachtet, dass Personalverantwortliche großer Unternehmen an den gymnasialen Oberstufen gezielt gute Schüler ansprechen und versuchen, sie anzuwerben. Welche Auswirkungen hat dies für die Wirtschaft der ländlichen Teile Deutschlands? Parallel dazu wird die „Generation 100" geboren, Menschen, die 100 Lebensjahre zu gestalten haben. Was heißt das für die Lebensarbeitszeit?

Diese Entwicklungen bestimmen nachhaltig die kommunale Infrastruktur, denn wo weniger gearbeitet wird, siedeln sich weniger Menschen an, die arbeiten wollen, etablieren sich keine Unternehmen, die Arbeitsplätze anbieten und Steuern zahlen, werden soziale Infrastrukturangebote vor Ort nicht mehr finanzierbar sein. Eine Lösungsoption könnte die gezielte Anwerbung von Unternehmen sein, die sich auf Bedarfe einer älter werdenden Gesellschaft spezialisieren. Entsprechend müssten Bildungseinrichtungen flankierend zur Seite gestellt werden, die lebenslanges Lernen ermöglichen. Dies verlangt nach einer klaren, zielorientierten Gestaltungsstrategie für die Zeit bis 2030.

Attraktiv werden jene Kommunen sein, wo eine gute Aus- und Weiterbildungsstruktur gegeben ist, wo die Rahmenbedingungen gegeben sind, um möglichst vielen Frauen eine Erwerbstätigkeit zu ermöglichen, und wo für die Integration und gezielte Förderung von zugewanderten Menschen Erhebliches geleistet wird. Denn – es sei noch einmal wiederholt – unsere Gesellschaft wird es sich in Zukunft nicht mehr leisten können, auf die Kinder sozial schwacher und zugewanderter Familien zu verzichten. Mit speziellen Förderungsmaßnahmen bereits in der frühen Kindheit wird jener Nachwuchs aufgebaut werden, den Unternehmen morgen brauchen. Das ist in Zukunft Wirtschaftsförderung!

Das „Weniger" ist allerdings nur eine Seite der Medaille. Eine andere Seite ist, dass die Belegschaften immer älter werden und damit die Herausforderungen in den Betrieben größer, das Miteinander der Generationen am Arbeitsplatz zu gestalten. Die meisten Menschen im Erwerbsleben sind heute zwischen 45 und 50 Jahre. Diese Alterskohorte wird in den kommenden Jahren in die nächsten Alterskohorten wechseln. In fünf Jahren werden also die meisten Menschen im Erwerbsleben zwischen 50 und 55 Jahre, in zehn Jahren zwischen 55 und 60 Jahre alt sein. Alternativen fehlen, denn der Nachwuchs ist nicht da – und hier geht es nur um die Quantität, nicht um die Qualität des Arbeitskräfteangebots. Dies wirkt sich bereits heute schon auf den Arbeitsmarkt aus, denn in den vergangenen zehn Jahren haben in Deutschland mehr als 800.000 ältere Beschäftigte zusätzlich Arbeit gefunden. Lag der Anteil der 55 bis 64 Jahre alten Personen an den Beschäftigten im Jahr 1999 noch bei knapp 2,8 Millionen, so weist die Statistik zehn Jahre später 3,6 Millionen aus. Auch die Arbeitslosenquote der Älteren nimmt merklich ab. Waren 1999 in Deutschland noch 950.000 Ältere ohne Arbeit, so hat sich deren Zahl bis zum Jahr 2009 auf 496.000 fast halbiert.

Bei diesen Zahlenbeispielen handelt es sich zudem nicht um eine Prognose, sondern schlichtweg um statistische Fakten der derzeitigen Situation am Arbeitsmarkt. Um dieses Verhältnis wieder zu ändern, müssten kurzfristig mehrere Hunderttausend junge, gut ausgebildete Menschen aus dem Ausland einwandern – und das mehrere Jahre hintereinander. Aber weder ist das politisch gewollt noch gesellschaftlich akzeptiert noch faktische Realität. In 2008 und 2009 sind mehr Menschen aus Deutschland abgewandert als zugewandert. Übrigens handelt es sich bei den Auswandernden nicht um Sozialtransferempfänger. Der Zuwanderung stehen zudem massive Vorbehalte und Vorurteile vieler Menschen in Deutschland entgegen.

Zählten 2010 in Deutschland rund 44,6 Millionen Menschen zum Erwerbspersonenpotenzial, werden es 2050 wahrscheinlich nur noch 38,1 Millionen Menschen sein. Das hängt von der Zuwanderung, von der Geburtenquote und – am meisten – vom Lebensarbeitsalter ab. Alternde Belegschaften, fehlender Nachwuchs oder Auszubildende mit einer geringen Qualifikation sowie schlechte Integration von Familie und Beruf greifen schon heute tief in den betrieblichen Alltag ein. Mittlerweile ist auch in Politik und Wirtschaft begriffen worden, dass ältere Menschen nicht mehr skrupellos aus den Betrieben „gegangen" werden dürfen, sei es in Form von Altersteilzeit oder Frühverrentung (die Rede ist dabei nicht von kranken und schwer beeinträchtigten Menschen), sondern dass sie alle in Zukunft gebraucht werden.

Neben der Personalrekrutierung wird aber auch die Personalentwicklung und die Personalbindung eine erhebliche Rolle spielen. Gesundheit am Arbeitsplatz wird zu einer weiteren zentralen Herausforderung. Die Bundesagentur für Arbeit startete 2008 ihre Aktion zum demografischen Wandel: „Weiterbildung beflügelt." Doch davon ist kaum etwas angekommen, denn noch immer ignorieren viele Verantwortliche in Politik und Gesellschaft diese Herausforderung. Dabei wird künftig der Fort- und Weiterbildung von Menschen über 40 und über 50 das Augenmerk zu schenken sein. Doch hier stehen wir immer noch vor rudimentären Bildungsstrukturen. Das Einzige, was vielen Menschen einfällt, ist die Volkshochschule. Doch sie wird nicht – zumindest nicht mit ihrem heutigen Erscheinungsbild – die Bildungsinstitution für Menschen über 50 werden. Einzelne Kommunen versuchen es mit Senioren- oder Generationenakademien. Projekte wie „Hessencampus" oder „Lernen vor

Ort" wollen das lebenslange Lernen ins Bewusstsein bringen. Doch meist wird Bildung noch als „Schule" verstanden und abgehakt.

Die Herausforderung der neu zu gestaltenden demografischen Zukunft wird aber in der Wirtschaft nicht nur die Personalfrage betreffen, sondern auch deren Produkte und Dienstleistungen. In 2009 sind in Deutschland zum Beispiel erstmals mehr Inkontinenzhilfen als Babywindeln verkauft worden. Auch das Geschäft mit Heil- und Hilfsmitteln aller Art, zum Beispiel Rollatoren, boomt. Nur fehlt es zum Beispiel noch an Bussen, die Rollatoren in größerer Zahl transportieren können. Überhaupt wird die Barrierefreiheit zum Schlagwort für alle Fragen der mobilen Stadtentwicklung. Jedes Geschäft wird seine Zugänge, Warenräume und Beratungsangebote neu überprüfen müssen. Jens Wischmann, Geschäftsführer der Vereinigung Deutsche Sanitärwirtschaft (VDS), erwartete einen Umsatzanstieg für 2010 um 2,5 Prozent allein durch das neue KfW-Förderprogramm „Altersgerecht umbauen". Sorgen um die Arbeitsplätze für seine Beschäftigten macht er sich nicht, zumal die barrierefreien Badezimmer noch die Ausnahme sind.

Der Warenhauskonzern Galeria Kaufhof zum Beispiel ist eines der Unternehmen, das im Mai 2009 die sogenannte „Berliner Erklärung" unterzeichnet hat. Damit verpflichtet es sich, den demografischen Wandel aktiv zu gestalten. „Es gilt, die vielfältigen Zukunftschancen einer Gesellschaft des längeren Lebens rechtzeitig zu erkennen und Schritt für Schritt innovativ zu unterstützen", heißt es dort. Galeria Kaufhof wird täglich von mehr als zwei Millionen Besuchern bundesweit aufgesucht. Nun wird überall die barrierefreie „Galeria für Generationen" forciert. Am Beispiel der Filiale in Berlin am Alexanderplatz kann wahrgenommen werden, was dies konkret heißt. Breite Gänge, großzügige Umkleidekabinen mit fest installierter Sitzbank und einem Haltegriff sowie deutlich mehr Licht, Rolltreppen, die sechs Stufen anfahren, bevor sie auf- oder absteigen. Andrea Ferger-Heiter, Demografiebeauftragte ihres Unternehmens, erläutert ihr Ziel: „Wenn zum Beispiel unsere Mitarbeiter weltweit auf Spielwarenmessen einkaufen, sollen sie künftig so sensibilisiert sein, dass sie wie selbstverständlich auch auf größere Würfel mit Zahlen in größerer Schrift achten."

Denn der „Markt 55 plus" wird für ganz neue Produkte und Dienstleistungen sorgen. Warum nicht das Callcenter für ältere Menschen und mit älteren Menschen, warum nicht ein Dienstleistungsangebot von älteren Beratern für viele Lebenslagen, warum nicht die Rund-um-Versorgung als Servicepaket, das auch von älteren Mitarbeitern gewährleistet wird? Dienstleistungswünsche der Senioren können zu den Zukunftsbranchen mit den besten Wachstumserwartungen werden: Haushaltshilfen, Einkaufsdienste, Begleitung bei Arzt-/Behördenbesuchen, Fahrdienste, Wäschedienste, Begleitung bei Spaziergängen, um nur einige wenige zu nennen. Ziel ist es, aus der sogenannten Alterslast ein gesellschaftliches Innovationspotenzial zu machen.

Wird es zum Beispiel gelingen, den Menschen im Alter eine hohe Lebensqualität, und damit einen hohen Mobilitätsgrad, eine große Selbstständigkeit und ein weitgehend selbstbestimmtes Leben zu ermöglichen? Werden die dazu notwendigen Technologien und Hilfsmittel zur Verfügung stehen? Hier sind wir alle auf Innovationen aus den Forschungsabteilungen und den Ingenieurbüros, aber auch an den Werkbänken pfiffiger Handwerker angewiesen. So fällt zum Beispiel zurzeit den Schwerhörigen das Telefonieren oft auch mit Hörgerät schwer. Helfen soll den Betroffenen nun ein vom Fraunhofer-Institut für Digitale Medientechnologie (IDMT) in Oldenburg entwickeltes System. Die Technik verfolgt zwei Ziele: Zum einen wird versucht, den Hörverlust so gut wie möglich zu kompensieren, ähnlich wie es auch ein Hörgerät macht. Dabei werden die Frequenzen verstärkt, auf denen der Nutzer schlecht hört. Zum anderen werden die Umgebungsgeräusche analysiert und störende Hintergrundgeräusche herausgefiltert. Das vereinfacht es Schwerhörigen, auch dann zu telefonieren, wenn sich der Anrufer in einer lauten Umgebung, etwa in der Nähe einer Straße oder in einem Raum mit vielen anderen Menschen, befindet. Zusätzlich kann das System auf das individuelle Hörvermögen des Nutzers eingestellt werden. Die Technik kann in Festnetztelefone ebenso eingebaut werden wie in Handys. Das Fraunhofer IDMT rechnet damit, dass die ersten mit dem neuen System ausgestatteten Geräte etwa 2012 erhältlich sein werden. Wer im Übrigen glaubt, dass diese Technologie nur älteren Menschen helfen wird, der irrt. Untersuchungen zufolge haben ca. 25 Prozent der jungen Erwachsenen bereits irreparable Hörschäden (zum Beispiel durch zu laute Musik über Kopfhörer). Auch ihnen wird diese Technologie helfen. Doch erst beide Entwicklungen machen es für die Wirtschaft lukrativ, nach neuen Lösungen zu suchen.

Der Zukunftsforscher Horst W. Opaschowski meint, dass es „der größte strategische Fehler der Wirtschaft" sei, „die Senioren links liegen zu lassen". Und das im doppelten Sinne: als Zielgruppe für Produkte (jeder zweite Euro kommt künftig aus den Portemonnaies der über 50-Jährigen) sowie als erfahrene Mitarbeiter in Herstellung, Vertrieb und Beratung dieser Produkte, die vor dem Hintergrund einer alternden Gesellschaft auch über das nötige Lebenserfahrungswissen verfügen. Schließlich fragt niemand in einer Welt, wo jeder sich an jedem Ort mit jedem anderen an einem anderen Ort vernetzen kann, nach Alter und Geschlecht. Aber es wird gefragt nach Einfühlungsvermögen und sozialer Kompetenz.

Zudem müssen sich Unternehmen ernsthafter als bisher den Anforderungen einer familienbewussten Personalpolitik stellen, wenn sie ihre besten Fach- und Führungskräfte behalten wollen. Schon heute suchen immer mehr Unternehmen nach Möglichkeiten, die sich in der Erziehungszeit befindenden Frauen zurück an den Arbeitsplatz zu holen, indem durch die Schaffung von betriebseigenen Kindergärten und -krippen für die Betreuung der Kinder aktiv Sorge getragen wird. Dabei steht ein Paradigmenwechsel an. Denn die Vereinbarkeit von Familie und Beruf hat sich in der Vergangenheit ausschließlich als Anpassung der Familie an den Beruf herausgestellt. Das führte dazu, dass immer mehr Menschen auf Kinder ganz verzichteten, obwohl der Wunsch durchaus vorhanden war. Der idealtypische Arbeitnehmer, der ständig erreichbar, geografisch unabhängig und zeitlich flexibel ist, ist familienfeindlich. 1956 streikten die Gewerkschaften für die Fünf-Tage-Woche unter anderem mit einem Plakat auf dem ein kleiner Junge sagt: „Am Samstag gehört der Vati mir." Dieser Slogan könnte wieder an Aktualität gewinnen. Künftiges Ziel sollte es daher sein, die Vereinbarkeit von Familie und Beruf als vermehrte Anpassung des Berufes an die familiären Notwendigkeiten zu verstehen.

Dies wird sich auch in einem anderen, immer bedeutsamer werdenden Zusammenhang als zukunftsweisend zeigen: die Pflege von älteren Angehörigen. Eine 50-jährige Managerin mit 60-Stunden-Woche, deren pflegebedürftiger Elternteil in einer anderen Stadt lebt, braucht nicht in erster Linie Geld, sondern Zeit und damit einen kooperativen Arbeitgeber.

Schließlich sei noch auf große Unternehmen hingewiesen, die bereits auf Modellprojekte zurückblicken können, in denen sie eine andere Form der Ausbildung von Jugendlichen mit geringerer Qualifikation und schwierigem familiärem Hintergrund ausprobierten – übrigens mit Erfolg, so RWE. Auch hier müssen sich Unternehmen verstärkt auf die Menschen und deren vorhandene Qualifikation einstellen.

Ob das Bruttoinlandsprodukt – der Wert aller Waren und Dienstleistungen, die innerhalb eines Jahres in einer Volkswirtschaft produziert werden – in Zukunft langsamer wächst oder sogar schrumpft, hängt letztlich bei der prognostizierten demografischen Entwicklung und Bevölkerungsstruktur unter anderem davon ab, wie sich der Arbeits- und Kapitaleinsatz entwickelt und wie innovativ eine Volkswirtschaft dennoch ist. Der vierteljährliche mediale Blick auf die Wachstumskräfte unserer Volkswirtschaft wird als ein wichtiger psychologischer Indikator für Wohlstand und sozialen Frieden wahrgenommen. Wenn die Bevölkerung schrumpft, so ist es logisch, dass weniger Menschen bei gleicher Produktivität insgesamt weniger arbeiten. Um den Wohlstand zu sichern, müsste dies über eine höhere Produktivität und/oder eine höhere technische Innovation ausgeglichen werden. Dies wird in erster Linie auch von der Bildung der Erwerbstätigen abhängen und dies wiederum von deren Bereitschaft zur Weiterqualifizierung. Hinzu muss die Bereitschaft kommen, künftig mehr in die Gesundheitserhaltung zu investieren, um die Folgekosten des Systems im Alter zu minimieren.

Herwig Birgs Urteil ist eindeutig: „Der Wirtschaftsstandort Deutschland hat wegen seiner niedrigen Geburtenrate ungünstige Zukunftsaussichten. Hinzu kommt der zunehmende Mangel an jungen, gut ausgebildeten Arbeitskräften."

Diese Zukunftserwartung könnte vor allem dann real werden, wenn die Menschen, die heute Verantwortung tragen, keine aktiven Versuche unternehmen, dieser Entwicklung entgegenzusteuern. „Mutige wirtschaftspolitische Reformen und ein konsequentes Herangehen an die demografische Herausforderung sind heute mehr denn je gefragt", prophezeit Michael Eilfort, Vorstand der Stiftung Marktwirtschaft in Berlin. Eben: Mut zur Umsetzung. Denn auch hier mangelt es nicht an Erkenntnissen und Einsichten.

Die wichtigsten und auch schwierigsten Veränderungen der kommenden 15 Jahre stehen jedoch in den Unternehmen an. Das Mannheimer Forschungsinstitut Ökonomie und Demografischer Wandel hat errechnet, dass bis zum Jahr 2020 die Produktivität um etwa 15 Prozent steigen müsste, um die Kosten der Alterung auszugleichen. Wenn dies nicht zu schaffen ist, so bleibt den Deutschen nichts anderes übrig, „als Kraft, Zeit, Ideen und Energien ihrer alternden Mitarbeiter künftig effizienter zu nutzen", schreibt Elisabeth Niejahr den unternehmerisch Tätigen ins Stammbuch. Aber es bleibt auch dabei, dass Wissen und Kapital zwei wichtige Instrumente sein werden, die helfen, den demografischen Wandel zu bewältigen. Nur: Das Wissen um die Auswirkungen des demografischen Wandels und um die Gestaltung ihrer Herausforderungen muss vorhanden sein. So mancher Experte sieht einen Trendwechsel in den Personalabteilungen: Abschied vom Jugendwahn, Beginn einer Erfahrungsrenaissance.

Will man im Übrigen die Zahl der Erwerbsfähigen nach 2020 auf gleichem Niveau halten, wäre ein Zuzug von rund 600.000 Personen jährlich nötig. Zuwanderung soll aber künftig nur noch dann erfolgen, so will es das derzeit gültige Zuwanderungsgesetz, wenn die Integrationsfähigkeit sowie die wirtschaftlichen und arbeitsmarktpolitischen Interessen der Bundesrepublik Deutschland berücksichtigt werden. Der Integrationspolitik von morgen kommt daher bei der Gestaltung des demografischen Wandels eine Schlüsselposition zu. Von diesen Zuzugszahlen sind wir zurzeit aber weit entfernt. Aktuell ziehen noch nicht einmal genug Menschen nach Deutschland, um das Geburtendefizit auszugleichen. Gleichzeitig haben noch nie so viele Deutsche ihrem Land den Rücken gekehrt wie 2009. Damit wird klar, dass Deutschland Fachkräfte braucht, aber die Fachkräfte nicht allein auf Deutschland angewiesen sind.

Fazit: Die deutsche Wirtschaft muss sich auf eine nachhaltige Veränderung ihrer Funktionsweise einstellen. Das Personal wird älter, weiblicher und bunter. Aufgrund dessen sind völlig neue Rahmenbedingungen zu schaffen, was für den Erfolg des jeweiligen Unternehmens nachhaltig entscheidend sein wird. Insgesamt ist ein für Arbeitnehmer attraktives Umfeld zu schaffen, damit sie sich für den Standort Deutschland entscheiden.

7. Integrationspolitik

Auch wenn Sie die Zahlen bereits kennen, werden sie dennoch an dieser Stelle noch einmal genannt, weil sie den Sachzusammenhang hier erneut verdeutlichen. 2009 lebten innerhalb der deutschen Grenzen 16,0 Millionen Menschen, die entweder selbst zugewandert sind oder aber deren Eltern als Migranten gelten. Exakt 7,2 Millionen davon sind Ausländer, verfügen also nicht über die deutsche Staatsbürgerschaft. 2009 erhielten rund 96.100 Ausländer einen deutschen Pass, wie das Statistische Bundesamt zu berichten weiß. Zwischen 2000 und 2007 gab es jährlich im Schnitt 140.000 Einbürgerungen. 23 Prozent der in Deutschland geborenen Kinder wiesen 2009 mindestens einen Elternteil mit ausländischer Staatsangehörigkeit auf. Wenn man dann berücksichtigt, dass zwar in jedem zweiten ausländischen Haushalt, aber nur in jedem vierten deutschen Haushalt Kinder leben, kann leicht nachvollzogen werden, dass die Zahl der Deutschen zwar steigen wird, ebenso aber die Zahl der Migranten.

Fakt ist, dass die Einwohnerzahlen bundesweit zurückgehen. Fakt ist auch, dass der Anteil der Menschen mit Migrationshintergrund absolut und prozentual ansteigt, und Fakt ist, dass jedes dritte Kind unter fünf Jahren in Deutschland einen Migrationshintergrund aufweist. In 20 Jahren, wenn diese Kinder selbst wieder Kinder erziehen werden, werden die Bevölkerungsstrukturen noch einmal nachhaltig verändert werden. Da nützt die deutsche Staatsbürgerschaft erst einmal wenig, wenn der strukturelle Zugang zu Bildung und Arbeit mit Hindernissen versehen ist, weil die Eltern zum Beispiel von Sozialtransfers leben.

Für gut ausgebildete Menschen ist Deutschland als Einwanderungsland nur noch bedingt attraktiv. Statistiken der Europäischen Union belegen, dass rund 85 Prozent der in die EU einwandernden Menschen gering qualifiziert oder bildungsfern sind. Kanada und Australien zum Beispiel lassen keine Menschen ohne Sprachkenntnisse und Bildungsabschlüsse ins Land. 55 Prozent derjenigen, die in die USA einwandern, sind hoch qualifiziert. Wollte man mit Australien gleichziehen, das bei einer Bevölkerung von 22 Millionen Menschen (2009) mehr als 300.000 Neubürger anlockte, so müssten es bei uns im Verhältnis mehr als eine Million sein. Aufgrund des Durchschnittsalters von 37 Jahren gegenüber 44 in Deutschland sieht die australische Bilanz dann aber immer noch besser aus. Wollte man mit Kanada gleichziehen, das bei 34 Millionen Einwohnern und einem Durchschnittsalter von 40 Jahren 2009 rund 250.000 Einwanderer anzog, müssten wir immer noch 600.000 gut qualifizierte Menschen ins Land holen. Doch davon sind wir weit entfernt. Während die Wirtschaft dieses Verhältnis gern umgedreht wissen möchte, tun insbesondere verbalstarke Politiker alles, um das Erscheinungsbild Deutschlands nicht in die Strategie einer Willkommenskultur einzubetten. Magret Wintermantel, Präsidentin der Deutschen Hochschulrektorenkonferenz, sieht in dieser Debatte einen Beitrag zur Abschreckung qualifizierter Zuwanderer: „Deutschland darf seinen in den letzten Jahrzehnten aufgebauten Ruf als weltoffenes Land nicht verspielen", warnte sie im Oktober 2010.

Der Bremer Sozialwissenschaftler Gunnar Heinsohn ging der Frage nach, was qualifizierte Zuwanderer in Deutschland erwarten würde, und machte im Oktober 2010 in der *Frankfurter Allgemeinen Zeitung* zur Willkommenskultur in Deutschland folgende Bilanz auf:

1. Die Zuwanderer müssen den relativ größten Sozialhilfesektor der Welt finanzieren, da jeder legal und einkommenslos in Deutschland Lebende Hilfe zum Lebensunterhalt erhält.
2. Sie müssen in Deutschland den teuersten Renten- und Pensionssektor der Welt finanzieren.
3. Sie kommen in den Staat mit dem unter entwickelten Nationen höchsten Anteil an Jugendlichen ohne Ausbildungsreife (22 bis 25 Prozent), die sie nicht nur versorgen, sondern deren Zorn sie auch gewärtigen müssen.

4. Sie behalten von ihrem Verdienst nur 45 Prozent in der Tasche gegenüber mehr als 70 Prozent bei den Angelsachsen.
5. Sie können aufgrund dieser Last und des Umstands, dass sie in das –
   neben Japan – am längsten schon vergreisende Land der Erde gelangen, für sich selbst keine passable Altersversorgung aufbauen.
6. Sie müssen neben dem Englisch, das sie als Hochqualifizierte ohnehin
   beherrschen und mit dem sie für die angelsächsische Welt bestens
   gerüstet sind, auch noch Deutsch lernen.

Wie realistisch das ist, kann jeder selbst beurteilen. Die Herausforderung
bleibt, sich vor allem um erfolgreiche Integrationsbiografien der hier
lebenden Migranten, insbesondere der Kinder und Jugendlichen, zu
kümmern. In diesem Zusammenhang gibt es Zahlen, die unser Bild
nachhaltig konterkarieren. So informierte der KfW-Gründungsmonitor,
dass 2009 insgesamt 870.000 Menschen ein Unternehmen gründeten,
davon 170.000 ausländischer Herkunft (19,5 Prozent). Die wiederum
beschäftigten etwa 150.000 Menschen.

Die Realität scheint daher anders zu sein als die immer wieder gern kom-
munizierten Stammtischbilder. Laut einer repräsentativen Umfrage vom
September 2010 im Auftrag der Bertelsmann Stiftung überwiegen bei
mehr als zwei Drittel der Bevölkerung die positiven persönlichen Erfahrungen mit Zuwanderern und 76 Prozent zeigen sich sogar davon überzeugt, dass Deutschland davon profitiert, wenn es sich für verschiedene
Kulturen öffnet; 72 Prozent sehen in der Mehrsprachigkeit einen großen
Gewinn für das Land.

Dabei sollen die evidenten Probleme mit insbesondere jungen Migranten
auch an dieser Stelle deutlich benannt werden. Sie sind zumal im 8. Lagebericht zur Situation der Ausländer/-innen in Deutschland, der im Juli
2010 vorgelegt wurde, nachzulesen (siehe Abschnitt „Bildungspolitik“).
Diese Fakten sind nicht neu. Schon andere Veröffentlichungen in den
Jahren zuvor, aber insbesondere auch die Untersuchungen zu den schuli-
schen Leistungen der Kinder und Jugendlichen, die wir mit den Kürzeln
PISA, TIMSS und IGLU kennengelernt haben, vermittelten die Tatsache,
dass der Bildungsstand der Kinder auch von ihrer sozialen Herkunft
abhängig ist – nach wie vor. Und Bildung bleibt der Schlüssel für einen

Erfolg am Arbeitsmarkt – mehr denn je. Mit anderen Worten. Die Misere, die der aktuelle Ausländerbericht mit Zahlen erneut eindrucksvoll zu beleuchten versteht, ist Ergebnis einer jahrelang versäumten aktiven Integrationspolitik, vor allem in der Bildung. „Das Bildungssystem in seiner traditionellen Ausrichtung und seinem gegenwärtigen Bestand ist an viel zu vielen Stellen ein System des Chancenverwehrens statt eines Systems des Willkommens, Mitnehmens und Förderns", sagt Armin Laschet, ehemaliger Minister für Generationen, Familie, Frauen und Integration (2005–2010).[32] Armin Laschet war der erste Integrationsminister auf Landesebene, zwischenzeitlich haben Niedersachsen, Berlin und Hessen nachgezogen. In Niedersachsen ist mit Aygül Ozkan eine türkischstämmige Rechtsanwältin aus Hamburg und Muslima zur Ministerin für Soziales, Frauen, Familie, Gesundheit und Integration ernannt worden. Die gesellschaftlichen Realitäten werden zunehmend anerkannt.

Schlagzeilen machen meist jedoch kriminelle Handlungen von Personen mit Migrationshintergrund, insbesondere das Verhalten von männlichen Jugendlichen steht hier im Fokus der öffentlichen Wahrnehmung. Viele erinnern sich zum Beispiel an den Fall der sogenannten „Münchner U-Bahn-Schläger", die im Dezember 2007 einen 76-jährigen Mann lebensgefährlich verletzt hatten, weil er sie auf das Rauchverbot in der U-Bahn hingewiesen hatte. Beide Täter waren Jugendliche aus Zuwandererfamilien. Hinweise darauf, wie hoch die Kriminalitätsbelastung der Personen mit Migrationshintergrund tatsächlich ist, geben als wichtigste Datenquellen die Polizeiliche Kriminalstatistik (PKS), die Strafverfolgungsstatistik sowie Untersuchungen kriminologischer Forschungseinrichtungen. Einen guten Überblick über die Datenlage sowie eine ausführliche Interpretation der Daten liefert der Zweite Periodische Sicherheitsbericht, der vom Bundesministerium des Innern und dem Bundesministerium der Justiz gemeinsam herausgegeben wurde.

Christian Pfeiffer, Direktor des Kriminologischen Forschungsinstituts Niedersachsen, rät, verstärkt über die Ursachen der gestiegenen Zahl von Körperverletzungen durch Jugendliche nachzudenken. Für ihn

---

32 Laschet, Armin: Die Aufsteiger-Republik. Zuwanderung als Chance. Köln 2009, Seite 38.

lohnt sich die differenzierte Betrachtung: „Es gibt Städte, in denen es schlimmer wird, und solche, deren Zahlen völlig gegen diesen Trend laufen. Das haben wir untersucht, und dort, wo ausländische Jugendliche verbesserte Bildungschancen haben, sinkt ihre Gewaltquote."

Pfeiffer nennt als Beispiel Hannover: Dort gehen heute 30 Prozent der türkischen Jugendlichen an eine Hauptschule, vor zehn Jahren waren es 50 Prozent. Ihr Anteil an den Gymnasien und den Realschulen ist dagegen stark gestiegen. Sie treten heute deutlich seltener als Gewalttäter auf als vor 1998. „Wer liest, landet nicht im Knast. Wer Filme schaut, schon", weiß Mihrali Simsek, Autor des Buches „Mit 18 mein Sturz. Mein Leben im Gefängnis" zu erzählen. Dieses Buch sollte übrigens zur Pflichtlektüre in jeder Schule gehören, denn die Lebenswirklichkeiten auch unserer Jugend haben sich verändert.

Die unzureichende Integration von Zugewanderten kostet den Staat im Übrigen jährlich schätzungsweise 16 Milliarden Euro. Diese Zahl bezieht sich auf die Menschen mit Migrationshintergrund im erwerbsfähigen Alter. Durch mangelnde Sprachkenntnisse, geringere Bildungsbeteiligung, fehlende soziale Netzwerke und infolgedessen schlechte Integration der Zugewanderten in den Arbeitsmarkt gehen dem Staat damit Einkommenssteuern und Beiträge in die Renten- und Sozialversicherung verloren. Das jedenfalls ist das Ergebnis einer Studie des Büros für Arbeits- und Sozialpolitische Studien (BASS) im Auftrag der Bertelsmann Stiftung. Demnach kostet zum Beispiel allein die mangelnde Integration Bund und Länder jeweils 3,6 Milliarden Euro pro Jahr. Die Kosten der Kommunen liegen bei 1,3 Milliarden Euro, die der Sozialversicherungen bei 7,8 Milliarden Euro. Die Studie zählt weitere Kostengründe auf.[33]

Der Koalitionsvertrag zwischen CDU, CSU und FDP zur Bildung einer gemeinsamen Bundesregierung vom Oktober 2009 sieht zur Frage der

---

33 Bertelsmann Stiftung (Hrsg.): Gesellschaftliche Kosten unzureichender Integration von Zuwanderinnen und Zuwanderern in Deutschland. Welche gesellschaftlichen Kosten entstehen, wenn Integration nicht gelingt. Gütersloh o. J.

Integration zugewanderter Menschen in einem eigenen Kapitel folgende
Positionierung vor: „Die Integration der Menschen mit Migrationshintergrund ist für Deutschland eine Schlüsselaufgabe. Unser Zusammenleben soll von Respekt, gegenseitigem Vertrauen, von Zusammen-
gehörigkeitsgefühl und gemeinsamer Verantwortung geprägt sein. Wir
wollen Mitbürgerinnen und Mitbürgern aus Zuwandererfamilien alle
Chancen eines weltoffenen Landes eröffnen und ihre gesellschaftliche,
wirtschaftliche und kulturelle Teilhabe ermöglichen. Wir erwarten in
gleicher Weise die Aufnahmebereitschaft der deutschen Gesellschaft
und die Integrationsbereitschaft der Zuwanderer. … Wir werden den
Nationalen Integrationsplan (NIP) von einem integrationspolitischen
Gesamtkonzept zu einem Aktionsplan mit klar definierten und zu über-
prüfenden Zielen weiterentwickeln. … Wir streben die Gründung eines
Bundesbeirates für Integration an. … Die integrationspolitischen Defizite der letzten Jahrzehnte wollen wir konsequent beheben."

Mit Maria Böhmer ist die Beauftragte der Bundesregierung für Migration, Flüchtlinge und Integration als Staatsministerin im Kanzleramt
angesiedelt. Cornelia Schmalz-Jacobsen hatte in ihren sieben Amtsjah-
ren als Ausländerbeauftragte keinen einzigen Termin bei ihrem damaligen Chef, Bundeskanzler Helmut Kohl. Dies unterstreicht die grundsätzliche Dringlichkeit, auf diesem Gebiet aktiv zu werden. Es wurde bereits
an anderer Stelle gesagt: Dass es erst in 2006 einen Integrationsgipfel in
Berlin gegeben hat, belegt, wie sehr diese gesellschaftliche Herausforderung verschlafen und ignoriert wurde. Die Aufgabe lautet, auf jeder
kommunalen sowie regionalen Ebene einen Integrationsgipfel zu veran-
stalten, dessen Ergebnisse im Rahmen der Zuständigkeiten eine Zielbestimmung und konkrete, messbare Maßnahmen sein müssten.

Auch die Forschung geht dem Thema stärker nach. Denn es ist allgemein
anerkannt, dass wir in vielen Bereichen zu wenig voneinander wissen.
Wie leben zugewanderte Menschen in Deutschland? Eine erste umfassende Lebensweltanalyse der „Menschen mit Migrationshintergrund in
Deutschland 2007" wurde vom Bundesministerium für Familie, Senioren, Frauen und Jugend (BMFSFJ) und anderen Verbänden und Minis-
terien als Multi-Client-Studie in Auftrag gegeben und im Oktober 2007
vorgestellt. Entstanden ist die Untersuchung bei den Experten der

Lebensstil- und Einstellungsforschung im Heidelberger Institut Sinus Sociovision. Dort wird seit 30 Jahren die deutsche Gesellschaft nach Lebenszusammenhängen von Menschen mit ähnlichen Werten, Verhaltensweisen und Lebensauffassungen kartografiert.

Sinus-Migranten-Milieus® in Deutschland 20 08

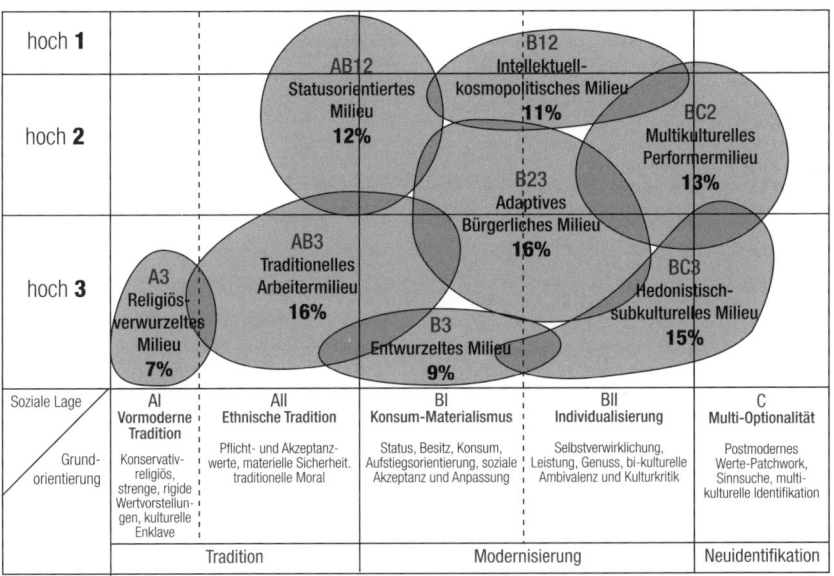

Quelle: SINUS-Institut, Heidelberg 2010

Fehlte bislang Basiswissen über das Leben von Migrantinnen und Migranten in Deutschland, so kann diese Studie die Wissenslücke füllen helfen. Für den damaligen Staatssekretär Gerd Hoofe räumte die Studie mit „hierzulande verbreiteten Klischees über die Einwanderer" auf. So seien die Migrantinnen und Migranten zum Beispiel durchaus bereit, sich in die Gesellschaft einzufügen, „legen aber Wert darauf, ihre kulturellen Wurzeln nicht zu vergessen". Auch böten die Ausländer in Deutschland ein weitaus vielfältigeres Bild als vermutet. Viele seien zum Beispiel bereit, mehr und härter zu arbeiten. Ihre Fähigkeit, sich in die deutsche Gesellschaft zu integrieren, sei umso ausgeprägter, je gebildeter sie sind. „Je höher das Bildungsniveau und je urbaner die Herkunftsregion, desto leichter und besser gelingt die Integration", berichtete Gerd Hoofe weiter. Eindeutig widerlegt worden sei auch das Klischee, dass Migrantinnen und Migranten von ihrer Religion dominiert würden. Das träfe nur auf einen Teil zu.

Die Untersuchung belegte acht „verschiedene Lebenswelten innerhalb der Migration":

- Religiös verwurzeltes Milieu
- Traditionelles Arbeitermilieu
- Statusorientiertes Milieu
- Entwurzeltes Milieu
- Intellektuell-kosmopolisches Milieu
- Multikulturelles Performermilieu
- Adaptives Bürgerliches Milieu
- Hedonistisches-subkulturelles Milieu

Die Grafik verdeutlicht die jeweilige (relative) Bedeutung des Milieus. Vergleicht man sie mit den Milieus der Deutschen, so ergeben sich in verschiedener Weise Parallelen, die mit ähnlichen Bildungsabschlüssen, Wertvorstellungen oder sozialen Lebensgewohnheiten zu tun haben, weniger mit der Herkunft oder der Religion. Insbesondere das religiös verwurzelte Milieu, das im Rahmen der Islamdebatte stets in der subjektiven (medialen) Wahrnehmung die Oberhand gewinnt, stellt objektiv hingegen nur eine Minderheit dar, die wahrscheinlich besonders wirksam aufzutreten versteht und durch ihr äußeres (anderes) Erscheinungsbild auch in der Wahrnehmung nachhaltiger haften bleibt. Dabei wird offensichtlich, dass die anderen Milieus über jene Talente verfügen, die unsere Gesellschaft dringend braucht. Das Kölner Unternehmen „Die PR-Berater" setzt sogar auf kulturelle Vielfalt als Geschäftsidee, denn von den 16 dort beschäftigten Menschen verfügen 11 über einen Migrationshintergrund. Für Thomas Müller, den Chef der Marketing-Agentur, liegt der Vorteil auf der Hand: Klassische Werbeagenturen seien „altdeutsch" geprägt, „und das, obwohl es doch internationale Aufgaben zu lösen gilt". Wen wundert es, dass dieses Unternehmen im Rahmen des Wettbewerbs „Vielfalt gewinnt" ausgezeichnet worden ist. Und der bereits zitierte Otto Kentzler, Präsident des Zentralverbands des Deutschen Handwerks, betonte bereits im Februar 2009, dass „der Meister der Zukunft ein Türke" sei. Ohne die Talente der Zugewanderten hätte das Handwerk keine Zukunft. Bei der Fußballnationalmannschaft der Herren ist diese Erkenntnis längst Allgemeingut.

Viele Zugewanderte haben es im Laufe ihres Lebens in Deutschland problemlos geschafft, sich zu integrieren. Der Integrationsbericht des Landes Nordrhein-Westfalen belegt, dass 31 Prozent der eingebürgerten Ausländer über einen (Fach-)Hochschulabschluss verfügten, im Gegensatz zu nur 29 Prozent der Deutschen. Doch dies nehmen wir so nicht wahr. Wer kennt schon Mehmet Kurtulus, der im Juli 2007 Deutschlands erster Tatort-Kommissar mit türkischem Hintergrund wurde? Wer kennt schon Youssef El-Saghir, der seit November 2007 in Eberswalde 120 Polizeibeamten vorsteht? Der gebürtige Libanese ist in den neuen Bundesländern der erste Polizeichef mit Migrationshintergrund. Und wer kennt Joybrato Mukherjee, einen Sohn indischer Einwanderer, der im Dezember 2009 mit 36 Jahren Deutschlands jüngster Universitätspräsident in Gießen wurde. Will Deutschland auf diese Talente verzichten?

Aber es gibt eben auch die andere Seite. Beide Seiten gehören zur gesellschaftlichen Realität Deutschlands und müssen in den Blick genommen werden. Gerade die „erfolgreichen Migranten" sind die besten Brückenbauer zu den bisher weniger erfolgreichen. Wir müssen zur Kenntnis nehmen, dass es selbst den Kindern in der zweiten oder dritten Generation nach wie vor schwerfällt, sich in Schule und Beruf zu integrieren (Stichwort PISA). Heinz Buschkowsky, Bürgermeister von Berlin-Neukölln, versteht dieses Phänomen einfach nicht: „Es kann nicht sein, dass nach 40 Jahren Zuwanderung sechsjährige Kinder zur Schule kommen und kein Wort Deutsch sprechen. Das ist aber die Regel."

In Deutschland verlässt ein Fünftel bis ein Viertel der Zugewanderten und ihrer Nachkommen das Ausbildungssystem ohne jeden Abschluss. Dies hat unter anderem seinen Grund darin, dass insbesondere in den industriellen Ballungszentren, meist in den deutschen Großstädten, Parallelgesellschaften – eigene Geschäfte, Dienstleister, kulturelle Treffpunkte, Sportvereine – entwickelt wurden, denen die deutsche Politik keine Alternative entgegenstellen konnte oder wollte. Auch waren die

Kindergartengebühren ein Hinderungsgrund, zumal die Mutter als betreuende Person zu Hause verfügbar war.

Zudem ist es bis heute so, dass Zuwanderer in ihrer Mehrheit über ein unterdurchschnittliches Einkommen verfügen und damit zu denjenigen Bevölkerungsgruppen gehören, die im Sozialstaat deutscher Prägung mehr Ressourcen vom Staat erhalten, als sie an ihn in Form von Steuern und Beiträgen abgeben müssen. Einwanderer profitieren von der Umverteilung zugunsten ärmerer Beitragszahler in der Krankenversicherung und von staatlichen Leistungen wie Sozialhilfe, Kindergeld, Wohngeld, Arbeitslosengeld und Arbeitslosenhilfe, die sie überdurchschnittlich in Anspruch nehmen. Diese „Einwanderung in die Sozialsysteme" führt auch immer wieder zu Neid, Missgunst und Fremdenfeindlichkeit.

Umso drängender ist eine aktive, gestaltende (kommunale) Integrationspolitik gefragt, nicht zuletzt, weil alle Prognosen zur Bevölkerungsentwicklung von einer weiteren Zuwanderung ausgehen. Schon heute sind bereits 48 Prozent der Kinder und Jugendlichen in Großstädten wie Köln Migranten. Hans-Georg Knopp, Generalsekretär des Goethe-Instituts, berichtet: „In Berlin gibt es bereits Oberschulen ohne einen einzigen deutschen Schüler." Und er fügt hinzu: „Europa verändert sein Gesicht." Sicherzustellen, dass diese Gesichtsveränderung nicht mit Schrecken verläuft, ist Aufgabe einer Integrationspolitik, die insbesondere auf kommunaler Ebene zum Standard gehören sollte. Ziele einer kommunalen Integrationspolitik, die sich sehr stadtteil- bzw. quartiersnah aufstellen sollte, sind daher unter anderem,

1. miteinander in einen geregelten Dialog zu kommen. Es gilt, nachhaltige Dialogstrukturen aufzubauen, in denen auch Entscheidungen getroffen werden können. Ziel ist es, über gemeinsame Werte und Vorstellungen zu sprechen, die in der jeweiligen Kommune verwirklicht werden können.
2. Begegnungen zwischen den Milieus, den Nationalitäten und den Bevölkerungsgruppen zu schaffen, die über Folklore und Verköstigung hinausgehen. Moscheen sind in diesem Zusammenhang auch Orte der Integration. Der jährliche „Tag der offenen Moschee" am 3. Oktober sollte dazu intensiv genutzt werden.

3. schon in den Kindergärten für Bildung und Sprache zu sorgen. (Das wird übrigens auch viele Kinder aus sozial schwachen, deutschen Familien betreffen.)
4. dafür zu sorgen, dass kein Kind ohne einen Schulabschluss die Schule verlässt. Individuelle Förderung und Begleitung der Kinder sowie die Beratung und Unterstützung der Eltern bleiben wichtige Aufgaben.
5. die Verwaltung sowie weitere Behörden interkulturell zu öffnen. Das betrifft nicht nur die Ebene der Reinigungskräfte, sondern auch jene Bereiche, die mit Migrantinnen und Migranten verstärkt zu tun haben: Jugend- und Sozialamt, Ordnungsbehörden und Polizei, Wohnungsgesellschaften und Bildungseinrichtungen.
6. die Stadtentwicklung so zu gestalten, dass einer Segregation konsequent entgegengewirkt wird.
7. ein Klima zu schaffen, das von einem Miteinander und einem Füreinander, nicht von einem Gegeneinander geprägt ist, damit dieses Klima auch in einigen Jahrzehnten Früchte trägt, wenn die strukturelle Zusammensetzung der lokalen Bevölkerung sich mehrheitlich verändert hat.
8. das Engagementpotenzial der zugewanderten Menschen für die Stadt, deren Vereine, Organisationen und Freiwilligenstrukturen zu nutzen.

Politik und Verwaltung sollten daher in Zusammenarbeit mit gesellschaftlich relevanten Gruppierungen – vor allem auch aus dem Bereich der Migrantenselbstorganisationen (MSO) – gemeinsam Leitbilder zur Integration entwickeln. Wie sieht ihre Stadt morgen aus, wenn sie eine Stadt sein soll, in der sich alle Bürger wohlfühlen. Zunehmend werden auch jene Organisationen aktiv, die die Zugewanderten selbst gründeten.

Eine (kommunale) Integrationspolitik wird nicht ohne Anstrengungen und zusätzliche finanzielle Investitionen erfolgen können. Fakt ist, dass die Bevölkerung in Deutschland ethnisch, kulturell und religiös vielfältiger geworden ist. Fakt ist ebenso, dass sich Deutschland zu einer Multiminoritätengesellschaft entwickelt.

Bei den jungen Altersgruppen wird die deutsche Bevölkerung in den Ballungsräumen schon in wenigen Jahren eine Minderheit unter anderen Minderheiten sein. Darauf müssen – zukunftsorientiert – Antworten gefunden werden, die das Zusammenleben positiv ergänzend gestalten – im allseitigen Interesse. Der Umgang mit den Migranten ist zur gesellschaftspolitischen Großaufgabe geworden. Allein die desolate Lage dieser Menschen auf dem Arbeits-, Ausbildungs- und Bildungsmarkt belegt einen dringenden Handlungsbedarf. „Gelungene Integration", schreibt Horst W. Opaschowski in seinem Buch „Der Generationenpakt", „gleicht einer ausbalancierten Identität zwischen Herkunftskultur und Aufnahmekultur. Für das Gelingen dieses Integrationsprozesses sind aber beide verantwortlich – die Ausländer und die Einheimischen, setzt also Integrationswilligkeit der Zuwanderer genauso voraus wie Integrationsfähigkeit der Einheimischen. Beide müssen sich aufeinander zu bewegen."[34]

Eine besondere Herausforderung gilt daher der Städteplanungs- und Wohnungspolitik, denn sie muss sich mehr als bisher als Integrationspolitik verstehen und eine konzentrierte Inselbildung oder Ghettoisierung vermeiden helfen.

Fazit: Wer in seinem Handeln – egal in welcher gesellschaftlichen, beruflichen oder politischen Verantwortung – die Zielgruppe der Migranten vergisst, der handelt grob fahrlässig, denn in wenigen Jahrzehnten werden sie in vielen Städten mehrheitsfähig sein. Der muslimische oder hinduistische Bürgermeister ist keine utopische Vorstellung mehr, sie wird ab 2030 real. Selbst Maria Böhmer, die Integrationsbeauftragte der Bundesregierung, erklärte, dass sie sich einen Bundeskanzler oder eine Bundeskanzlerin mit türkischem Hintergrund vorstellen könne. Doch auch Maria Böhmer weiß, dass Integrationspolitik in erster Linie kommunale Politik ist.

8. Stadtplanungs-, Wohnungs- und Infrastrukturpolitik

„Steinbach – erstes deutsches Dorf macht dicht!" – Diese Schlagzeile einer Boulevardzeitung von einem Dorf nahe der polnischen Grenze illustriert, was geschieht, wenn die Jungen alle fortgezogen sind und nur Arbeitslose,

---

34 Opaschowski, Horst W.: Der Generationenpakt. Das soziale Netz der Zukunft. Darmstadt 2004, Seite 203.

Alte und sehr Alte zurückbleiben. Die Infrastruktur kann kaum aufrechterhalten werden und wird zudem sehr teuer. Was bleibt, ist der Umzug.
Dass dies kein Einzelfall in Deutschland sein wird, belegt Günther Lachmann in seinem 2008 publizierten Buch „Von Not nach Elend. Eine Reise
durch deutsche Landschaften und Geisterstädte von morgen." Sicher: Der
Blick ist sehr pessimistisch, gleichwohl realistisch, wenn Politik und Menschen weiter so tun, als ob uns der demografische Wandel nicht beträfe.
Noch immer glaubt man, sich dagegenstemmen zu können, dabei gilt es,
neue soziale Realitäten anzunehmen und zu gestalten.

Schon immer seit Beginn der Industrialisierung haben räumliche Kon-
zentrations- und Dekonzentrationsprozesse eine große Rolle für den
technischen Fortschritt und damit für den Wohlstand der Industrieländer gespielt. Auch nicht neu ist, dass über lange Zeit die zunehmende
Konzentration von Menschen in den Ballungsräumen dafür verantwortlich war, dass neue technische Entwicklungen und die Kapitalakkumula-
tion beflügelt wurden. Doch durch den Übergang von einer wachsenden
zu einer stark alternden und schrumpfenden Gesellschaft wird auch die
Rolle der Ballungszentren als Impulsgeber der wirtschaftlichen Entwicklung infrage gestellt. Nicht nur unser Wirtschafts- und Sozialsystem ist
auf Wachstum ausgerichtet, auch die Raumstruktur und die Infrastrukturen sind bislang nicht auf eine schrumpfende Bevölkerung vorbereitet.
Kein Städteplaner hat dies im Studium gelernt, geschweige überhaupt
theoretisch diskutiert. Das Schrumpfen stellt dabei für Franz-Xaver
Kaufmann einen „interdependenten Prozess von sinkender Wirtschaftskraft, Abwanderung und Abbau bzw. Veralten öffentlicher Einrichtungen" dar. In ökonomischer Hinsicht dürfte vor allem, so Kaufmann, der
Preisverfall von Grundstücken und Immobilien sowie die sinkende Kre-
ditwürdigkeit schrumpfender Gebietskörperschaften und der lokalen
Wirtschaft „ein verschärfendes Moment" bilden.

Vor allem Leerstände in den Innenstädten, aber auch in Wohngebieten
gehören zunehmend zum Alltagsbild einer Stadt. 780.000 Wohnungen –
das sind 3,7 Prozent aller Wohnungen in Deutschland – standen 2008 leer
und waren nicht zu vermieten. Davon entfallen 380.000 auf Ostdeutschland inklusive Berlin und 400.000 auf Westdeutschland. Seit Erstellung
des Techem-empirica-Leerstandsindexes im Jahr 2001 ist die Quote im

Osten um 1,9 Prozentpunkte gefallen (von 8,5 Prozent auf 6,6 Prozent).
Das entspricht einem Rückgang um rund 120.000 Wohnungen, was unter
anderem ein Ergebnis der Abrissförderung ist. Basis für die Auswertung
sind anonymisierte Heizkostenabrechnungen, die Techem von rund
2,1 Millionen vermarktbaren Geschosswohnungen erstellt und aus denen
empirica den regionalen Leerstandsindex errechnet.

Gleichwohl erwartet die Wohnraumprognose des Bundesamtes für Bau-
wesen und Raumordnung (BBR) in Westdeutschland bis ca. 2015 noch
einen spürbar steigenden Wohnraumbedarf, da bei konstanter Bevölkerung die Zahl der Haushalte und der Wohnraumbedarf je Einwohner
weiter anwachsen werden. So hat zwischen 1995 und 2007 die Zahl der
Erwachsenen in einem Haushalt von 1,72 auf 1,66 abgenommen, bis
2025 rechnen Experten des Pestel-Instituts mit einem weiteres Absinken
auf 1,61. Der Wohnraumbedarf für Singles (in größeren Wohnungen)
wird daher weiter ansteigen. Nicht zuletzt deshalb rechnet das BBR in
ganz Deutschland bis 2020 mit bis zu 3,4 Millionen neuen Wohnungen.
Doch diese Nachfrage nach Wohnungen wird sich auf die süd- und westdeutschen Wachstumsregionen konzentrieren. Folge wird ebenso sein,
dass diese Regionen dann Wirtschaftskraft, Beschäftigte und damit Einwohner an sich ziehen werden.

Eine Herausforderung wird aber bundesweit zu gestalten sein: die
Anpassung des Wohnraums sowie des öffentlichen Raums an die Bedürfnisse der älter werdenden Menschen. Der Trend, so lange wie möglich in
den eigenen vier Wänden wohnen bleiben zu wollen, heißt noch nicht,
dass dies auch geht. Im bevölkerungsreichsten Bundesland, Nordrhein-
Westfalen, machte jüngst der Präsident der Architektenkammer, Hart-
mut Miksch, auf die Dimensionen aufmerksam: „Von den 8,3 Millionen
Wohneinheiten in Nordrhein-Westfalen sind bisher nicht einmal
drei Prozent barrierefrei oder barrierearm.“[35] In den nächsten 20 Jahren
erwartet er den Umbau von „mindestens 2,5 Millionen Wohnungen“,
und zwar altengerecht. Damit verbunden sei eine Investitionssumme
von rund 50 Milliarden Euro – und das nur in Nordrhein-Westfalen.

---

35 Dieses Zitat ist dem ‚Kölner Stadtanzeiger‘ vom 13./14. November 2010 ent-
    nommen.

Heruntergebrochen auf die Millionenstadt Köln bedeutet dies einen Umbaubedarf von rund 135.000 Wohneinheiten. In den anderen Bundesländern sieht das nicht viel anders aus – auch dank den nicht langfristig denkenden Bauherren und Architekten.

Die Kreditanstalt für Wiederaufbau hat bereits reagiert und 2009 ein Kreditprogramm „Altengerecht umbauen" auf den Markt gebracht. Auch die Pflegekasse zahlt Zuschüsse für eine Wohnungsanpassung. In Sachsen gibt es das Projekt „Alter leben", bei dem die Wohnungen der Genossenschaft mit ihren Bewohnern „mitaltern". Dazu zählt sowohl die rollatorgerechte Wohnung als auch die Steckdose auf Höhe der Lichtschalter, damit die 90-Jährigen nicht mehr auf dem Boden liegen müssen, um den Stecker zu ziehen, sowie die kontrastreichen Farben im Treppenhaus, die bei nachlassender Sehkraft mehr Orientierung bieten. Natürlich gibt es auch andere, vor allem technische Lösungen. Das aber setzt eine Wohnberatung voraus, die noch immer nicht flächendeckend angeboten wird. Auch Bauunternehmer hängen noch stark der Vergangenheit nach, zielen auf Neubaugebiete ab.

Dabei hat die altengerechte oder generationengeeignete Wohnung auch Auswirkungen auf den Wert der Immobilie. Wer seine Wohnung oder sein Eigenheim verkaufen will oder gar muss, der wird zweifach abhängig sein: von der geografischen Lage seiner Immobilie und vom Nutzungszustand für mehrere Generationen. Denn in Regionen mit abnehmender Bevölkerungszahl führen Leerstände zu Überangeboten und damit auch zum Preisverfall auf dem Wohnungsmarkt. 2008 sind die Baulandpreise erstmals seit 2001 um durchschnittlich 1,5 Prozent gegenüber dem Vorjahr gesunken. Langfristige Wertstabilität lautet das entscheidende Stichwort für jeden Immobilienbesitzer und diese wiederum hängt zukünftig vor allem sowohl von der Energieeffizienz wie auch der Alterstauglichkeit der Immobilie ab. Eine Studie der NordLB-Tochter Deutsche Hypo aus dem Jahr 2009 geht davon aus, dass Eigenheime „in den kommenden Jahrzehnten deutliche Wertverluste erleiden, weil die für die Nachfrage relevante Bevölkerungsgruppe der 30- bis 45-Jährigen deutlich zurückgeht".[36]

---

36 Dieses Zitat ist der ‚Welt kompakt' vom 29. April 2009 entnommen.

Anders als in Fortzugsregionen verhält es sich in Städten, die mit einer wachsenden Einwohnerzahl rechnen dürfen.

Neben dem tatsächlichen Leerstand ist daher auch heute schon die Ermittlung des zukünftigen Leerstandes bedenkenswert, bevor man glaubt, durch Ausweisung von Neubaugebieten mögliche Zuwanderungswillige gewinnen zu können. In der sauerländischen Stadt Marsberg zum Beispiel wollten die kommunalpolitisch Verantwortlichen wissen, wie hoch der Leerstand der Wohnungen und Häuser derzeit ist, aber auch wie viele Menschen in ihren Häusern bzw. Wohnungen allein bzw. zu zweit leben und zurzeit über 70 Jahre alt sind. Es wurde unter anderem deutlich, dass rund 10 Prozent der Wohnungen und Häuser von Menschen über 70 zu zweit oder allein bewohnt werden. Vor dem Hintergrund einer Bevölkerungsprognose, die ein Schrumpfen der Bevölkerungszahl voraussagt, und angesichts der Tatsache, dass man schon in den letzten zehn Jahren rund 6 Prozent der Bevölkerung verloren hat, will man nun stadtteilspezifisch nach Lösungen suchen. Denn das weitere Schrumpfen ist absehbar und hat vielfältige Auswirkungen auf die Infrastruktur, denen man heute schon vorausschauend begegnen will.

Die Folgen des Bevölkerungsrückgangs fallen in ländlichen Gebieten besonders nachhaltig auf, da die geringe Siedlungsdichte hier bereits in der Vergangenheit zu einem Abbau von Infrastruktureinrichtungen und damit zu einer schlechteren Versorgung der Bewohner geführt hat. Die kommunikative Funktion der Dorfläden für ältere Menschen zum Beispiel wird durch die mobilen Angebote nicht annähernd ersetzt. Das hat Auswirkungen auf die subjektiv empfundene Lebensqualität. Besonders im hohen Alter kann ein notwendiger Umzug in eine Pflegeeinrichtung oder in eine (kleinere) Wohnung in der Stadt auch zu emotionalen Problemen führen, da freundschaftliche Beziehungen an einem langjährigen Wohnort nicht ohne Weiteres ersetzt werden können. Gerade diese Sozialstruktur sorgt dafür, dass ältere Menschen so lange wie möglich – auch bei einer schlechteren Versorgung – am ländlichen Wohnstandort festhalten wollen.

Infrastrukturen werden vom Grundsatz her nicht generell weniger genutzt. Während städtische Infrastrukturen wie U- und S-Bahnen mit

Unterauslastung konfrontiert werden, begünstigt eine zerstreute Siedlungsstruktur und die stärkere Motorisierung älterer Menschen das Verkehrsmittel Auto, sodass der Straßenverkehr allenfalls geringfügig abnehmen wird. Andere Infrastruktureinrichtungen, wie zum Beispiel die Wasser-, Abwasser- und Stromversorgung, werden kostenmäßig auf weniger Menschen verteilt und damit dauerhaft teurer. Wieder andere Infrastrukturen müssen den Bedürfnissen mobiler Menschen im Alter angepasst werden, so zum Beispiel den Menschen mit Rollatoren. Dazu gehören unter anderem längere Ampelphasen, abgeflachte Bürgersteige sowie verbesserte Einstiegsmöglichkeiten bei Bus und Bahn.

Fazit ist, dass die Siedlungen und Infrastrukturen nicht mitschrumpfen werden, es sei denn, es wird umgebaut, zurückgebaut oder abgerissen. Im sächsischen Hoyerswerda etwa gibt es einen Abrissplan für knapp ein Viertel des gesamten Stadtgebietes. Danach, so hofft die Stadtverwaltung, habe sich die Kommune „gesundgeschrumpft". Entscheidend wird die kommunale Baulandplanung sein. Werden weiterhin immer mehr Baugebiete am Stadtrand ausgewiesen, deren technische Infrastruktur der Ver- und Entsorgung aufwendig ist, oder werden verstärkt in den bereits besiedelten Gebieten Neubauten ermöglicht? Die Steuerung der Flächennutzung steht vor neuen Rahmenbedingungen. Es gilt, hier und heute umzudenken. „Gezielter Rückbau der Bebauung und der dazu gehörigen Infrastruktur werden daher Schlagworte sein, denen sich Raumplanung und Städtebau zukünftig in Ost- und Westdeutschland immer häufiger zu stellen haben", heißt es in der Publikation „Demografie konkret", die die Bertelsmann Stiftung herausgegeben hat. Aber wird der Rückbau nicht mehr benötigter Gebäude und Infrastrukturen in dem zum Bevölkerungsrückgang proportionalen Umfang zu bewältigen sein? Eher nein. Damit wird klar, dass die schrumpfende Stadt eine teure Stadt sein wird. Mit einem ersten Bundesprogramm zum Stadtumbau Ost hoffte man die Lage durch den Abriss von Plattenbauwohnungen bessern zu können. Dass dies allein nicht ausreichen würde, bestenfalls ein erster Schritt sein konnte, wussten klügere Kommunal- und Landespolitiker. In Sachsen-Anhalt fand man mit der Auslobung der Internationalen Bau-Ausstellung (IBA) Stadtumbau einen Weg, Schrumpfungskompetenz systematisch auszubilden. Die IBA Stadtumbau unter dem Motto „Weniger ist Zukunft" blieb bescheiden: Über acht Jahre wurden insgesamt rund 200 Millionen Euro an Fördergeldern ausgegeben. Viel Wert wurde auf lokale Akteure, auf Kommunikation und Mediation vor Ort gelegt.

Insbesondere die kommunale Entwicklungsplanung sowie die Regional- und Landesplanungen in den westdeutschen Bundesländern sind bisher in der Praxis nicht ausreichend auf demografische Schrumpfungspro- zesse vorbereitet. Dabei ist auch hier klar zu erkennen, dass bis 2025 jede zweite Kommune Einwohner/-innen verlieren wird. Dieser Realität wol- len sich nach wie vor viele politisch Verantwortliche nicht stellen, denn: Wer schrumpft schon gern, und das auch noch freiwillig? Für die kom- munale Flächennutzungspolitik hat dies folgenreiche Auswirkungen, die bereits heute bei der Ausweisung von Flächen vorbedacht werden könnten. Als der frühere Umweltminister von Nordrhein-Westfalen im Juli 2009 einen Verzicht auf neue Baugebiete in Randlagen der Kommu- nen anregte und dies gesetzlich regeln wollte, erntete er Unverständnis und Entrüstung auf kommunaler Seite. Die demografischen Erkenntnis- se sind noch immer nicht durchgedrungen. Hier vertraut man noch eher den Instrumenten von gestern, obwohl sie nachweislich nicht taugen. Dabei sagen auch die Städtebauexperten voraus, dass es besser sei, den historischen Ortskern zu sanieren und den lokalen Jugendklub zu unter- stützen, als das nächste Waldstück für billigen Baugrund zu opfern. Städ- te brauchen neue Kleider.

Einen weiteren wichtigen Baustein in diesem Zusammenhang bildet die Sanierung segregierter Stadtteile, die zunehmend geprägt sind von Armen, Ausländern, Alten und Arbeitslosen. Gerade Städte sollten in diese Stadtteile und die humanen Ressourcen investieren, um die Attraktivität der Stadt für Zuzugsinteressierte zu steigern. Hier spielen Stadtentwicklungs-, Wohnungs- und Integrationspolitik ineinander. Dies zusammen zu denken und zu planen, lautet die Herausforderung von morgen.

Ein weiterer Baustein einer demografiesensiblen Städtebaupolitik ist die Versorgung der Menschen mit Strom und Frischwasser oder die Organi- sation von Verkehr, Müllabfuhr und Abwasserkanälen. Matthias Koziol, Professor für Stadttechnik an der Brandenburgischen Technischen Uni-

versität Cottbus, sieht folgende Faktoren als bestimmend für die künftige
Entwicklung an:

■ sinkender spezifischer Verbrauch an Wasser, Wärme, auch Strom,
  durch Veränderungen im Verbrauchsverhalten oder durch Verbesse-
  rungen der technischen Standards von Anlagen oder von Regelme-
  chanismen
■ Minderverbrauch infolge von kleinräumigen Wanderungsbewegungen (Entdichtung von Versorgungsgebieten bei gleichzeitig flächen-
  mäßigem Zuwachs versorgter Gebiete)
■ sinkender Verbrauch infolge von großräumigen Wanderungsbewegungen (Abwanderung bei gleichzeitiger Entdichtung von Versorgungsgebieten)
■ Verbrauchsreduzierung aufgrund von demografischen Entwicklungen (Bevölkerungsrückgang)
■ Rückgang von gewerblicher und industrieller Nachfrage nach netzge-
  bundener Infrastruktur (Betriebsschließungen, verbesserter Anla-
  genstandard)
■ Netzverkleinerung durch Abriss von Gebäuden

Koziol weist, wie viele andere Experten auch, insbesondere im Bereich
der Trinkwasserversorgung darauf hin, dass aufgrund des sinkenden
spezifischen Trinkwasserverbrauchs seit 1990, des drastischen Rück-
gangs beim gewerblichen Wasserverbrauch und des gleichzeitigen Bevölkerungsrückgangs in vielen Netzen der technischen Infrastruktur
schon heute mit einer erheblichen Unterauslastung mit ihren gravieren-
den Folgen für deren zukünftige Funktionsfähigkeit und Wirtschaftlichkeit zu rechnen sei. Generell lassen sich die aus der Schrumpfung resultierenden Probleme für die Funktionsfähigkeit der netzgebundenen
technischen Infrastruktur in den Bereichen Abwasser, Trinkwasser,
Fernwärme sowie Verkehr ausmachen.

Betrachten wir einmal das Beispiel Trinkwasser näher. Seit 1985 geht
der Pro-Kopf-Verbrauch kontinuierlich zurück. 2007 verbrauchte der
Durchschnittsdeutsche 122 Liter Wasser pro Tag (1992 waren es noch
144 Liter). Von den 188 Milliarden Kubikmetern Wasser, die in Deutschland zur Verfügung stehen, werden lediglich 19 Prozent genutzt. Durch

die geringere Auslastunge bleiben in den Wasserleitungen Ablagerungen zurück, die zu Keimbildung und Korrosion führen können. Vorbeugend wird daher regelmäßig zusätzlich Wasser durch die Rohre gejagt – gespart ist damit nichts. Eine Verkleinerung der Abwasserrohre würde aber wiederum andere Probleme hervorrufen. So hat in den letzten Jahren die Zahl der Starkregenfälle deutlich zugenommen. Wenn diese Regenfälle auf zu kleine Rohre treffen, sind Überschwemmungen vorprogrammiert.

Für die erforderlichen Anpassungsprozesse im laufenden Stadtumbau gibt Matthias Koziol aus Sicht der technischen Infrastruktur folgende Handlungsempfehlungen:

- Versorgungswirtschaftliche Überlegungen sollten bei der Erstellung und Fortschreibung kommunaler Stadtumbaukonzepte frühzeitig berücksichtigt werden.
- Den Stadtumbauplanungen sind solide Entwicklungsaussagen zugrunde zu legen und nicht Best-Case-Annahmen.
- Flächiger Rückbau hat aus der Sicht der technischen Infrastruktur Vorrang vor zerstreutem Rückbau; wenn möglich sollte er von den Netzenden her erfolgen (kostengünstige Anpassung durch Konzentration von Problemschwerpunkten!). Ein Teilrückbau sollte nur bei Verminderung der Siedlungsdichte von bis zu 30 Prozent zur Anwendung kommen.
- Städtebauliche Umstrukturierungen sollten möglichst unter Nutzung vorhandener Netze erfolgen. In diesem Zusammenhang sollte frühzeitig eine klare Entscheidung für oder gegen eine mögliche Nachnutzung von Abrissflächen getroffen werden.
- An verbleibenden Hauptnetzen sollte möglichst kein Flächenabriss erfolgen.
- Im Umfeld minder ausgelasteter Netzteile oder im Umfeld potenzieller Abrissgebiete sollte keine bauliche Weiterentwicklung nach außen erfolgen.
- Bei langfristigem Vorteil sollten auch dezentrale Lösungen ermöglicht werden.
- Die Anpassungsfähigkeit der Netze sollte berücksichtigt und im Rahmen von notwendigen Sanierungsmaßnahmen gestärkt werden.

■ Auch Entwicklungen und Bedarfe im Stadtumland-Raum sollten in die Planungen einbezogen werden.
■ Neue Leitungen und Anlagen sollten knapp dimensioniert werden.

Wer sich die Infrastruktur in den heutigen Kommunen anschaut, der wird sich fragen müssen, wie sich diese in den nächsten Jahrzehnten unter dem Aspekt des demografischen Wandels mit dem Ziel einer nachhaltigen Stadtentwicklung – auch unter Schrumpfungsbedingungen – weiterentwickeln wird. Denn es ist ja nicht nur die barrierefreie, altengerechte oder generationenfreundliche Wohnung gefragt, sondern das jeweilige Quartier, ja die ganze Stadt ist sukzessive auf diese Herausforderungen hin zu gestalten. Um dem ehrgeizigen Ziel einer „barrierefreien Stadt" näherzukommen, hat man in Köln zum Beispiel am Hauptbahnhof im Zuge der Neugestaltung einen Gehweg mit Platten für Sehbehinderte gepflastert. Doch die Noppen dieser Platten lagen so weit auseinander, dass die Reifen der Rollatoren dazwischen hängen blieben. Barrierefreiheit für Menschen mit Behinderungen ist also nicht gleichzusetzen mit Barrierefreiheit für Menschen im (hohen) Alter. Ebenso stellt die generationenfreundliche Infrastruktur (Einkaufen, Begegnung, Aufhalten im öffentlichen Raum) eine Herausforderung der Stadtentwicklung für morgen dar.

Der Lebenszyklus eines Menschen zum Beispiel bietet einen weiteren Einstieg in dieses Thema und wirft zahlreiche Fragen von allein auf:

■ Wo werden Krankenhäuser künftig noch Geburtsstationen mit funktionsfähigen Kreißsälen vorhalten können?
■ Wie wird die fachärztliche Versorgung für werdende Mütter, aber auch für Kinder aussehen?
■ Welche Angebote werden junge Familien künftig kommunal noch vorfinden, um sich auf die Geburt eines Kindes vorzubereiten bzw. Unterstützung bei der Aufgabe als junge Eltern zu finden?
■ Welche Möglichkeiten der Betreuung von Kindern bis zu drei Jahren werden in der jeweiligen Kommune angeboten werden oder gar am jeweiligen Arbeitsplatz von Vater oder/und Mutter?
■ Wie flexibel werden Arbeitgeber, aber auch soziale Sicherungssysteme sein, um den besonderen Anforderungen einer Familie entgegenzukommen?

- Wie wird die Versorgung mit Kindergartenplätzen und betreuten Schulformen – nicht nur im Grundschulbereich – sein?
- Wie werden die Kinder in diesen Bildungseinrichtungen gefördert werden, auch – und gerade dann – wenn die Eltern nicht dazu in der Lage sind?
- Welche Wohnraumangebote – zum Beispiel für Familien – wird es geben? Wie wird die Verkehrsinfrastruktur aussehen? Wie lange müssen Kinder morgens fahren, um zur Schule zu gelangen?
- Wie bezahlbar werden die Wohnnebenkosten – Heizung, Strom, Wasserversorgung, Müllabfuhr, Grundsteuer etc. sein?
- Welche Arbeitsplatzangebote wird es für Eltern geben?
- Welche Freizeitangebote wird es für Familien, aber auch für kinderlose Erwachsene und insbesondere für Ältere geben?
- Welche Versorgungsmöglichkeiten des täglichen Bedarfs sowie einer grundmedizinischen Begleitung wird es vor Ort geben?
- Welche Möglichkeiten der betreuten Wohnform wird es für ältere Menschen geben? Welche Pflegeeinrichtungen wird es vor Ort geben?
- Wie werden die Generationen miteinander in einen fairen Ausgleich ihrer Interessen gebracht werden? Wie kann dies politisch künftig gesteuert werden? Gibt es ein Wahlrecht für Kinder?

All diese Fragen – und viele weitere mehr – werden zu beantworten sein. Wer eine rechtzeitige Antwort verweigert, wird von der Entwicklung schließlich überrollt werden. Es gilt daher, die kommunale Infrastrukturpolitik langfristig zu denken und zu planen.

Als im Juni 2009 das Gutachten „Politikvorschlag Demografischer Wandel" vom Berlin-Institut für Bevölkerung und Entwicklung im Auftrag des Bundesministeriums für Verkehr, Bau und Stadtentwicklung veröffentlicht wurde, stand der Vorschlag im Raum, ganze Regionen in Deutschland zwar nicht aufzugeben, aber nicht mehr aktiv zu fördern. Denn diese Garantie wird für den ländlichen Raum kaum zu halten sein: „Wo Schulen schließen, Buslinien eingestellt und Ämter zusammengelegt werden, ziehen gerade junge Familien erst recht weg."

„Anpassen", so Reiner Klingholz, Direktor des Berlin-Instituts, „fördert den demografischen Niedergang, auch wenn das Gegenteil geplant war."

„Dass es leer wird auf dem Land, ist unübersehbar. Geburtenrückgang, Überalterung und Abwanderung werden in einigen Gebieten schmerzhafte Veränderungen auslösen. Aber es gibt auch das wachsende Bedürfnis der Städter nach mehr Lebensqualität, nach mehr sozialer Gemeinschaft und nach Erholung in einer intakten Umwelt. Urlaub im eigenen Land liegt im Trend", analysiert Doris Schmied, Wissenschaftlerin an der Universität Bayreuth, wo sie Entwicklungsprozesse im ländlichen Raum erforscht. Ihre Erkenntnis: „Wie es den Dörfern geht, hängt nicht nur von der Wirtschaftskraft einer Region ab. Ganz wichtig sind engagierte Einwohner, die das Dorfleben mitgestalten, und ein Bürgermeister, der Ideen hat und etwas auf die Beine stellt." In jeder Gemeinschaft gibt es immer eine kleine Schar Aktiver, die bereit ist, Neues zu wagen. Diese Unterstützer oder Promotoren, etwa 5 Prozent, gilt es zu vernetzen und zu verbünden. Wenn diese wichtigen Multiplikatoren überzeugt sind, wagen sie sich an die Skeptiker einer Gruppe (etwa 40 Prozent), an Menschen, die ein geringes persönliches Risiko haben und die aber ein gewisses sachliches Risiko sehen. Die Skeptiker schlagen sich – je nach Entwicklung der Diskussion – auf diese oder jene Seite. Sie gilt es im Vorfeld zu sensibilisieren. Wenn diese Menschen sehen, dass sich bestimmte Akteure für eine Sache bereits verbündet haben, werden sie dieser gegenüber auch nicht länger abseitsstehen wollen – und schon gar nicht ablehnend. Die Gruppe der Bremser (40 Prozent), also jene, die aus persönlichen Gründen der Sache ablehnend gegenüberstehen, lässt sich erst im Handeln gewinnen, wenn sie sieht, dass ein Zug nicht mehr aufzuhalten ist, und wenn sie spürt, dass die persönlichen Befürchtungen oder Ängste sich nicht realisieren. Die Widerständler (15 Prozent) hingegen, die ein hohes persönliches wie sachliches Risiko wahrnehmen, werden selten zu gewinnen sein. Sie geben den Widerstand erst auf, wenn eingesehen wird, dass Widerstand zwecklos ist.

Fazit: Verbündete suchen und Skeptiker überzeugen, lautet die Erfolg versprechende Strategie. Darauf sollten Sie Ihre Energie konzentrieren, um die inhaltlichen Herausforderungen in dem Bereich, den Sie verantwortlich mitgestalten, anzugehen und zu meistern.

VI. Agenda der Zukunft
Ziele setzen, Maßnahmen ergreifen, Bürger einbinden

„Es kommt nicht darauf an, die Zukunft richtig vorherzusagen, sondern auf sie vorbereitet zu sein", sagte vor rund 2500 Jahren der griechische Staatsmann Perikles (500–429 v. Chr.). Es scheint, als ob diese Weisheit auch heute auf die Herausforderung des demografischen Wandels zutrifft. Erschwerend wirkt allerdings, dass die jüngere Geschichte der Menschheit Schrumpfungsprozesse der Bevölkerung nur im Zusammenhang mit Kriegen, Epidemien und Umweltkatastrophen kennt. So wurde zum Beispiel durch die Wirren des Dreißigjährigen Krieges (1618–1648) die Bevölkerung in Deutschland um 40 Prozent dezimiert. Und wer die Bevölkerungsentwicklung als Pyramide dargestellt kennt, der weiß, dass es auf der männlichen Seite immer starke Einschnitte gegeben hat, wenn Kriege zwischen den Menschen wüteten. Wir haben es also erstmals mit einem Schrumpfungsprozess zu tun, der in Friedens- und Wohlstandszeiten gestaltet werden muss.

Dabei hatte sich dieser Prozess längst angekündigt. Schon der sogenannte „Pillenknick", also die massenhafte Nutzung von Verhütungsmitteln, die in Deutschland um 1967 einsetzte und zu deutlichen Rückgängen bei den Geburten führte, hätte jedem klarmachen müssen, dass dieser Einschnitt im Bevölkerungswachstum nicht von kurzer Dauer ist. Doch die zugewanderten Menschen und deren Nachwuchs haben diese Entwicklung viele Jahrzehnte zahlenmäßig auffangen können. Generative Prozesse vollziehen sich im Übrigen schleichend über Jahrzehnte und damit häufig im Alltag kaum wahrnehmbar. Man konnte und wollte auch nicht zur Kenntnis nehmen, dass die ideologische Wachstumsgläubigkeit ein Ende haben könnte. Anfang der Siebzigerjahre hatten wir auch noch Vollbeschäftigung und eine Stimmung im Lande, die suggerierte, dass es im Grunde nur aufwärtsgehen könne. Zudem verstand es die Politik, den Menschen eine Sicherheit zu vermitteln, die ein Morgen in Frieden und Wohlstand als selbstverständlichen Besitzstand kennt, für den man nicht mehr viel tun müsse. Jetzt ist es klar: Wir werden weniger – zumindest in

Deutschland und in Europa. Wir werden nachhaltig älter und bunter –
und das weltweit. Sind wir darauf vorbereitet?

Die Journalistin Elisabeth Niejahr diagnostizierte in ihrem Buch „Alt
sind nur die anderen", dass aus der Altersdebatte eine „Angstdebatte"
geworden sei, die sie als „typisch deutsche Untergangsdiskussion" be-
zeichnete. Dabei gelte es weniger die Versicherungssysteme anzupassen,
sondern die eigenen Lebensentwürfe zu korrigieren, zukunftsfähiger zu
gestalten. „Entscheidend ist", so Niejahr, „wie wir in Zukunft leben,
arbeiten, forschen, erben, sparen und konsumieren werden." Ziel ist es
also, nicht zu jammern, dass die Bevölkerungszahlen abnehmen, sondern auf der neuen Grundlage aktiv Zukunft zu gestalten. Doch was
heißt das? Tun wir das denn jetzt nicht? Wohl eher nicht, denn in der
Vergangenheit wurde der Einfluss der Politik auf die Bevölkerungsentwicklung permanent unterschätzt bzw. gar nicht erkannt. Unsere Zukunft braucht aber eine strategisch ausgestaltete Bevölkerungspolitik,
um das „Weniger, Bunter und Älter" gestalten zu können.

Was ist überhaupt Zukunft? Nicht wenige Menschen bemühen Wahrsa-
ger, die die Zukunft in den Karten lesen oder einer Kristallkugel zu entnehmen glauben. Andere lesen regelmäßig ihr Horoskop oder schwören
auf die eine oder andere Methode der Zukunftsvorhersage. In jedem Fall
finden Pessimisten, die ein dunkles Bild von der Zukunft malen, mehr
Gehör als Optimisten, die Szenarien einer veränderten Welt entwerfen
und dies als Chance sehen. Medien verstärken dieses Phänomen, denn
nur *bad news* scheinen für sie *good news* zu sein. Doch diese stetige
Alarmrhetorik der Schlagzeilen stumpft ab, vernebelt den Blick auf die
Gestaltungsmöglichkeiten der Zukunft.

Dennoch lässt es sich nicht umgehen, der Zukunft ins Gesicht zu sehen.
So machen sich zum Beispiel Menschen, die keine Kinder haben, weniger Gedanken um die Zukunft der nächsten Generation. Wenn, dann
geht es mehr um die eigene sehr kurzfristige Zukunft. Immer mehr Kinderlose werden logischerweise auch keine Enkel haben. Für sie ist
Zukunft ihre eigene Zukunft, weniger eine Zukunft der nächsten Generation, auf die man auch noch Rücksicht nehmen müsste. Daher ist die
Frage schon berechtigt, ob angesichts der hohen Zahl der Kinderlosen

die Menschen immer weniger an einer nachhaltigen Gestaltung der
Zukunft interessiert sind.

Diejenigen, die Kinder haben, insbesondere die Migranten, sehen das
anders. Sie werden eine Zukunft nach ihren Vorstellungen gestalten.
Denn schon heute künden jene Großstädte, in denen bis zu 40 Prozent
der Bewohner einen Migrationshintergrund haben, von irreversi-
blen Veränderungsprozessen, die bewältigt werden wollen. Überhaupt
werden vor allem benachteiligte Bevölkerungsgruppen – Arme, Alte,
Arbeitslose und Ausländer – zukünftig die städtischen Bevölkerungen
dominieren. Damit wird der demografische Wandel auch das Leben der
Kinderlosen nachhaltig beeinflussen. Die Frage ist, ob sie dies interessiert, zumal sie keiner nächsten Generation verpflichtet sind. Aber: Wer
pflegt sie im Alter? Wird Einsamkeit ihr Schicksal sein? Stecken sie angesichts dieser Lage den Kopf in den Sand? Erstarren sie wie das Kaninchen
vor der Schlange? Oder nehmen sie gemeinsam mit allen anderen Menschen diese Herausforderungen an, begreifen sie als gemeinsam zu be-
wältigende Fragen?

Doch nicht nur Kinderlose werden diese Fragen beantworten müssen.
Auch Menschen, die Kinder erzogen haben, sie mit reichlich Bildung
versorgt haben, werden feststellen, dass der Arbeitsmarkt für ihre Kinder
weltweit attraktiv ist. Sie selbst mögen noch ihre Eltern und Schwiegerel-
tern gepflegt haben, doch stellt sich die Frage, ob ihre eigenen Kinder
schnell zu ihnen kommen können, wenn sie in der Badewanne ausge-
rutscht sind oder wenn eine Glühbirne auszutauschen ist. Die Herausforderung der Zukunft lautet daher, neue Solidarnetze, die durchaus
familienähnlichen Charakter haben können, aufzubauen. Doch sehe ich
diese Herausforderungen auch für meine Zukunft? Oder baue ich auf
Bilder, die ich gestern noch erlebt habe, die aber morgen nicht mehr
zwangsläufig so sein werden?

Zukunft kann zwar nicht vorhergesehen werden, doch wir können uns
ihr nähern und uns auf sie vorbereiten. Wir können sie zielorientiert
gestalten. Damit verbunden ist auch eine ethische Debatte, die mögliche
Lebensentwürfe in einer demografisch veränderten Bevölkerung diskutiert. Drei Bereiche sind dabei zu hinterfragen:

■ Welche Werte und Erfahrungen der Vergangenheit sind uns wichtig und sollten bewahrt, erhalten und weiterentwickelt werden?

■ Welche gegenwärtigen Fakten lassen sich zu zukünftigen Trends verdichten und als Rahmenbedingungen für die Gestaltung von Zukunft definieren? Wie können wir dies kommunizieren und dabei die Menschen mitnehmen, sodass Identifikation mit der Stadt als unmittelbarem Lebensraum sowie Engagement für einen aktiven Gestaltungswillen geweckt und gefördert werden?

■ Welche Ziele wollen wir – basierend auf den Fakten und Trends der Gegenwart – in Zukunft erreichen? Wie lassen sich die Menschen darin aktiv einbinden?

Hier gibt es keine klaren Antworten, die allgemeingültiger Natur sind. Es gibt kein generelles Handlungskonzept bzw. Rezept. Es sind zahlreiche Sichtweisen, Empfindungen und Erwartungen sowie Vorstellungen zu berücksichtigen. Viel wird in Zukunft daher davon abhängen, ob es insbesondere den Kommunen gelingt, ihre Bürger zur Eigeninitiative zu motivieren und möglichst viele in die anstehenden Veränderungsprozesse zu integrieren. Bund und Länder können hier einen umsetzungsorientierten begleitenden Rahmen bieten, der einen größtmöglichen Erfolg dieser Veränderungsprozesse ermöglicht. Allerdings braucht es dazu auch Menschen, die in der Lage sind, so über diese Themen zu sprechen, dass andere sie verstehen.

Manches Mal scheint es so, als ob wir auf den Menschen warten, der uns sagt, wohin wir zu gehen haben, was wir zu tun haben und was zu unterlassen ist. Doch ein Alleinherrscher hat sich bisher selten als wirklich gut und hilfreich erwiesen. Wir haben das Glück, dass wir alle, sofern wir 18 Jahre alt sind, mitbestimmen können: Wir können an Wahlen teilnehmen und wir können uns selbst wählen lassen. Wer kritisiert, bekommt immer die Chance, es selbst besser zu machen. Davon machen indes immer weniger Menschen Gebrauch. Dabei ist die Demokratie die einzige Staatsform, die den Wettbewerb der Ideen fördert und will. Alle vier, fünf oder sechs Jahre können die Menschen, sofern sie wahlberechtigt sind, Entscheidungen treffen, die für ihre Zukunft weichenstellend sind.

Doch noch immer werden Politiker, die Kontinuität vermitteln, die die Vergangenheit zur Zukunft machen wollen, eher gewählt, als solche, die die anstehenden Veränderungsprozesse aktiv gestalten wollen. Wie gern haben wir dem ehemaligen Bundesarbeitsminister Norbert Blüm geglaubt, als er erstmals 1986 an den Litfaßsäulen plakatierte: „Die Rente ist sicher." Blüm wusste es zu diesem Zeitpunkt bereits besser. Schließlich hat er wenige Jahre später den demografischen Faktor in die Rentenberechnung eingeführt. Er hat auch nicht gelogen, als er den Slogan der sicheren Rente plakatierte, aber er hat wohl kalkuliert – mit dem Blick auf Wählerstimmen – nicht die volle Wahrheit gesagt. Sie lautet: „Die Rente ist zwar sicher, aber ich weiß nicht, in welcher Höhe." Hilfreicher wäre ein Vorschlag von ihm gewesen, wie die demografische Schlagseite der Rentenversicherung hätte behoben werden können.

Dass der Blick auf die demografischen Realitäten nicht parteipolitisch einseitig vernebelt ist, belegte die Schröder-Regierung 1998, als sie den eingeführten demografischen Faktor aus der Rentenberechnung wieder herausstrich. Schließlich war das ein Wahlversprechen. Vier Jahre später kam der demografische Faktor in Form der Riester-Rente wieder zurück und Schröder bekannte, dass die Rücknahme des demografischen Faktors 1998 ein wählerwirksamer Fehler war.

Die gesetzlich verbriefte Rentengarantie der schwarz-roten Koalition im Jahre 2009 hat 2010 eine Verringerung der Renten um rund 2,1 Prozent verhindert. Der Beitragszahler hatte aber weniger in seiner Lohntüte. Das ist also intergenerative Gerechtigkeit. Bundeswirtschaftsminister Rainer Brüderle forderte im Juli 2010 die Rücknahme der Rentengarantie und erntete Proteststürme.

Zu Recht wird zwar darauf hingewiesen, dass die politischen Entscheidungsträger der Gegenwart alle keine Konzepte für die Zukunft anbieten, für die es sich lohnen würde zu streiten, zu kämpfen und sich zu engagieren. Doch der mangelnde Mut ist nicht einseitig nur bei der Politik zu finden. Auch die Bürger und ihre zahllosen Interessengruppen singen ihr egoistisches und wenig Zukunft gestaltendes Lied.

Solange das Geld aus den öffentlichen Kassen in alle Richtungen problemlos floss, fielen diese Defizite kaum auf. Sie wurden beklagt, aber
schnell mit Geld zugekleistert. Es sollte sich angenehm leben lassen und
es wurde alles getan, damit dieses Potemkin'sche Dorf eines steten
Wachstums, das dauerhaften Wohlstand in Frieden und Freiheit auf
einem hohen Niveau sozialer Sicherheit bei einem Minimum an Arbeit
mit sich bringt, nicht zusammenfällt. Doch nun sorgen die demografischen Fakten dafür, dass die Eckpfeiler dieses Gebäudes nicht mehr tragfähig sind. Die Zukunft wird ungewiss, weil immer klarer wird, dass die
sozialen Sicherungssysteme – Rente, Gesundheit, Pflege – nicht von den
stetig weniger werdenden Menschen finanziell getragen werden können.
Die stark alternde Gesellschaft fordert ihren Tribut.

Und viele ältere Menschen, die ein Leben lang hart gearbeitet haben, um
ihr Alter in einem gesicherten Wohlstand verbringen zu können, sehen
kaum ein, dass sie dieses Rentnerdasein nicht auf komfortable Weise
erleben sollen. Sie werden in wenigen Jahren auch die strukturelle Macht
dazu haben, denn gegen ihre Interessen läuft dann nichts mehr. Roman
Herzog spricht in diesem Zusammenhang von einer „Rentnerdemokratie". Deshalb wird schon heute jede Veränderung gescheut. Veränderungen werden mit Unsicherheit assoziiert. Das macht Angst. Da bleibt man
lieber beim Altbewährten und Bekannten. Das System bloß nicht wechseln! Ist diese mutlose Politik nur ein Spiegelbild einer mutlosen und
veränderungsresistenten Gesellschaft? Oder ist der Bürger nicht sogar
bereit, sich aktiv den Herausforderungen zu stellen? Die Erfahrungen
eines Modellprojektes im Werra-Meißner-Kreis zur Gestaltung des
demografischen Wandels, die in einem Masterplan im März 2011 vorgelegt wurden, belegen ein beeindruckendes Bürgerengagement. Dort ist
das Thema nicht nur intensiv kommuniziert, sondern durch ein Netzwerk vielfältiger gesellschaftlicher Akteure positiv auf den gestalterischen Weg gebracht worden. Es wuchs auch die Erkenntnis, dass nicht
alle Änderungen immer Geld kosten, wenn auch ohne finanzielle Mittel
diese Herausforderung nicht zu schultern sein wird. Hier sind – auch im
Werra-Meißner-Kreis – Prioritäten zu setzen.

Denn zusätzlich zur Gestaltung der Herausforderung des demografischen
Wandels wirkt die massive öffentliche Verschuldung, die demografisch

betrachtet zu einer Belastung wird. Denn wenn Ende 2010 rund 81,7 Millionen Menschen in Deutschland für die Summe von 1,9 Billionen Euro aufkommen mussten, so ist das – auf alle Schultern verteilt – ein Betrag in Höhe von 23.255,81 Euro pro Einwohner. Wenn 2050 nur noch 70 Millionen Menschen in der Bundesrepublik Deutschland leben werden, wird sich dieser Schuldenberg pro Kopf auf 27.142,86 Euro erhöhen, ohne dass die Schuldenlast insgesamt auch nur um einen Euro zugenommen hätte (was ja zu bezweifeln sein wird). Die Stiftung Marktwirtschaft und das Forschungszentrum Generationenverträge haben in den öffentlichen Haushalten sogar eine Nachhaltigkeitslücke in Höhe von 6,2 Billionen Euro ermittelt. Darin sind zum Beispiel die Pensionsversprechen einberechnet. Zur Begleichung dieser tatsächlichen Schuldenlast müsste demnach jeder einzelne Bundesbürger und jede einzelne Bundesbürgerin bis zum Lebensende unabhängig von Steuern und Sozialabgaben jeden Monat einen zusätzlichen Betrag in Höhe von 279 Euro an den Staat abführen. Mit anderen Worten, die finanziellen Gestaltungsspielräume der öffentlichen Hand werden nicht größer. Ohne Verzicht auf staatliche Leistungen, oder positiv formuliert: ohne den Mut, Prioritäten zu setzen, werden wir den demografischen Wandel nicht gestalten können.

Dies korrespondiert dann allerdings nicht mehr mit einem lang gehegten Verständnis von Zukunft, das uns über Jahrzehnte geholfen hat: Wir blicken in den Rückspiegel unseres Lebens und spüren dem nach, was sich in der Vergangenheit bewährt hat. Diese Form der Kultivierung und Optimierung des Erfahrungswissens wird allerdings in der Zukunft nur noch begrenzt helfen. Denn das Tempo der Veränderungen (allein im Bereich des verfügbaren Wissens), die Komplexität der zu bewältigenden Sachverhalte, die begrenzte nationalstaatliche Handlungsfähigkeit im Hinblick auf globale Prozesse (Wirtschaft, Finanzen, Information) sowie die weltweiten Wanderungsbewegungen hinterlassen deutliche Spuren in allen Städten und Gemeinden. Darauf kann Erfahrung allein kaum Antworten geben, weil diese Probleme in dieser Form neu sind und daher auch neue Antworten verlangen. Zukunft ist nicht mehr bloß Fortschreibung von Vergangenheit und Gegenwart. Ein Systemwechsel, vor allem im sozialstaatlichen Gefüge, aber auch im föderalistischen Aufbau unseres Staates steht an. Doch die meisten Menschen können und wollen noch nicht loslassen. Die Diskussionen über die Gesundheitsreform haben dies 2010 erneut eindrücklich belegt, denn sie ist nach wie vor nicht demografiefest.

Zwei wesentliche Fragen müssen bei der Gestaltung des demografischen Wandels daher berücksichtigt werden:

1. Wie lässt sich unser politisches System so reformieren, dass es funktionsfähig bleibt?
2. Wie lässt es sich reformieren, damit es sozial gerecht funktioniert und die Verfassung nicht verletzt wird?

Es kommt auch hier auf die Ziele an, die die Menschen auf kommunaler Ebene, aber auch auf den anderen politischen Ebenen verwirklicht wissen möchten. Richtig ist, dass jede Veränderung, auch die des politischen Systems, nur nach den Regeln des geltenden Systems erfolgen können. Die Beharrungskräfte dieses Systems einerseits, aber auch die mangelnde Zielorientierung andererseits haben es der Politik in den letzten Jahren immer weniger ermöglicht, zukunftsweisende Problemlösungen aufzuzeigen.

Dieses Politikversagen regt allerdings auch Menschen zu eigenem Engagement an. Der *Spiegel* brachte es Anfang September 2010 mit seiner Titelgeschichte auf den Punkt: „Die Dagegen-Republik – Stuttgart 21, Atomkraft, Schulreform: Bürgeraufstand gegen die Politik." Bürgerinnen und Bürger wollen mehr mitmischen, mitwirken und mitbestimmen. Schon heute bieten die jeweiligen Landesverfassungen zahlreiche Möglichkeiten an. Manche Städte und Gemeinden haben darüber hinaus mit weiteren Beteiligungsmodellen ihre Erfahrungen gemacht. Die Frage für die Zukunft ist es daher, wie es den (kommunal-)politisch Verantwortlichen gelingt, die Bürgerinnen und Bürger rechtzeitig vor Ort in relevante Entscheidungsprozesse einzubinden. Zukunftsgestaltung verlangt ein hohes Maß an Identifizierung der Bürgerschaft mit ihrer Stadt. Nur dann können – auch schmerzhafte – Veränderungsprozesse positiv gestaltet werden. Nur dann wird es nachhaltig gelingen, dass Bürger und Gesellschaft vom Staat wieder – freiwillig – mehr Aufgaben übernehmen. Nur dann wird es gelingen, auch die Auswirkungen des demografischen Wandels zu gestalten. (Deshalb zählt die Etablierung einer [kommunalen] Engagementpolitik zu den wichtigsten Aufgaben.)

Einflussfaktor Nr. 1 für eine erfolgreiche (kommunale) Zukunftsgestaltung: Aktive und auf Mitwirkung basierende Bürgerbeteiligung.
Das setzt Information über den demografischen Wandel sowie Transparenz im Hinblick auf dieses Thema in der Bevölkerung voraus. Mitwirkung bedingt Information. Die Leitfrage der Politik, an der sie
auch gemessen werden kann, lautet daher künftig: Was nützt es den
Menschen vor Ort?

Immer mehr Städte und Gemeinden können ihre Haushalte aus eigener
Kraft nicht mehr ausgleichen. Es fehlt an Geld: Schlüsselzuweisungen
von Bund und Ländern bleiben aus oder werden drastisch gekürzt, die
Gewerbesteuereinnahmen schwanken unkalkulierbar, die Sozialaus-
gaben gehen dramatisch in die Höhe. Die Aufgabenverlagerung von
EU, Bund und Ländern auf die Kommunen erfolgte in der Regel ohne
entsprechende Finanzausgleichszahlungen. Das Konnexitätsprinzip
(„Wer bestellt, der zahlt") wird auf Länderebene nicht eingehalten, und
seine Beachtung muss gerichtlich eingeklagt werden. Die Interessen der
Kommunen auf der europäischen Ebene sowie auf der Ebene des Bundes
können nicht nachhaltig wahrgenommen werden, weil es kein verfas-
sungsrechtlich abgesichertes Recht auf Mitbestimmung gibt. Zwar müssen die kommunalen Spitzenverbände bei 90 Prozent aller Gesetzesvorhaben auf der Bundesebene gehört werden, aber ein Vetorecht, wie es die
Länder auf der Bundesebene durch den Bundesrat haben, fehlt ihnen
völlig.

Ebenso sind sie bei der Gestaltung der Finanzstrukturen (Welche politische Ebene erhält welche Steueranteile?) nur unzureichend eingebunden. Wenn Bund und Länder beschlössen, den Anteil der Gewerbesteu-
ern, der abgeführt werden muss, von 20 auf 30 Prozent zu erhöhen, so
stünden dem die Kommunen hilflos gegenüber. Ebenso betrifft dies die
Ausgaben, die die Kommunen in Erledigung von bundes- oder landes-
gesetzlichen Regelungen zu leisten haben. Bestes Beispiel ist und bleibt
der Rechtsanspruch auf einen Kindergartenplatz, den Bund und Länder
gesetzlich verankert haben, der aber im Wesentlichen von den Kommunen finanziert werden muss. Dabei stellen die Parteimitglieder vor Ort
die Kandidaten für die Landtage, den Bundestag und das Europäische

Parlament auf. Sie verlangen von ihnen aber selten, sich kommunal-
freundlich zu engagieren. Warum eigentlich nicht?

> Einflussfaktor Nr. 2 für eine erfolgreiche (kommunale) Zukunftsge-
> staltung: Konzentration auf wichtige, zuvor gemeinsam mit Bürgern
> bzw. gesellschaftlichen Akteuren definierte Zielsetzungen. Eine Veran-
> kerung des Konnexitätsprinzips in jeder Landesverfassung. Klare Auf-
> gabenstellung und -teilung von Bund, Ländern und Kommunen bei
> der Bewältigung der Herausforderungen des demografischen Wandels.

Deutschland braucht nicht nur eine dringende Änderung der politischen
Verfassung in Form einer Föderalismusreform, sondern es benötigt auch
einen Mentalitätswechsel zugunsten der Kommunen, der für eine verlässliche Finanzierungsgrundlage sorgt. Das politische System, wie es die
Mütter und Väter des Grundgesetzes 1948/49 konzipiert haben, hat sich
im Wesentlichen bis heute nicht geändert, obwohl sich alle anderen Rahmenbedingungen sehr nachhaltig gewandelt haben. Wir spüren dies insbesondere in wirtschaftlichen Fragen, wenn wir mit nationalstaatlichen
Instrumenten globale Finanzströme, grenzüberschreitende Umweltpro-
bleme oder Wirtschaftswege beeinflussen wollen. Eine Anpassung der
politischen Entscheidungsfindungsprozesse auf europäischer, nationa-
ler und regionaler Ebene steht auf der Tagesordnung. Die Auswirkungen
des demografischen Wandels haben im Wesentlichen die Städte und
Gemeinden zu tragen. Ziel muss es daher sein, deren Handlungsfähigkeit zu stärken. Kommunale Antworten auf globale Prozesse und Entwicklungen können zum Beispiel in der Stärkung der Region liegen.
Doch dies setzt voraus, dass Stadtgrenzen überwunden und interkom-
munale Kooperationen möglich werden. Dieser Bereich ist noch sehr
unterentwickelt und bietet – auch bei der Zurverfügungstellung kommunaler Infrastrukturen – noch ein großes Betätigungsfeld. Bei der
Bewältigung der anstehenden demografischen Herausforderungen liegt
hier ein Schlüsselfeld zukunftsorientierten Handelns.

> Einflussfaktor Nr. 3 für eine erfolgreiche (kommunale) Zukunftsge-
> staltung: Kooperationsvereinbarungen mit anderen Kommunen bzw.
> zwischen den politischen Strukturen – horizontal wie vertikal –, die
> das Ziel einer starken Region verfolgen (Regionalisierung als ergän-
> zendes „Gegenkonzept" zur Globalisierung).

Wir werden anders wohnen, anders reisen, anders Auto fahren, anders
arbeiten, anders lieben und anders essen, wenn Deutschland in die Jahre
kommt. Das wird die kommunale Infrastruktur- und Bodenpolitik, den
(sozialen) Wohnungsbau, die kommunale Sozial- und Kulturpolitik, die
Jugend- und Bildungspolitik sowie die Wirtschaftsförderung nachhaltig
verändern. Mit welcher Strategie und welchem Konzept stellen sich die
Verantwortlichen in den städtischen Verwaltungen und Räten, aber
auch die anderen gesellschaftlichen Akteure auf diese irreversible Situation ein? Zwar sind die Geburtenrate und die Zuwanderung prinzipiell
beeinflussbar, doch wirken sich diese Entwicklungen nur langfristig
aus. Was wir jetzt wissen ist, dass die deutsche Gesellschaft von derzeit
81,7 Millionen Menschen auf bis zu 70 Millionen Menschen in 2060
abschmelzen wird. Damit müssen sich die meisten Kommunen auf
Schrumpfung einstellen, selbst wenn in wenigen Jahren die Menschen
wieder deutlich mehr Kinder zur Welt brächten. Wenige Kommunen
werden auch künftig wachsen, einige den Bevölkerungsstand halten.
Wie sieht das Leitbild in Ihrer Kommune, an Ihrem Arbeitsplatz, in
Ihrem Verband, in Ihrem Verein aus, das Sie im Angesicht der jeweiligen
demografischen Entwicklung gemeinsam mit interessierten Bürgern aus
allen gesellschaftlichen Bereichen aktiv umsetzen möchten?

Die Kommunen werden sich nicht um alle Themen kümmern können.
Ziel- und Prioritätenfestlegung sind daher unumgänglich. Ist es zum
Beispiel das Ziel, kinder- und jugend-, also familienfreundlich zu sein, so
müssten konsequenterweise die finanziellen Leistungen, die zur Verfügung stehen auch auf die Lebensphasen konzentriert werden, in denen
junge Menschen bereit sind, Kinder zu bekommen und zu erziehen.
Anders verhält es sich, wenn man sich für einen alten- bzw. altersgerech-
ten Stadtumbau als prioritäres Ziel entscheiden sollte. Dann konzentrieren sich die Ressourcen auf die älteren Menschen. Schließlich ist damit

zu rechnen, dass die Verteilungskämpfe der Zukunft sich auf die Rente und Altenheimplätze beziehen. Dem kann man kommunal vorbeugen und damit für die Zielgruppe der älteren Menschen einen attraktiven Zuzugsort schaffen. Eine ganzheitliche Gesundheitsfürsorge sowie eine gerontologische medizinische Versorgung gehören dann zum Beispiel zu den Mindeststandards einer solchen Prioritätensetzung.

> Einflussfaktor Nr. 4 für eine erfolgreiche (kommunale) Zukunftsgestaltung: Entwicklung einer Strategie, mit der die Kommune bzw. jede andere politische Ebene die Veränderungen im Rahmen des demografischen Wandels gestalten will. Welche Vision für 2025 oder 2030 soll aktiv verfolgt werden? Welche Ziele und Maßnahmen helfen, dies erfolgreich zu bewerkstelligen?

Wer die Zukunft gestalten will, muss sich dies auch bewusst zum Ziel setzen. Daher ist es dringend angeraten, in allen gesellschaftlichen Strukturen, nicht nur in den politischen Parteien, Meinungsbildungsprozesse herbeizuführen, die zum Fazit kommen: „Wir wollen die Zukunft in unserer Stadt (unserem Kreis, unserer Region, unserem Land) aktiv gestalten." Es empfiehlt sich, hierzu eine extern moderierte Zukunftswerkstatt oder Zukunftskonferenz durchzuführen, wo alle gesellschaftlich relevanten Gruppen der Kommune teilnehmen. Ziel ist es, alle gesellschaftlich aktiven Multiplikatoren zu einer die Zukunft ihrer Kommune wesentlich gestaltenden Kraft zu machen. Wie können Sie Motor in diesem Prozess werden? Welche Politikfelder sind mit welchen Themen zu besetzen? Welche Ziele sind mit welchen Instrumenten zu erreichen? Wie stellen Sie sich Ihre Stadt im Jahre 2025 oder 2030 vor?

Sind diese Vorstellungen kompatibel mit den Ideen, Vorschlägen und Wünschen der aktiven Bürger, die als Multiplikatoren in Vereinen und Organisationen das soziale Leben in Ihrer Kommune aktiv mitgestalten? Ziel ist es, Identität herbeizuführen und gemeinsam Ziele zu formulieren, die als relevant angesehen werden. Denn man gestaltet seltener die Zukunft, wenn man nicht weiß, wohin man will, als wenn man sich vorab intensiv Gedanken gemacht hat, was man bis wann erreichen möchte.

Regen Sie eine Leitbilddiskussion auf gesamtkommunaler Ebene wie auch in den Stadtteilen an. Binden Sie sich und weitere aktive Bürger in diesen Veränderungs- und Gestaltungsprozess nachhaltig ein.

Welche Strategie will Ihre Kommune, wollen die gesellschaftlichen Akteure mit Blick auf den demografischen Wandel einschlagen: das Weniger-Werden gestalten, die Bevölkerungszahl konsolidieren oder bevölkerungsmäßig weiterhin auf Wachstum setzen? Wie sehen die aktuellen Trends in Ihrer Kommune aus? Für welche Zielgruppe soll Ihre Kommune morgen attraktiv sein, wer soll dort gern leben? Wie wollen Sie den Wettbewerb um die „besten" Binnen- und Außenzuwanderer gestalten (und gewinnen)? Welche Ziele sind zu formulieren und durch welche Maßnahmen sind sie zu erreichen? Auch hierzu empfiehlt es sich, sowohl auf partei- bzw. fraktions-, verbands- oder vereins-, branchen- sowie berufsinterner wie auch auf gesamtstädtischer bzw. regionaler Ebene zu Lösungsvorstellungen zu kommen. Das Bestreben muss sein, für jedes politische Handlungsfeld Ziele und Maßnahmen zu entwickeln, wie den Auswirkungen des demografischen Wandels auf kommunaler bzw. regionaler Ebene begegnet werden kann.

Die Zukunft unserer Gesellschaft wird davon abhängen, wie es uns gelingt, das „Weniger, Bunter, Älter" zu gestalten. Das verlangt neben einem Bewusstsein für diese Herausforderung (Phase der Sensibilisierung) ein aktives Informations- und Transparenzmanagement. Die Fakten zu den demografisch bedingten Veränderungen müssen auf den Tisch und die Bürger unseres Landes sollten darum wissen (können). Es schließt sich eine Phase des strategischen Steuerns an, in der Ziele gefunden und formuliert werden. Anschließend müssen wir zeigen, dass wir fähig sind, die notwendigen Maßnahmen zu ergreifen, um in den jeweiligen politischen Handlungsfeldern unsere Gesellschaft fit für die Zukunft zu machen (Phase, in der Handlungskonzepte entwickelt und implementiert werden). Dies gelingt umso besser, je mehr ein Wir-Gefühl entstanden ist, das auch erste Erfolge erlebt (Phase, in der die Wirkung von Zielsetzung und Handlungsmaßnahmen überprüft wird).

Damit wird deutlich, dass die Gestaltung des demografischen Wandels ein Prozess ist, der in verschiedenen Phasen abläuft und – gleich einer

Spirale – sich immer wieder neu und weiterentwickelnd in Gang bleibt.
Es ist keine Aufgabe, die von jetzt auf gleich oder von heute auf morgen
abgearbeitet werden kann. Wir haben es hier mit einer permanenten
politischen Herausforderung zu tun, die über mehrere Legislaturperioden hinweg eine aktive Aufmerksamkeit erfordert. Deshalb kann auch
keine Lösung erfolgreich sein, die sich in einer Maßnahme erschöpft.
Viel wichtiger ist es, sich strategisch auf Ziele festzulegen, die in einer
überschaubaren Gemeinschaft (Stadtteil, Stadt, Kreis, Berufsverband,
Berufsgruppe, Wirtschaftsgemeinschaft, Verein, Organisation, Verband) durch eigenes Handeln erreicht werden können. Diese Ziele müssen auch kommuniziert und erklärt werden. Für Roman Herzog war es
gerade die Ziellosigkeit der Politik, die „Unsicherheitsgefühle" bei den
Bürgern entstehen ließ: „Der Bürger hat das Gefühl, in einem breiten
und reißenden Strom mit zu schwimmen, aber er kennt das Ziel des Stro-
mes nicht, und auch mit größter eigener Anstrengung vermag er sich in
ihm höchstens ein bisschen besser zu positionieren, schafft es aber nicht,
sich ihm zu entziehen oder ihn gar umzulenken."[37]

Das individuell wahrgenommene Tempo der gesellschaftlichen Veränderungen wird immer schneller. Menschen fühlen sich zunehmend
schwindliger und sie verlangen daher von ihren Eliten ganz folgerichtig
eine immer klarere Auskunft, wohin die Reise denn eigentlich gehen soll.

Es sind banale Fragen, die sich zu Beginn einer jeden Zielfindungsphase – hier am Beispiel einer Stadt – stellen:

- Wie wollen wir in dieser Stadt in 20 Jahren leben und arbeiten?
- Welche Herausforderungen und Trends kommen auf uns zu?
- Wie lassen sich Risiken minimieren und Chancen für unsere Stadt
  erhöhen?
- Nach welchem zentralen „Leitbild" wollen wir uns ausrichten? Wohin
  wollen wir uns bewegen?
- Welche Investitionen wollen wir auf dieser Grundlage in welchen
  politischen Handlungsfeldern tätigen?

---

37 Herzog, Roman: Wie der Ruck gelingt. München 2005, Seite 14.

Viele Menschen denken in Maßnahmen: Wir erhöhen das Kindergeld, dann kommen auch wieder mehr Kinder zur Welt. Sie denken nicht in Zielen: Wir schaffen ein Klima, in dem Menschen sich für Kinder entscheiden. Egal, auf welcher Ebene und in welcher Struktur Sie sich gerade in der Politik oder in der Gesellschaft befinden, es herrscht überall eine gewisse Ziellosigkeit vor. Dabei sind Zielfindung, -formulierung und -umsetzung schon die Strategie. Strategisches Denken und Vorgehen hat vier Vorteile:

- **Die Strategie gibt eine Richtung vor**
  Die Hauptfunktion einer Strategie lautet, den Kurs zu weisen, den die Stadt, der Verband, das Unternehmen nehmen sollte, um sich möglichst zielgerichtet in ihrer jeweiligen Umgebung bewegen zu können. Droht das Schiff, das sich Stadt, Verband oder Unternehmen nennt, ins Schlingern zu geraten, vermittelt diese Strategie den Halt, um auf dem eingeschlagenen Kurs zielorientiert weitermachen zu können.
- **Die Strategie bündelt Aktivitäten**
  Die Strategie fördert die Koordination der Aktivitäten auf das gemeinsame Ziel hin. Fehlt diese Strategie zur Bündelung der Aktivitäten, kann es geschehen, dass die relevanten Akteure der Stadt, des Verbandes bzw. Unternehmens in verschiedene Richtungen auseinanderdriften. Dies ist gerade im Zusammenhang mit der Gestaltung des demografischen Wandels kontraproduktiv. Denn hier kommt es darauf an, langfristig Prioritäten zu setzen, um Resultate zu erzielen.
- **Die Strategie definiert die Organisation**
  Die Strategie erleichtert den Akteuren und allen interessierten Kräften in der Stadt, dem Verband bzw. Unternehmen das Verständnis, vermittelt ihnen Anhaltspunkte, anhand derer sie sich von anderen Städten, Verbänden, Unternehmen unterscheiden können. Eine Strategie wirkt zudem sinnstiftend und führt anschaulich vor Augen, was diese Stadt, dieser Verband, dieses Unternehmen leistet und wo Verantwortlichkeiten liegen.
- **Die Strategie sorgt für Beständigkeit und Entwicklung**
  Eine Strategie wird gebraucht, um Vielfältigkeiten zu erfassen und in einen sinnstiftenden Zusammenhang zu bringen. In diesem Zusammenhang gleicht die Strategie der Theorie, da sie als kognitive Struktur dazu dient, die Welt zu erklären und das Handeln zu erleichtern.

Wie kommen wir zu Zielen? Ziele sollen einen langfristigen Charakter haben, auch wenn Teilziele kurz- oder mittelfristig erreicht werden können. Auch sollten sie beteiligungsorientiert formuliert sein, denn kein Ziel wird umgesetzt, das Sie allein formulieren und dessen Realisierung vollkommen von anderen Akteuren abhängig ist. Die Frage lautet daher, wie Ziele beschaffen sein sollten, welche Kriterien Ziele erfüllen sollten, damit für jeden das Ziel „klar" ist. Andernfalls verkümmern Ziele leicht zu Absichtserklärungen. An dieser Stelle werden fünf Kriterien genannt, die Zielformulierungen erfüllen sollten, um ein zielorientiertes, auf Umsetzung hinführendes Handeln zu ermöglichen:

- **Formulieren Sie Ihr Ziel positiv!**
  Ziele sollen nicht „weg von etwas" ausdrücken, sondern „hin zu etwas" wiedergeben. Es sollte eine positive Grundannahme widergespiegelt werden
- **Ihr Ziel soll durch eigene Aktivitäten erreichbar sein!**
  Ist das gesteckte Ziel ganz oder mindestens im ersten Schritt durch eigene Aktivitäten, durch Sie selbst, erreichbar? Was könnten Sie dazu in welcher Form beitragen? Wie lautet der erste Schritt?
- **Sie sollten Ihr Ziel, so wie Sie es formuliert haben, sinnlich konkret wahrnehmen können!**
  Ist das Ziel in Ihrer Vorstellung sinnlich konkret wahrnehmbar? Was werden Sie, wenn Sie Ihr Ziel erreicht haben, sehen, hören, zu sich selbst sagen, körperlich und emotional fühlen? Gehört auch ein Geruch oder ein Geschmack dazu?
- **Sie sollten den Kontext Ihrer Zielbestimmung beschreiben können!**
  Wann werden Sie Ihr Ziel erreichen? Mit wem? Wo? Wie?
- **Überprüfen Sie Ihr Ziel in Verbindung mit Ihrem Lebensumfeld!**
  Was wird sich ändern, wenn Sie Ihr Ziel erreichen? Wie wird das Leben beeinflusst, wenn Sie Ihr Ziel erreicht haben? Was wird dann aufgegeben? Welche Konsequenzen ergeben sich und sind Sie bereit, sie anzunehmen?

Wir wissen, dass die beste Form, die Zukunft vorherzusagen, die ist, sie zu gestalten. Dies gelingt wiederum optimal, wenn Ziele möglichst konsensual (aber nicht zwingend) auf der Basis der oben genannten Kriterien formuliert werden. Nun geht es darum, Methoden und Verfahren zu

kennen und anzuwenden, die es schaffen, verschiedene Menschen
(damit Sichtweisen, Erfahrungshorizonte und Einstellungen) zusammenzubringen, die diese Zielformulierungen entwerfen und mehrheitsfähig machen. An dieser Stelle werden fünf verschiedene Beteiligungs-
verfahren vorgestellt:

- **Runde Tische – Foren**
  Runde Tische sind relativ einfach zu organisieren und zielen schwer-
  punktmäßig auf den Ausgleich unterschiedlicher Interessen. Neutrale
  Moderatoren schaffen die Voraussetzungen für einen Klärungspro-
  zess. Sie ermutigen die „Parteien" dazu, miteinander zu verhandeln,
  um zu einer für alle Seiten annehmbaren (nicht angenehmen) Lösung
  zu kommen. In den letzten Jahren haben Runde Tische beispielsweise
  in Stadtteil- und bei Verkehrsforen größere Verbreitung gefunden.
- **Zielgruppen – Workshops**
  Für bestimmte Gruppen, beispielsweise für die Bürgerinnen 55 plus,
  werden zu spezifischen Themen wie „Wohnen im Alter" Workshops
  angeboten. So erhalten sie die Möglichkeit, sich erst einmal in der
  eigenen Bezugsgruppe über ihre Vorstellungen und Wünsche, die
  dann Inhalte von Planungen werden (können), zu verständigen.
- **Die Bürgerausstellung**
  Die Bürgerausstellung ist ein Bürgerbeteiligungsverfahren für die
  Stadtplanung, die Innenansichten von Bürgern in Form von Interview-
  ausschnitten zusammen mit Fotografien der Bürger und des Stadt-
  viertels präsentiert. Das Ziel der Bürgerausstellung ist es, Einstellungen, Ziele und Motivationen von Interessengruppen transparent zu
  machen und einen öffentlichen Dialog zu ermöglichen.
- **Zukunftskonferenz**
  Bei der Zukunftskonferenz versammeln sich ein bis zweieinhalb Tage
  lang etwa 30 bis 100 vom Problem betroffene oder unterschiedliche
  Bevölkerungsgruppen. Ziel ist es, gemeinsam die Zukunft zu gestalten
  und konkrete Maßnahmenpläne zu erarbeiten.
- **Open Space**
  Open Space (OS) ist eine aus den USA kommende, besondere Form
  der Versammlungstechnik für Großgruppen von 20 bis 1000 Perso-
  nen, die von einem halben Tag bis zu drei Tagen zusammenkommen.
  Es gibt keine vorgegebene Tagesordnung, lediglich ein für alle Teil-

nehmenden wichtiges Thema wird als Motto ausgegeben, so zum Beispiel Wohnformen für Jung und Alt. Zu Beginn schreiben die Teilnehmenden ihre Themen und Fragestellungen zum Motto auf, die für sie
hohe Priorität haben und die sie gern mit anderen bearbeiten möchten. Danach bilden sich je nach Neigung und Interesse Kleingruppen.
Die Ergebnisse der Gruppen werden protokolliert und im Rahmen
einer Vernissage präsentiert. Anschließend werden in einer Schluss-
runde Maßnahmen und Prioritäten der Realisierung vereinbart.

Für all diese methodischen Beteiligungsformate gilt, dass die Motivation
zur Teilnahme erleichtert wird durch

- thematische Konkretheit und Begrenzung,
- den temporären Charakter der freiwilligen Verpflichtung und
- Arbeiten in kleinen, überschaubaren Gruppen, in denen sich jeder
  und jede wahrgenommen und wertgeschätzt fühlt.

Jonas Ridderstrale und Kjell Nordström, zwei renommierte Redner in
Schweden, ehemalige Professoren an der Stockholm School of Econo-
mics, stellten die Kernthese auf, dass Unternehmen nur noch dann
erfolgreich seien, wenn die Menschen dort anders denken können. Mit
anderen Worten: „Die Zukunft gehört den Sonderlingen – jenen, die es
wagen, ein Risiko einzugehen, Regeln zu brechen und neue Regeln aufzustellen. Die Zukunft gehört dem, der die Gelegenheit dazu beim
Schopf packt." Die oben genannten Methoden wollen Menschen zusammenbringen, damit dort – abseits vom Alltag mit seinen Aufgaben und
Regeln – einmal anders gedacht wird. Natürlich werden sich dann die
Bedenkenträger melden. „Die Verteidiger des Status quo werden Ihnen
mit Sicherheit erzählen, dass die Umsetzung Ihrer Idee nicht möglich
oder unnötig ist. Schließlich haben sie den Status quo aufgebaut und
werden jetzt von Ihnen angegriffen", weiß der Marketingexperte Guy
Kawasaki. Er empfiehlt daher: „Wer eine Revolution schaffen will, muss
Bedenken daher unbedingt ignorieren."

Kommunikationsexperten regen an, Widerstände und Ängste – und
„Bedenken" sind nichts anderes – als ein wertvolles Feedback zu werten,
als einen Hinweis, wie es noch besser gemacht werden kann. Doch der

Wert von Zusammenkünften nach den oben beschriebenen Methoden liegt nicht darin, Bedenken zu zerstreuen, sondern dafür zu sorgen, dass auf der Basis eines Problems (Auswirkungen des demografischen Wandels) und einer damit verbundenen Aufgabenstellung (Gestaltung dieser Auswirkungen) Lösungen erarbeitet werden, die zukunftsfähig sind. Die Aufgabe von Führungskräften ist es dabei, zu Quer-, Hinein- und Vor-Denkern zu werden, zu einem Quell der Veränderungsbereitschaft und der produktiven Unruhe. Ziel sollte es daher sein, möglichst viele derartige Führungskräfte mit verschiedenen Machern, Menschen, die umsetzen müssen, und Nutzern, Menschen, die vom Produkt der Arbeit profitieren, zu einem kreativen Gedankenaustausch zu bringen.

Die drei genannten Denktechniken können dabei inspirierend wirken:

■ **Quer-Denken**
Quer-Denker fordern die bestehende Ordnung heraus und verändern sie, anstatt den Status quo zu schützen. Jürgen Klinsmann wollte 2006 einen Hockeytrainer in seinen Trainerstab aufnehmen – und löste damit ein Beben im Blätterwald und Aufruhr beim DFB aus. Kurt Biedenkopf warb schon 1989 in seinem Buch „Zeitsignale" für ein aktiveres politisches Vorgehen, um dem demografischen Wandel gestalterisch zu begegnen. Rund 15 Jahre später kam man dem entgegen – nicht nur in Sachsen. Klinsmann und Biedenkopf hatten nicht die Bewahrung der Besitzstände im Blick, sondern die Ziele, die es zukünftig zu erreichen und zu gestalten gilt, und die Frage, welche Fähigkeiten dazu notwendig sein würden. Das Handwerkszeug von Quer-Denkern sind Mut, Ausdauer und eine Vision. Klinsmanns Vision war es, 2006 Fußballweltmeister im eigenen Land zu werden. Doch wie lautet die Vision unserer politischen Mandatsträger sowie unserer gesellschaftlichen Repräsentanten für unsere Gesellschaft in 2020, 2025 oder 2030?

■ **Hinein-Denken**
Wen wollen Sie erreichen? Denken Sie sich in diese Menschen hinein. Was sehen, hören, fühlen, schmecken und riechen diese Menschen? Wonach sehnen sie sich? Stephan Grünewald, Geschäftsführer des Marktforschungsinstituts Rheingold, kommt zum Beispiel zu folgender Erkenntnis: „Der Kunde will sich nicht mehr im Supermarkt in

der Warenvielfalt am zehn Meter langen Joghurtregal verlieren und in einen Zustand des Produktflimmerns geraten. Die Menschen sehnen sich nach einer berechenbaren Welt, der sie blind vertrauen können." Aldi macht es seit Jahren allen vor: Weniger Produkte schaffen mehr Umsatz. Nun kommt Tchibo, kreiert jede Woche „eine neue Welt" und feiert eine enorme Umsatzsteigerung. Dazu sagt Stephan Grünewald: „Die Menschen sehnen sich nach deutlich weniger Komplexität. Sie wollen der allgemeinen Verunsicherung mit Übersichtlichkeit und Kontrolle ihres eigenen Lebens begegnen." Die Reduktion von Komplexität bedeutet vielmehr eine Fokussierung auf das Wesentliche, es geht also um die Kunst des Weglassens. Oder – bezogen auf unser Thema – die Kunst, die richtigen Prioritäten zu setzen, um den demografischen Wandel zu gestalten. Dazu ist es wichtig, zuzuhören bzw. hineinzuhören in das, was Menschen denken, fühlen und wollen, um sie auf diesem gestalterischen Weg der Veränderungen mitzunehmen.

- **Vor-Denken**

„Dinge wahrzunehmen ist der Keim der Intelligenz", sagte der chinesische Philosoph Laotse. Moderner drücken sich die heutigen Zukunftsforscher aus, die die Zukunft vordenken, weil sie gesellschaftlichen Entwicklungen, Konsum- und Branchentrends nachspüren. Matthias Horx und Peter Wippermann sehen Trends als die „oft einzigen Spuren, die direkt auf die Befindlichkeit und das Lebensgefühl einer Gesellschaft zurückverweisen" an. John Naisbitt brachte noch eine weitere Dimension in die Trenddiskussion ein. Für ihn sind es „große, weltumspannende sozioökonomische oder strukturelle Prozesse, die wir als Individuen weder beeinflussen noch ändern können und mit denen wir uns in Zukunft auseinandersetzen müssen". Es ist mithin der kulturelle Überbau, das Netzwerk von Meinungen, Stilen, Überzeugungen, Moden, Attitüden, Gegenmoden, das zunehmend die Kontrolle über die öffentliche Meinung übernimmt und unser Handeln wesentlich mitbestimmt. Trends und die Berichterstattung darüber bestimmen und verstärken es. Vor dem Hintergrund der gesellschaftspolitischen Rahmenbedingungen ist es Aufgabe der Vor-Denker, den Resonanzboden für diese Trends und ihre Wirkung in die Zukunft abzuschätzen und zu formulieren. Wir haben sie aufzunehmen und vor dem Hintergrund unserer Wahrnehmung zu bewerten. 1900 setzten in den USA zum Beispiel alle auf das Pferd als das Fortbewegungsmittel der Zukunft, nahezu jeder investierte in diese Branche. Schon 1910 war es das Automobil – das Pferd hatte in einem Jahrzehnt ausgedient. Der demografische Wandel ist ein irreversibler Trend. Zu wissen, welche Auswirkungen dies in den relevanten gesellschaftlichen Handlungsfeldern haben wird, ist ein wichtiger strategischer Vorteil des Vor-Denkens.

Jeder, der in seinem Verantwortungsbereich die Diskussion um die Auswirkungen und Perspektiven des demografischen Wandels anstoßen möchte, weiß nun, mit welchen Methoden und welchen Denkstrategien er zu Zielformulierungen gelangen kann, die eine strategische Steuerung des Prozesses ermöglichen. Vom Grundsatz wird dabei ein strategisches Vorgehen auf zwei Wegen realistisch:

- **Anpassungsstrategie**
  Der Akteur reagiert auf die Auswirkungen des demografischen Wandels, beispielsweise mit dem Rückbau von Infrastruktur.
- **Präventionsstrategie**
  Der Akteur dämpft durch verschiedene Maßnahmen die Auswirkungen des Bevölkerungsrückgangs, beispielsweise durch ein überzeugendes Konzept der Generationen- oder Migrationspolitik.

Leitbilder-Beispiele aus deutschen Städten
Viele Landkreise, Städte und Gemeinden haben für sich strategische Grundsatzentscheidungen durch die Verabschiedung eines Leitbildes getroffen. Überhaupt muss das Rad nicht neu erfunden werden. Gute Ideen, den demografischen Wandel aktiv zu gestalten, werden in ganz Deutschland geboren. Der Bertelsmann Stiftung gehört das Verdienst, diese Best-Practice-Datenbank für jedermann im Internet zugänglich zu machen: www.demografie-konkret.de

---

In jedem Veränderungs- und Entwicklungsprozess gibt es Widerstand und Blockaden. Widerstand zeigt an, wo Energien freigesetzt werden können. Betrachten Sie Widerstand nicht als Störfaktor, sondern als eine Chance. Das gefährlichste Hindernis liegt nicht im Widerstand der

Betroffenen, sondern in der gestörten Wahrnehmung und in der Ungeduld der Planer und Entscheider. Zu leicht vergessen sie, wie lange sie selbst gebraucht haben, wie viele kontroverse Diskussionen geführt und Zweifel überwunden werden mussten, bis sie sich zu einem neuen Konzept durchringen konnten. Der demografische Wandel bringt Veränderungen mit sich, die in den Vorstellungswelten vieler Menschen noch nicht verankert sind. Geben Sie diesen Menschen in ihren jeweiligen sozialen Umfeldern die Chance, das zu begreifen.

Der kritische Faktor im Umgang mit Widerstand ist letztendlich der Umgang mit sich selbst. Überwinden Sie eigene Emotionen, versetzen Sie sich in die Lage anderer und untersuchen Sie Dinge, die Sie längst für geklärt gehalten hatten.

Grundsätze im Umgang mit Widerstand
- Nicht das Auftreten von Widerständen, sondern deren Ausbleiben ist Anlass zur Beunruhigung.
- Die Ursachen für Widerstand liegen im emotionalen Bereich und sind nur auf dieser Ebene zu bearbeiten.
- Nehmen Sie Widerstand (besonders gegen Ihre Vorschläge) nicht persönlich. Entspannen Sie sich und schalten Sie eine Denkpause ein.
- Nehmen Sie Druck weg und geben Sie Raum, sodass die Bedenken und Ängste ausgesprochen werden können.
- Gehen Sie in den Dialog und erforschen Sie die Ursachen. Nutzen Sie Einwände und Ängste, um Ihren Plan noch mal zu prüfen. „Haben wir etwas Wesentliches übersehen? Konsequenzen nicht angemessen bedacht?"
- Sprechen Sie das weitere Vorgehen gemeinsam ab – machen Sie gegebenenfalls Feinanpassungen – und bleiben Sie Ihrem Ziel „Neues Gestalten" unbedingt treu.

Der demografische Wandel wird die Gesellschaft nachhaltig verändern. Es liegt an den Menschen, ob sie diesen Wandel zielorientiert gestalten. Die Politik kann nicht länger die Tatsachen verschleiern, sie muss in

Zukunft diese Gestaltung widerspiegeln. Sie muss dazu beitragen, aktiv Ziele zu formulieren, auf deren Grundlage unter Bürgerbeteiligung Maßnahmen beschlossen und umgesetzt werden. Dann kann es gelingen, die Auswirkungen des demografischen Wandels alltagstauglich zu gestalten.

VII. Auf dem Weg ins Jahr 2030 – Wie wir leben werden, mit weniger Kindern, mehr älteren Mitmenschen und zahlreichen kulturellen und sozialen Minderheiten

„Wenn das Leben keine Vision hat, nach der man strebt, nach der man sich sehnt, die man verwirklichen möchte, dann gibt es auch kein Motiv, sich anzustrengen." Diese Erkenntnis vermachte uns der Humanwissenschaftler und Tiefenpsychologe Erich Fromm. Ähnlich ist es auch in der Politik. Wozu, mit welchem Ziel werden diese oder jene Maßnahmen ergriffen? Steuerreform, Gesundheitsreform, Föderalismusreform – warum machen unsere Politiker das? Warum ist uns das im Übrigen gar nicht klar? Antoine de Saint-Exupéry hinterließ uns folgende Einsicht: „Wenn du ein Schiff bauen willst, so lehre die Menschen die Sehnsucht nach dem weiten, endlosen Meer." Welche gesellschaftspolitischen Sehnsüchte haben wir heute oder sollten in diesen Tagen in uns geweckt werden? Dienen die eingeschlagenen Reformen diesen Sehnsüchten?

Werden zum Beispiel aufgrund der aktuellen politischen Entscheidungen mehr junge Menschen sich ihren Wunsch nach eigenen Kindern erfüllen können? Tragen die eingeschlagenen Reformprozesse dazu bei? Bis 2030 gilt die demografische Entwicklung des Weniger als irreversibel, da eine ganze Generation ausgefallen ist, die hätte Kinder zeugen können. Doch nach 2030 könnten die eventuell in den nächsten Jahren verstärkt geborenen Kinder wieder selbst Kinder zeugen und erziehen. Damit verbunden wäre ein Bevölkerungsanstieg. Das familienpolitisch relevante Ziel sollte aber nicht die bloß quantitative Vergrößerung der Geburtenzahlen, sondern die Vermehrung sozialisatorisch erfolgreicher Familien sein. Das sind Eltern, die ihrer Erziehungs- und Bildungsverantwortung im Sinn unserer Gesellschaftsordnung gerecht werden. Will Politik dies als Ziel tatsächlich erreichen? Wenn die politisch verantwortlichen Kräfte auf Bundes-, Länder- und kommunaler Ebene die tatsächliche Übernahme von Elternverantwortung und damit auch die Zahl der Geburten fördern wollen, so müssen sie zum einen dafür sorgen, dass Kinder ein vorrangiger Wert in der Gesellschaft werden, und

zum anderen die strukturellen Nachteile mindern, die Eltern gegenüber
Kinderlosen in vergleichbaren sozialen Verhältnissen haben. Zurzeit ist
das Ziel, alles zu unternehmen, damit die potenziellen Eltern auch tatsächlich Eltern werden wollen, nicht formuliert. Übrigens: Frankreich
hat dies 2000 getan und lag 2009 bei einer Geburtenquote von 1,99. Es
kann also gelingen.

Was müssten die politischen Verantwortungsträger in Bund, Ländern
und Gemeinden dann in den nächsten Jahren tun, um dieses Ziel zu erreichen? Familienpolitik – im Kontext einer Generationenpolitik – kann
zweierlei dazu beitragen: Zum einen könnte sie es den Frauen und den
Männern ermöglichen, ihren Kinderwunsch voll und vor allem rechtzeitig zu erfüllen. Dass dieser Kinderwunsch stärker ausgeprägt ist, als die
tatsächliche Geburtenquote vermuten lässt, verrät uns die Kinderwunsch-
Studie der Robert Bosch Stiftung: Jede zehnte Ehe in Deutschland bleibt
zurzeit ungewollt kinderlos. Eine 2009 publizierte Studie des Forschungsinstituts IGES mit dem Titel „Finanzielle Zuschüsse zu medizinisch
unterstützter Fortpflanzung aus Steuermitteln" belegt, dass beispielsweise
die 50-prozentige Kostenübernahme durch die Krankenkassen bei einer
künstlichen Befruchtung mit insgesamt bis zu fünf Behandlungsversu-
chen mindestens 4309 zusätzlichen Babys pro Jahr, im optimistischen Fall
sogar 14.500 Babys mehr, zur Geburt verhelfen würde. Die Politik hat
aber im Zuge einer Gesundheitsreform beschlossen, dass nur noch drei
Versuche finanziell unterstützt werden. Der Rest sei eben Privatvergnü-
gen. Hätte die Bundesregierung der Bundesrepublik Deutschland das Ziel
formuliert, alles dazu beizutragen, damit potenzielle Eltern ihren Kinderwunsch auch umsetzen können, dann müsste diese Regelung in der
Gesundheitspolitik sofort geändert werden. Pro Kind wären das Mehr-
ausgaben von rund 10.000 Euro. Doch dieses Ziel gibt es nicht.

Nach der Geburt bleibt es dann zudem zu überlegen, wie das Leben mit
Kindern erleichtert werden kann. Warum wünschen sich Paare überhaupt Kinder? Männer wie Frauen stimmen in den Motiven Freude an
Kindern und das Gefühl, gebraucht zu werden, überein. Eine Kampagne,
die ein Klima schafft, in dem die Freude auf das Kind im Wertgefüge
unserer Gesellschaft ganz oben steht, wäre über Jahre hinweg zu führen,
um 2030 tatsächlich deutlich mehr Geburten zu haben.

Frank-Xaver Kaufmann[38] führt weitere Bedingungen für die „Realisierung von Kinderwünschen" als die Lösung folgender drei Probleme an:

1. die Koordination der Lebenspläne beider Partner („Perspektivproblem")
2. die Sicherung ausreichender Ressourcen für eine Elternschaft ohne das Risiko sozialen Abstiegs („Ressourcenproblem")
3. die Gewährleistung der Vereinbarkeit von familiärer Verantwortung und außerfamiliärem Engagement auf der Basis prinzipiell gleicher Rechte beider Partner („Vereinbarkeitsproblem")

Eine Untersuchung der OECD, die die jeweiligen staatlichen Rahmenbedingungen in verschiedenen Ländern dieser Welt analysierte, kam zu folgenden Schlussfolgerungen hinsichtlich einer höheren Geburtenrate:

- Je geringer die Differenz in der Erwerbsbeteiligung von Männern und Frauen, desto höher ist die Fertilität.
- Je „moderner" die Geschlechterverhältnisse, desto höher ist die Fertilität.
- Je besser ausgebaut die öffentlichen Dienstleistungen für Kinder (Krippen, Kindergärten, Ganztagsschulen), desto höher ist die Fertilität.
- Der Anteil der Geldleistungen für Familien am Volkseinkommen korreliert dagegen kaum mit der Fertilität.

Das belegen auch die Erfahrungen. So wurden 1964 in Deutschland 1.357.304 Kinder geboren, obwohl es damals für das erste Kind noch kein Kindergeld gab und ab dem zweiten Kind rund 12,50 Euro auf das Konto überwiesen wurden. 2009 kamen nur noch 665.000 Kinder in Deutschland zur Welt, obwohl ab dem ersten Kind mindestens 184 Euro Kindergeld gezahlt werden. Seitdem hat sich allerdings allein bei der Verhütung von Schwangerschaften viel getan.

Wir setzen in Deutschland immer noch auf den Faktor, der in dieser Untersuchung denkbar schlecht wegkommt: Geld. Es kommt jedoch

---

38 Vgl. Kaufmann, Franz-Xaver: Schrumpfende Gesellschaft. Frankfurt am Main 2005, Seite 150.

eher auf andere Faktoren an. Damit wird klar, dass eine Erhöhung der Geburtenrate und damit ein Anstieg der Bevölkerung nur dann zu erreichen sein wird, wenn folgende Neuerungen, die eine nachhaltige Erhöhung der Geburtenrate erwarten lassen, konsequent umgesetzt werden:

- Familien- und zukunftsgerechtere Reformen der Renten- Kranken- und Pflegeversicherung durch Berücksichtigung der Arbeits- und Erziehungsleistungen der Familien mit Kindern. (Dies ist höchstrichterlich bereits mehrfach angemahnt worden.)
- Einführung hochwertiger Betreuungseinrichtungen für unter Dreijährige ab dem Vorschulalter sowie von Ganztagsschulen zur Unterstützung der Erziehungsleistungen der Eltern
- aktive Unterstützung der Realisierbarkeit der zwischen Familienorientierung und Berufsorientierung divergierenden Lebensentwürfe junger Frauen und Männer
- Bekämpfung der Kinderarmut, da jedes Kind wichtig ist. Damit einhergehend werden die Bildungsleistungen vor allem im Vor- und Elementarschulalter nachhaltig verbessert.
- Anerkennung der investiven Leistungen der Familien im Bereich der Alterssicherung dahingehend, dass Kinderlosen zum Ausgleich für deren unterlassene Investitionen in das volkswirtschaftliche Humankapital die absehbar notwendigen Kürzungen der öffentlichen Leistungen gezielt auferlegt und sie gleichzeitig zur Ersparnisbildung für ihr eigenes Alter verpflichtet werden. Hans-Werner Sinn schlägt hierzu vor: „Wenn Kinderlose sechs bis acht Prozent ihres Bruttoeinkommens für ein bloß kompensierendes Riester-Sparen verwenden müssen, erhalten Kinder in der Lebensplanung wieder ein stärkeres Gewicht."
- Steuerliche Gesetzgebung wird konsequent und verfassungskonform auf Kinderförderung ausgerichtet.
- Änderung des Grundgesetzes zur Einführung eines Eltern- bzw. Familienwahlrechts
- Priorität für Mütter und Väter bei Stellenbesetzungen

Diese politischen Ziele und ihre glaubwürdige Umsetzung wären zentraler Bestandteil einer Klimakampagne für mehr Kinder bis 2030.

Neben dieser auf die Zunahme der Bevölkerung durch mehr Geburten hinzielende Politik, bleibt es die konkrete Aufgabe, das Altern in diesem Land zu gestalten. Sicher: Wie gesund wir altern, liegt vor allem an uns selbst, an unserer Bereitschaft zur täglichen Bewegung, an der richtigen Ernährung und einem ausgewogenen Lebensstil. Dies kann aber auf kommunalpolitischer Ebene gezielt gefördert werden. Zuschüsse an Vereine, die Wanderrunden und Bewegungstrainings für Menschen unterschiedlichen Alters über 50 organisieren, könnten dazu beitragen, dass einerseits das Thema Einsamkeit an Schärfe verliert und andererseits diese Menschen im Alter länger fit bleiben und erst viel später in eine Pflegeeinrichtung müssen. Dies könnte wiederum den kommunalen Haushalt entlasten, da ja die Pflegekosten, die nicht von der Pflegeversicherung und nicht aus eigenen Einnahmen gedeckt werden können, vom Sozialhilfeträger, also den Kommunen, getragen werden müssen. Da fast die Hälfte der pflegebedürftigen Menschen länger als 4 Jahre gepflegt wird, jede dritte Pflege sogar 5 bis 14 Jahre dauert, stehen hier enorme Kostensteigerungen an. Prävention gewinnt an Gewicht. Es ist daher absehbar, dass die Wellnessbranche zu den größten Wachstumssektoren der kommenden Jahre gehören wird. Es ist eine Aufgabe der kommunalen Wirtschaftsförderung, hier rechtzeitig Akzente zu setzen.

Noch nie hat es eine Generation gegeben, die mit so viel Zeit und Bildung aufgewachsen ist und die dies wiederum in Form von „Weisheitswissen" an die Gesellschaft zurückgeben kann und will. Eine im Auftrag der Bertelsmann Stiftung durchgeführte Befragung hat ergeben, dass 61 Prozent der Befragten selbst entscheiden wollen, wann sie in den Ruhestand gehen. Eine starre Regelung – wie sie derzeit noch von Politik und Gewerkschaften befürwortet wird – läuft also an der Realität des Wollens der Bürger vorbei. Arbeit wird künftig immer weniger im Rahmen sozialversicherungspflichtiger Tätigkeiten stattfinden. Der systemisch zu leistende Paradigmenwechsel wird weg von der Arbeitsplatzsicherung hin zur Existenzsicherung erfolgen müssen. Hierzu gilt es geeignete und finanzierbare Instrumente zu entwickeln.

Städte, die das Altern bis 2030 gestalten wollen, haben zum einen den Markt entdeckt, den ältere Menschen darstellen, und zum anderen die besondere Infrastruktur zur Verfügung gestellt, die speziell ältere Menschen brauchen. Ob es Seniorenstädte sein müssen, wie es *Sun City* in Florida vorlebt, oder ob es auch Seniorensiedlungen sein können, wo altersgerechte Wohnungen mit einer Betreuungsinfrastruktur angeboten werden, mag dahingestellt sein. Es werden auch neue Formen von Hausgemeinschaften entstehen, wo Singles sich zusammentun, die auch für die gegenseitige Pflege Verantwortung übernehmen, somit unterschiedliche Freiwilligendienste („Alt für Alt") leisten. Horst W. Opaschowski spricht in diesem Zusammenhang auch vom „Nachbarschaftsmütterkinderväteraltenzentrum".

Dabei werden bis 2030 auch fundamentale ethische Fragen entschieden sein, die Frank Schirrmacher in schonungsloser Klarheit aufgeworfen hat: „Fragen der Euthanasie, aber auch des von Schuldgefühlen getriebenen Freitods sowie der Kosten von Leben und Tod werden ganze Kontinente in Atem halten."

Also auch Deutschland. Für die Zukunft gilt auch, dass der Kultursektor schneller wachsen wird als die Gesamtwirtschaft, weil die Nachfrage insbesondere der älteren Menschen dafür sorgen wird. Ob Operntenöre in Fußballstadien dann dazugehören oder Rockkonzerte in Kirchen stattfinden werden, kann niemanden mehr zu Grundsatzdiskussionen bewegen.

2030 werden die Innenstädte, insbesondere die Fußgängerzonen mit ihren Erlebnisshoppingcentern, rollatorgerecht ausgestattet sein. Jeder zweite 70-Jährige wird – neben seinem freiwilligen Einsatz für Projekte, die für ihn wichtig sind – zwei bis vier Stunden täglich arbeiten, ein Großteil davon in der Pflege hochbetagter Menschen. Kaufhäuser werden konzeptionell zu Lebenshäusern entwickelt sein, in denen gleichzeitig Essen und Trinken, Multimedia, Sport, Persönlichkeitsentfaltungs-, Mode- und Lebensstilangebote offeriert werden, so wie unsere Hauptbahnhöfe schon heute multiple Erlebnis-, Spaß- und Einkaufszentren mit Gleisanschluss darstellen. Wir wissen dann, wo man in einem ICE sechs Rollatoren unterbringt und wir werden an öffentlichen Orten über eine Lautsprechertechnik verfügen, die es auch Menschen mit einem Hörgerät ermöglicht, die Durchsagen zu verstehen.

Deutschland wird im Jahr 2030 ein „kolonisiertes" Land sein, in dem viele Ethnien, Kulturen und Religionen zu Hause sein werden. Eine neue Multispiritualität wird zum Beispiel in Zukunft die monokulturellen Religionen ergänzen. Deutschland wird für viele Zuwanderer eine Heimat sein, weil sie sich nicht mehr erklären und legitimieren müssen. Sie sind angekommen und gestalten ihre neue Heimat – kulturell, wirtschaftlich, politisch, gesellschaftlich – aktiv mit. In Duisburg, Hamm und Mühlheim zum Beispiel regieren muslimische, in Frankfurt und Potsdam farbige Bürgermeister. Die Mütter und Väter mit Migrationshintergrund erfahren von Politik, Verwaltung, Wirtschaft und Gesellschaft jedwede Unterstützung in der Erziehung ihrer Kinder, weil es selbstverständlich geworden ist, dass Familie Vorrang hat und weil jedes Kind als wertvolles Mitglied der deutschen Gesellschaft angesehen wird. Diese gesellschaftliche Anerkennung erfahren im Übrigen auch die Menschen, die sich um ihre kranken und pflegebedürftigen Eltern kümmern.

Allerdings stellt jede Prognose über eine mögliche Welt und unser Leben in 10, 20 oder 30 Jahren immer eine Momentaufnahme dar. Auf der Grundlage bestimmter, hier und heute bekannter Fakten und in der Annahme heute vermuteter Entwicklungen und Trends sowie im Wissen um Erfahrungen aus der Vergangenheit wird vorausgesagt. Peter Drucker, einer der einflussreichsten Denker auf dem Gebiet der Wirtschaft und des Managements, weiß um folgenden Zusammenhang: „Die beste Möglichkeit, die Zukunft vorherzusagen, ist, sie zu gestalten." Doch wer gestalten will, muss wissen, mit welchem Ziel!

Jede Erfindung ist zweimal erfunden worden: einmal im Kopf des Erfinders und einmal als reales Produkt an der Werkbank oder im Labor. Die Erfindung im Kopf kommt einem Traum, einer Phantasiereise gleich: Was wäre, wenn … Es ist die Aufgabe, das Undenkbare zu denken, das Unvorstellbare vorstellbar zu machen, das Unmögliche möglich zu machen. Daniel Goeudevert hat ein Buch mit dem Titel „Mit Träumen beginnt die Realität" verfasst und genau dies darunter verstanden.

Nach dem Zweiten Weltkrieg „träumte" Churchill 1946 in einer Rede in Zürich von den „Vereinigten Staaten von Europa". Das war eine bemerkenswert weitsichtige Rede, die den europäischen Einigungsprozess, der sechs Jahre später mit der Montanunion begann, gedanklich vorwegnahm. Viele politisch handelnde Menschen „träumten" von einer Welt in Frieden und Freiheit, von Wohlstand und Sicherheit. Das waren Ziele, für die es sich zu kämpfen lohnte. Zwischenzeitlich wurde auch einiges erreicht: Noch nie haben Menschen in Europa eine so lange Epoche in Frieden erleben dürfen, noch nie in diesem für die meisten Europäer einmaligen Wohlstand, noch nie mit einer so langen Lebenserwartung und in so robuster Gesundheit. Doch gleichzeitig sind drei Defizite weltweit entstanden, die als Herausforderungen der Gegenwart und Zukunft gelten:

■ **Das ökologische Defizit**
  Wir befinden uns mitten in einem klimatischen Wandel, der das Leben auf unserer Erde neu definieren wird. Die Meldungen von schmelzenden Polkappen sowie Gletschern, auf denen das „ewige Eis" weggetaut ist, müssen als ebenso bedrohlich wahrgenommen werden wie die zunehmende Ausbreitung der Wüsten und der Mangel an Trinkwasser in immer mehr Regionen unserer Erde. Nicht ohne Grund erwarten die Vereinten Nationen bis 2050 rund 200 Millionen Klimaflüchtlinge weltweit, was einer gigantischen Wanderungsbewegung gleicht. Hinzu kommt, dass insbesondere jene Staaten Geburtenüberschüsse haben werden, in denen der Lebensstandard sich – mit allen ökologischen Folgen – noch auf das sogenannte Westniveau anheben könnte.

■ **Das finanzielle Defizit**
  Noch nie waren die staatlichen Gemeinschaften (Bund, Länder und Kommunen) so hoch verschuldet wie heute: 1,9 Billionen Euro (Stand: 5. April 2011). Damit hat sich ein Ballast von Schulden angehäuft, der von künftigen Generationen kaum abgetragen werden kann, aber ständig bedient werden muss. Dies zwängt die Handlungsspielräume nachhaltig ein. Die Frage lautet, ob die Politik und die Bürger auf allen politischen Ebenen zu einem neuen Verständnis vom Staat und von dessen Aufgaben gelangen, das der finanziellen Machbarkeit näherkommt. Dies trifft auch auf die künftige Gestaltung und damit die Finanzierbarkeit der sozialen Sicherungssysteme (Rente, Gesundheit, Pflege) in den westlichen Staaten zu. Sie sind alle nicht demografiefest konstruiert. Auch die Föderalismusreform hat hier keine auf lange

Sicht wirksamen Weichen gestellt. Zwar hat die Wirtschafts- und Finanzkrise 2009 zur Aufnahme einer „Schuldenbremse" ins Grundgesetz geführt, doch die verlangt „nur", dass keine neuen Schulden aufgenommen werden dürfen und sagt nichts dazu, wie man die aufgetürmten Schulden abbaut.

■ **Das demografische Defizit**
Wer Rente beziehen möchte, braucht keine eigenen Kinder großzuziehen. Wer im Alter gepflegt werden will, braucht sich auch nicht mit Erziehungsaufgaben zu plagen. Ebenso ist und bleibt die Gesundheitsvorsorge eine individuell nutzbare Angelegenheit. Richtig ist, dass alle drei Versicherungssysteme vom Nachwuchs aufrechterhalten werden – aber eben vom Nachwuchs der anderen. Bleibt auch der aus, bricht entweder das System zusammen oder immer weniger Menschen sorgen mit stets ansteigenden Beiträgen für immer mehr Alte, Pflegebedürftige und Kranke. Alternativ dazu müssten die Leistungen der Renten-, Pflege- und Krankenversicherung auf ein finanziell machbares Minimum reduziert werden. Wen wundert es, dass der aufgehobene direkte Zusammenhang von Reproduktion und sozialer Sicherung zu nachhaltig reduzierten Kinderzahlen führte, zumal es nicht gelang, ein gesellschaftliches Klima zu erzeugen, in dem Kinder erwünscht sind. Ganz im Gegenteil: Kinder und damit Familie empfinden viele Deutsche als Ballast. Auch dies unterstützte die Politik nachhaltig: Sie sorgte stets dafür, dass die Lasten der Familie privatisiert blieben, während der Nutzen des Kindersegens sozialisiert wurde. Auch steuerlich stehen in Deutschland die kinderlosen, aber nach Artikel 6 Grundgesetz geschützten, verheirateten Doppelverdiener besser da als Alleinerziehende mit Kindern. Fazit dieser (Steuer-)Politik: Wer sich um Kinder kümmert, ist selbst schuld.

Die aufgezeigten drei großen Defizite sind alle weitgehend hausgemacht. Das wissen wir. Doch wir handeln nicht, oder das, was wir Handeln nennen, greift nicht, obwohl es immer wieder neu versucht wird. Das große Defizit des politischen Handelns ist die Ziellosigkeit: Warum wollen wir uns der demografischen Herausforderung stellen? Wie stellen wir uns idealerweise eine Gesellschaft vor, die zwar weniger Kinder haben wird, aber nicht haben muss? Eine Gesellschaft, die deutlich älter wird, was aber auch viele Chancen und Perspektiven birgt? Und wie stellen wir uns die kulturelle Vielfalt und religiöse Spiritualität vor? Welchen Traum haben wir von einer demografisch gewandelten Welt in Deutschland – und darüber hinaus? Wofür soll es sich lohnen, sich zu mühen und Veränderungen in Kauf zu nehmen, die vielleicht schmerzvoll sind? Meinhard Miegel sagt, der Wohlstand von morgen sei es, abends schmerzfrei ins Bett gehen zu können. Ist es das?

Martin Luther King, einer der faszinierendsten Persönlichkeiten unserer jüngsten Zeitgeschichte, formulierte am 28. August 1963 das Unvorstellbare, das Undenkbare, das Unmögliche: „I have a dream." Millionen Menschen hörten ihn, spürten die Sehnsucht, diesen Traum Realität werden zu lassen. Dafür – so sagten sie – lohne es sich, Schmerzen, Mühen, Entbehrungen in Kauf zu nehmen, weil der Traum dann Wirklichkeit werden würde. Und für immer mehr Farbige in den USA ist es so gekommen, 2009 wurde ein Farbiger amerikanischer Präsident.

Nehmen wir ein anderes – zugegeben, weniger pathetischeres – Beispiel. John F. Kennedy, charismatischer amerikanischer Präsident, schrieb am 20. August 1961 seinem Stellvertreter (und späteren Nachfolger) Lyndon B. Johnson folgende Zeilen: „Sie sind doch Vorsitzender des Weltraum-Ausschusses, dann erstellen Sie mir doch mal eine Übersicht, wo wir in Sachen Raumfahrt gerade stehen. Haben wir eine Chance gegen die Russen? Sind wir in der Lage, einen Menschen auf den Mond zu bringen und sicher wieder zurück? Arbeiten wir an diesem Ziel 24 Stunden lang? Wenn nein, warum nicht? Und falls nein, unterbreiten Sie mir bitte Vorschläge, wie wir schneller werden können. Machen wir die größtmöglichen Fortschritte? Verwenden wir die richtige Technologie? Gibt es Alternativen dazu? Erreichen wir unsere Ziele und womit? Ich möchte die Antworten darauf zum schnellstmöglichen Zeitpunkt."

Die Vision lautete: Wir – die USA – sind die erste Nation, die einen Mann auf dem Mond gehen sehen. Dafür wurden im Apollo-Programm zwischen 1961 und 1969 rund 400.000 Menschen und zeitweilig bis zu 20.000 Unternehmen koordiniert. Es waren Menschen, die aus ganz unterschiedlichen Branchen kamen, aus Wissenschafts- und Produktionsbereichen, die sich nie zuvor berührt hatten. Für jeden Einzelnen von ihnen gab es ein exaktes Pflichtenheft, einen strammen Terminkalender und eine Gewissheit: Man hatte ein Versprechen einzulösen, eine Verpflichtung. Das hatten die Amerikaner einander versprochen.

Was bedeutet das für das Projekt „Demografischer Wandel"? Wir haben eine Herausforderung – den demografischen Wandel. Es wächst der Mut, sie zu erkennen. Jetzt braucht es noch bei allen relevanten Akteuren den Willen, sie anzunehmen, und die Kraft, Ziele zu beschreiben – zuletzt noch die parteiübergreifende Verpflichtung, diese Ziele zu erfüllen. Sind wir zum Beispiel in der Lage, ein leistungsfähiges, solidarisches, gerechtes und qualitätsvolles Wachstum in unserem Land, auch in unseren Kommunen zu gestalten? Wollen wir „Klassenbester" in der Gestaltung des demografischen Wandels werden?

Der Kuratoriumspräsident der Stiftung „Dialog der Generationen", Thomas Druyen, betont: „Wollen wir die demografische Entwicklung als Chance für die gesellschaftliche Zukunft begreifen, so ist ein fundamentales Umdenken notwendig: Wir brauchen ein neues, auf den veränderten Bedingungen basierendes Verständnis von Alter und Älterwerden und entsprechende Strukturen – gerade auf kommunaler und regionaler Ebene –, in denen die veränderte Realität des Lebens gelebt werden kann. Es gilt, Rahmenbedingungen zu schaffen, die der differenzierten Gruppe älterer Frauen und Männer mit ihren unterschiedlichen Interessen, Bedürfnissen und Fähigkeiten die Möglichkeit geben, weiterhin aktiv am Gesellschaftsleben teilzunehmen."

Für Druyen birgt die Debatte um den demografischen Wandel „die Chance einer neuen Wertfindung, eine unendliche Hoffnung, endlich zukunftsfähige Orientierungen zu finden".

Und darum geht es: Orientierungen zu finden, zu markieren, konsensfähig zu machen, zielgenau umzusetzen. Welche Sehnsüchte wollen wir wecken und bis 2030 erfüllt haben? Mit welchen Zielsetzungen wollen wir den demografischen Strukturwandel in Deutschland in den nächsten 20 Jahren gestalten? Diese Diskussion gilt es gesellschaftlich auf allen Ebenen zu führen, denn nur sie hilft uns wirklich weiter. Alles andere wäre ein zielloses Abarbeiten von kurzfristigen Maßnahmen, die zwar Aktionismus vortäuschen, aber uns nicht weiterbringen.

Auch ich habe einen Traum:

2030 werden wir eine Gesellschaft sein, die

✔ sich durch ihren starken solidarischen Zusammenhalt von Jung und
Alt, von Zugewanderten und Einheimischen, von Christen und Mus-
limen auszeichnet. Sie wird sich den Herausforderungen der Zeit stellen in dem Bewusstsein, dass gemeinsam eine Lösung für die Zukunft
gefunden wird. Für zwei Drittel der Bürger ist es selbstverständlich,
sich freiwillig zu engagieren. Neben der Familie etablieren sich zahlreiche weitere soziale Netzstrukturen, die sich auch in Krisensituatio-
nen als tragfähig erweisen.

✔ Kinder als ihre Schätze betrachtet und sich um deren seelisches, kör-
perliches und geistiges Wohl kümmert. Kinder stehen im Mittelpunkt
und bei jeder gesetzlichen sowie behördlichen Maßnahme wird die
Frage „Was nützt es den Kindern?" zu beantworten sein.

✔ ihren Kindern eine optimale Betreuung, Förderung und Ausbildung
bis zum 20. Lebensjahr garantiert – unabhängig von Geschlecht und
Herkunft sowie dem Einkommen der Eltern. Dafür erwartet sie, dass
alle Kinder die entsprechenden Angebote nutzen.

✔ den Eltern eine besondere Wertschätzung zukommen lässt, weil sie
eine hohe Verantwortung für die Schätze der Gesellschaft übernommen haben. Die Vereinbarkeit von Familie und Beruf wird als selbst-
verständliche Erwartung in das Arbeitsleben integriert sein, da die
besondere Bedeutung der Familie gestützt und gefördert werden soll.

✔ sich durch ihre Offenheit gegenüber Zugewanderten positiv abhebt,
da sie ihnen den Erwerb der Sprache ebenso anbietet wie die berufliche und soziale Integration. Im Gegenzug dafür darf sie die Akzeptanz
und Unterstützung der hier geltenden Regeln erwarten.

✔ das Erfahrungswissen älterer Menschen schätzt und ihnen deshalb
Gelegenheiten vermittelt, so lange am gesellschaftlichen Leben in Beruf
oder Freizeit teilzunehmen, wie sie es wünschen.

✔ eingebettet ist in einen europäischen Staatenbund, vertreten durch
eine direkt gewählte Bundesregierung, verwaltet von acht Bundesländern, lebend in finanziell eigenständigen kommunalen Körperschaf-
ten, die regionale wie lokale Strukturen und Kompetenzen aufweisen
und die zu vielen inhaltlichen Aspekten direkte Bürgerentscheide

ermöglichen. Ein jahrelanger konsequent betriebener Bürokratieabbau hat nun zu sehr schlanken, effektiv und effizient arbeitenden Verwaltungen geführt.

✓ begeistert die Identität ihrer Bürger als deutsche Europäer in einer global verantwortlichen Welt lebt.

✓ weiß, was sie von ihrem Staat erwarten darf und was nicht.

✓ jene Freiheit in Verantwortung mit Überzeugung lebt, in der jeder einzelne Bürger sein Leben nach dem 20. Lebensjahr gestalten kann. Es wechseln und mischen sich Erziehungsphasen mit Lern- und Arbeits- sowie Erholungsphasen – ein Leben lang. Eine Altersbegrenzung für eine Erwerbstätigkeit gibt es schon lange nicht mehr.

✓ ihre kulturellen, religiösen, nationalen und sexuellen Minderheiten achtet, weil der Grundsatz gelebt wird, dass die zu schützende Freiheit immer die Freiheit des Andersdenkenden darstellt. Toleranz zählt zu den wesentlichen Merkmalen eines fest verankerten Wertekanons der Multiminoritätengesellschaft.

✓ ihre sozialen Sicherungssysteme demografiefest organisiert hat, indem einerseits die Gesellschaft ihrer solidarischen Pflicht nachkommt, andererseits aber auch jeder einzelne Bürger seinen persönlichen Anteil leistet.

✓ die Gleichstellung von Mann und Frau zu einer gelebten Realität macht. Einseitige Förderungen eines Geschlechts sind daher überflüssig geworden, zumal alle Kinder gezielt gefördert werden.

✓ glücklich ist, da ein Höchstmaß an Freiheit mit einem Höchstmaß an solidarischer Verantwortung und einem Mindestmaß an persönlichem Schicksal in Übereinstimmung gebracht worden sind.

Wenn Ihnen dieser Zielkatalog für das Jahr 2030 unvollständig erscheint, so ergänzen Sie ihn. Finden Sie ihn hingegen zu blumig und wolkig, so präzisieren Sie ihn. Wichtig ist, dass überhaupt eine visionäre Vorstellung von einer gesellschaftlichen Ordnung für 2030 besteht, auf die man in Staat und Gesellschaft gezielt hinarbeiten kann. Dabei wäre es kein „Unfall", wenn die praktische Arbeit im Alltag erkennen lässt, dass die Zielsetzungen der Wirklichkeit stärker angepasst werden müssen. Daher sollten die einzelnen Ziele in Teilziele auf die einzelnen Handlungsfelder heruntergebrochen werden, um diese dann durch konkrete Maßnahmen erreichen und umsetzen zu können. Schließlich ist dabei stets die demografische Brille zu tragen, damit der Blick für die Strukturveränderungen der Bevölkerung immer die notwendige Aufmerksamkeit erfährt.

Die demografische Veränderung unserer Gesellschaft ist kein bedrohliches Damoklesschwert, das sekündlich auf uns niederfallen kann, sondern eine Herausforderung, der sich alle Akteure unserer Gesellschaft stellen sollten (und müssen). Wer dies nicht tut, den bestraft das Leben. Daher ist es Zeit, so Hans-Werner Sinn, „dass Deutschland sein Tabu überwindet" und eine „aktive Bevölkerungspolitik" betreibt. Es wäre doch beschämend, wenn man in Deutschland immer noch fürchten muss, von einer Mehrheit jenseits der 60 Jahre genauso überrascht zu werden wie Ende der Sechzigerjahre von den Heerscharen von Abc-Schützen.

Drei Hürden gilt es auf dem Weg zur gemeinsamen Gestaltung des demografischen Wandels zu überwinden:

1. die Ignoranz gegenüber der nachhaltigen und tief gehenden Veränderung („Es ist schon immer irgendwie gut gegangen.")
2. den mangelnden Mut zur Wahrheit („Stimmt das auch wirklich?")
3. den Glauben, es allein schaffen zu können („Wir brauchen die anderen nicht.")

Die Konzepte, die Deutschland hier erarbeiten wird, werden anschließend von anderen Nationen aufgesogen werden. Ob es sich dabei um längere Lebenszeiten, um eine neue Solidarität zwischen den Generationen oder ein schlichtes Ja zum Alter handelt.

Der 54-jährige Sänger Herbert Grönemeyer machte Anfang Oktober 2010 sein Lebensziel öffentlich: „Ich habe jetzt festgelegt, ich werde 96. Und mit 89 spiele ich mein letztes Konzert in der Kurmuschel auf Helgoland."

Als der spanische Cellist Pablo Casals einmal gefragt wurde, warum er als 92-Jähriger immer noch täglich Cello übe, antwortete er: „Ich glaube, ich mache Fortschritte."

Diese chancenorientierten Einstellungen gilt es auch für die Gestaltung des demografischen Wandels zu bewahren. Wer diesen Weg, in einer Gesellschaft mit weniger Kindern, mehr älteren Mitmenschen und zahlreichen kulturellen und sozialen Minderheiten zu leben, zielorientiert, konsequent und geduldig gehen wird, stellt fest: „Wir machen Fortschritte.“

VIII. Fazit: Wandel gestalten, Zukunft gewinnen

„Wer die Welt verändern will, muss sie genauso verstehen und bewältigen wie jene, die sich ihr nur anpassen möchten. Draußen bleiben kann
man nicht." Diese Erkenntnis vermittelt der Wirtschaftspädagoge Karlheinz A. Geißler in seinem Buch „Alles. Gleichzeitig. Und zwar sofort.".
Und dies trifft auch auf jeden zu, der meint, er könne sich weiterhin
selbsttäuschend den harten Realitäten des 21. Jahrhunderts entziehen.
Der demografische Wandel – weniger, bunter, älter – ist Fakt, daher
unausweichlich. Nur wer das erkennt und die Änderungen sieht, kann
gestaltend eingreifen. Wer das nicht erkennen will oder nach wie vor
an alten, überkommenen, gesellschaftlich und ideologisch geprägten
Bildern festhält, der wird früher oder später von der Wirklichkeit einge-
holt.

Das spüren zum Beispiel derzeit alle, die meinen, noch immer das dreigliedrige Schulsystem flächendeckend aufrechterhalten zu können, da
sie die absehbar wegbrechenden Schülerzahlen schlichtweg aus ideologischen Gründen ignorieren. Aber auch die anderen, die nun meinen,
ihre ideologischen Konzepte aus den Siebzigerjahren wieder aus den
Schubladen herausholen zu können, irren. Denn es geht darum, nachweislich allen Kindern unabhängig von ihrer Herkunft oder sozialen
Lebenswirklichkeit so früh wie möglich die ihren Talenten entsprechende Förderung zukommen zu lassen. Das bisherige Bildungssystem – egal
in welchem Bundesland und unter welcher Landesregierung – führte
jährlich zu 65.000 Jugendlichen ohne Schulabschluss oder zu einer Quote von 20 Prozent der 15-Jährigen, die nicht richtig lesen, schreiben oder
rechnen können. Das können wir uns nicht mehr leisten.

Zukunft gestaltet der, der den kommenden Generationen nicht nur eine
intakte natürliche Umwelt, sondern auch eine soziale Mitwelt hinterlassen will. Es genügt allerdings nicht, dass wieder ein größerer Anteil der
Menschen Kinder zeugt und erzieht, sondern diese Erziehung muss eine

demografisch nachhaltige Wirkung haben. Denn deren Kinder müssen auch wieder „Ja" zu eigenen Kindern sagen. Wir brauchen einen fundamentalen Wandel zu einem anderen Kinder-, Familien- und Generationenbild. Das gelingt nicht ohne Mühen und Anstrengungen.

Der Berliner Historiker Paul Nolte macht Mut, da er eine „Generation Reform" diagnostiziert hat, deren Überzeugung es sei, „dass die Bundesrepublik Deutschland in eine tiefe Krise hineingeraten ist, aus der die bisherigen Rezepte, die etablierten Verhaltensmuster älterer, aber auch jüngerer Generationen nicht mehr heraushelfen".

Die Voraussetzungen, die diese Generation mitbringt, seien – so Nolte – „gar nicht so schlecht: Realismus und Nüchternheit, verbunden mit einem Schuss Skepsis gegenüber dem allgegenwärtigen Konsum- und Medienhedonismus, dazu auch ein Stück moralische Verpflichtung".

Über Reformen wird hingegen im politischen Alltagsgeschäft schon inflationär gesprochen. Man weiß gar nicht mehr, welche Reform gerade durch das Parlament getrieben wird und ob die jeweilige Reform tatsächlich eine Reform ist. Dabei geht es um eine wirklich grundlegende Runderneuerung unserer Gesellschaft. Dazu gehört:

- ein Klima für mehr Kinder
- eine nachhaltige Förderung jeden Talents
- eine in Generationen und für Generationen denkende Gemeinschaft
- ein neues Bild des Alters und des Alterns sowie der Alten
- eine Integrationspolitik, die eine Verständigung auf gemeinsame Bindungen und Werte ermöglicht, sodass eine nachhaltige Grundlage für eine gemeinsame Zukunft entwickelt werden kann
- ein Begriff von Erwerbsarbeit, der eine Tätigkeit losgelöst von Sozialversicherungspflichten zulässt, die so lange, wann und wie man möchte, ausgeübt werden kann
- eine soziale Absicherung in den Bereichen Rente, Gesundheit und Pflege, die demografiefester wird
- eine Politikstruktur, die ein Höchstmaß an Eigenverantwortung und Mitwirkung der Bürger auf den jeweiligen politischen Handlungsebenen erlaubt. Engagement ist gewünscht und wird gefördert.

- eine grundlegende Stärkung der kommunalpolitischen Handlungsebene, da hier die Folgen und Perspektiven des demografischen Wandels spürbar werden
- eine Bildungsoffensive, die insbesondere Menschen in sozial schwachen Familien sowie Familien mit Migrationshintergrund nachhaltig
erreicht, aber insbesondere lebenslang strukturiert wird
- ein politisches System, das in seiner Schlankheit und Entscheidungs-
freudigkeit diesen Zielen gerecht wird und dabei die Entwicklungen
der globalisierten Welt berücksichtigt

Deutschland wandelt sich von der „Risikogesellschaft", wie sie 1986 von
Ulrich Beck beschrieben wurde, zu einer „Chancengesellschaft", wie es
bei Paul Nolte nachzulesen ist. Denn gerade der demografische Wandel
bietet die Chance zu wirklich innovativen Politikwechseln. Die Bevölkerungsentwicklung ist kein unaufhaltsames Schicksal, sondern durch ins-
titutionelle Reformen grundsätzlich in zukunftstauglicher Weise zu
beeinflussen. Das setzt aber die Bereitschaft zu einem wirklichen Politikwechsel voraus.

Dieser Politikwechsel kann nur gelingen, wenn ihm ein Mentalitätswechsel in allen relevanten Köpfen unserer Gesellschaft vorangeht. Denn
es ist häufig nicht nur richtig, dass Bürger ihre Politiker kritisieren. Manches Mal könnten auch politisch aktive Menschen ihre Wähler kritisieren – als selbstgefällig und egoistisch. Doch das macht man nicht. Es
reicht aber schlichtweg nicht mehr, auf die anderen zu zeigen. Jeder, der
bei sich anfängt, hat zu 100 Prozent Einfluss auf die Änderung seines
Verhaltens. Sie ist damit bestimmbar. Das Verhalten der anderen kann
niemand direkt zu 100 Prozent bestimmen. Denn – so Paul Nolte: „Wir
stehen vor der doppelt schwierigen Aufgabe, die Individuen zu stärken
und zu Eigenständigkeit zu befähigen und gleichzeitig die Kräfte der
Gemeinschaft neu zu beleben."

Für den Bevölkerungswissenschaftler Herwig Birg führt nur ein Weg
zum Ziel: „Offenheit und Ehrlichkeit verbunden mit Liebe und vorbild-
haftem eigenen Verhalten." Dieses Buch wollte dazu beitragen. Denn
zum einen sollten die Fakten offen und ehrlich auf den Tisch gelegt werden, schonungslos – wenn auch nicht perspektivlos – auf die möglichen

Entwicklungen hingewiesen werden. Zum anderen war es die Absicht dieses Buches, aus Liebe zum Leben und aus Liebe zu den folgenden Generationen, Wege der Handlungsfähigkeit und Gestaltung aufzuzeigen, die ein jeder – der eine mehr, der andere weniger – gehen kann. Schließlich kommt es auf das eigene Vorbild an. Notwendig sind Dutzende, vielleicht Hunderte kleiner Schritte. Einige gangbare sind aufgezeigt worden. Weitere werden sich im konkreten Handeln in Politik, Wirtschaft, Gesellschaft und Verwaltung ergeben.

Die Zeit drängt. Je eher wir die Herausforderungen annehmen, umso leichter fällt uns das Umsteuern und umso wahrscheinlicher wird es auch, dass eine perspektivenreiche Gestaltung des demografischen Wandlungsprozesses gelingt. Dem Reformator Martin Luther wird der Satz zugeschrieben, dass er einen Apfelbaum pflanzen würde, auch wenn er wüsste, dass morgen die Welt unterginge. Panikmache ist zwar nicht angesagt, denn die Welt wird durch den demografischen Wandel nicht untergehen, Verharmlosung jedoch auch nicht, denn die Welt, wie wir sie kennen, wird es morgen nicht mehr geben. Was bleibt, ist Handeln – überlegt und zielorientiert. Setzen wir ein Zeichen: Pflanzen wir doch einfach jeder einen Baum als äußeres Signal unseres inneren Gestaltungswillens für eine lebenswerte Zukunft – trotz oder gerade wegen „weniger, bunter, älter".

IX. Anhang

1. Abkürzungsverzeichnis

ADS	Aufmerksamkeitsdefizitsyndrom
AIDS	Acquired Immunodeficiency Syndrom
AOK	Allgemeine Ortskrankenkasse
BASS	Büro für Arbeits- und Sozialpolitische Studien
BBE	Bundesnetzwerk Bürgerschaftliches Engagement
BBR	Bundesamt für Bauwesen und Raumordnung
BMBF	Bundesministerium für Bildung und Forschung
BMFSFJ	Bundesministerium für Familie, Senioren, Frauen und Jugend
BMVBS	Bundesministerium für Verkehr, Bau und Stadtentwicklung
CDU	Christlich Demokratische Union
CSU	Christlich Soziale Union
DDR	Deutsche Demokratische Republik
DFB	Deutscher Fußball-Bund
DGB	Deutscher Gewerkschaftsbund
DIW	Deutsches Institut für Wirtschaftsforschung
DSW	Deutsche Stiftung Weltbevölkerung
EGKS	Europäische Gemeinschaft für Kohle und Stahl
EKD	Evangelische Kirche Deutschlands
EP	Europäisches Parlament
EU	Europäische Union
EWG	Europäische Wirtschaftsgemeinschaft
FAZ	Frankfurter Allgemeine Zeitung
FDP	Freie Demokratische Partei
GEK	Gesetzliche Ersatzkrankenkasse
HA	Hessen-Agentur
HIV	Human Immunodeficiency Virus
Hrsg.	Herausgeber
IBA	Internationale Bauausstellung
ICE	Intercity-Expresszug
IDMT	Fraunhofer-Institut für Digitale Medientechnologie

IGES	Forschungs- und Beratungsinstitut für Infrastruktur und Gesundheit
IGLU	Internationale Grundschul-Lese-Untersuchung
IT	Information Technology
k. A.	keine Angaben
KfW	Kreditanstalt für Wiederaufbau
KiGGS	Kinder- und Jugendgesundheitssurvey
KJHG	Kinder- und Jugendhilfegesetz
LASA	Landesagentur für Struktur und Arbeit
MSO	Migrantenselbstorganisation
NIP	Nationaler Integrationsplan
NRW	Nordrhein-Westfalen
OECD	Organisation for Economical Cooperation and Development (Organisation für wirtschaftliche Zusammenarbeit und Entwicklung)
o. J.	ohne Jahr
o. O.	ohne Ort
ÖPNV	Öffentlicher Personennahverkehr
OS	Open Space
PISA	Program for International Student Assessment
PKS	Polizeiliche Kriminalstatistik
RWE	Rheinisch-Westfälisches-Elektrizitätswerk
SGB	Sozialgesetzbuch
SoVD	Sozialverband Deutschland
SPD	Sozialdemokratische Partei Deutschlands
TIMSS	Trends in International Mathematics and Science Study
TNS	Infratest Institut für Marktforschung und Meinungsforschung
TRANSAGE	Transformation von Versorgung für eine alternde Gesellschaft
USA	Vereinigte Staaten von Amerika
VDI	Verein Deutscher Ingenieure
VdK	Verband der Kriegs- und Wehrdienstopfer, Behinderten und Sozialrentner
VDS	Vereinigung Deutsche Sanitärwirtschaft
VHS	Volkshochschule

2. Literaturverzeichnis

Autorengruppe Bildungsberichterstattung (Hrsg.): Bildung in Deutschland 2010. Ein indikatorengestützter Bericht mit einer Analyse zu Perspektiven des Bildungswesens im demografischen Wandel. Bielefeld 2010.

Beck, Ulrich: Risikogesellschaft. Auf dem Weg in eine andere Moderne. Frankfurt am Main 1986.

Berlin-Institut für Bevölkerung und Entwicklung (Hrsg.): Die demografische Zukunft von Europa. Wie sich die Regionen verändern. München 2008.

Berlin-Institut für Bevölkerung und Entwicklung / Bundesministerium für Verkehr, Bau und Stadtentwicklung (Hrsg.): Demografischer Wandel. Ein Politikvorschlag unter besonderer Berücksichtigung der Neuen Länder. Berlin 2009.

Berlin-Institut für Bevölkerung und Entwicklung / Generali Zukunftsfonds (Hrsg.): Die demografische Lage der Nation. Was freiwilliges Engagement für die Regionen leistet. Berlin 2011.

Bertelsmann Stiftung (Hrsg.): Mehr Strategie wagen. Strategie-Kompass für politische Reformprozesse. Gütersloh 2010.

Bertelsmann Stiftung (Hrsg.): Demographie konkret – Kommunale Familienpolitik neu gestalten. Gütersloh 2010.

Bertelsmann Stiftung (Hrsg.): Demographie konkret – Soziale Segregation in deutschen Großstädten. Gütersloh 2008.

Bertelsmann Stiftung (Hrsg.): Wer, wo, wie viele? – Bevölkerung in Deutschland 2025. Praxiswissen für Kommunen. Gütersloh 2009.

Bertelsmann Stiftung (Hrsg.): Gesellschaftliche Kosten unzureichender Integration von Zuwanderinnen und Zuwanderern in Deutschland. Welche gesellschaftlichen Kosten entstehen, wenn Integration nicht gelingt? Gütersloh o. J.

Bertelsmann Stiftung / Bundespräsident (Hrsg.): Familie. Bildung. Vielfalt. Den demographischen Wandel gestalten. Gütersloh 2009.

Biedenkopf, Kurt: Zeitsignale. Parteienlandschaft im Umbruch. München 1989.

Birg, Herwig: Die ausgefallene Generation. Was die Demographie über unsere Zukunft sagt. München 2005.

Birg, Herwig: Die demographische Zeitenwende. Der Bevölkerungsrückgang in Deutschland und Europa. München 2001.

Bundesagentur für Arbeit (Hrsg.): Perspektive 2025: Fachkräfte für Deutschland. Nürnberg 2011.

Bundesministerium für Bildung und Forschung (Hrsg.): Demographischer Wandel – (k)ein Problem! Werkzeug für betriebliche Personalarbeit. Bonn 2009.

Bundesministerium für Familie, Senioren, Frauen und Jugend (Hrsg.): Monitor Engagement. Freiwilliges Engagement in Deutschland 1999–2004–2009. Ergebnisse der repräsentativen Trenderhebung zu Ehrenamt, Freiwilligenarbeit und bürgerschaftlichem Engagement. Berlin 2010.

Bundesministerium für Familie, Senioren, Frauen und Jugend (Hrsg.): Männliche Fachkräfte in Kindertagesstätten. Eine Studie zur Situation von Männern in Kindertagesstätten und in der Ausbildung zum Erzieher. Berlin 2010.

Bundesministerium für Verkehr, Bau und Stadtentwicklung (Hrsg.): Entwurf Weißbuch Innenstadt. Starke Zentren für unsere Städte und Gemeinden. Berlin/Bonn 2010.

CDU NRW (Hrsg.): Gemeinsam für Nordrhein-Westfalen. Die Chancen des demografischen Wandels nutzen. Beschluss des 29. Landesparteitages der CDU Nordrhein-Westfalen vom 14. Juni 2008.

Der Präsident des Hessischen Landtags (Hrsg.): Älter – Weniger – Bunter. Bericht der Enquetekommission „Demografischer Wandel – Herausforderung an die Landespolitik" des Hessischen Landtags. Berlin 2007.

Deutscher Bundestag (Hrsg.): Schlussbericht der Enquête-Kommission „Demographischer Wandel – Herausforderungen unserer älter werdenden Gesellschaft an den Einzelnen und die Politik". Berlin 2002.

Die Beauftragte der Bundesregierung für Migration, Flüchtlinge und Integration (Hrsg.): 8. Bericht der Beauftragten der Bundesregierung für Migration, Flüchtlinge und Integration über die Lage der Ausländerinnen und Ausländer in Deutschland. Berlin 2010.

Elschenbroich, Donata: Weltwissen der Siebenjährigen. Wie Kinder die Welt entdecken können. München 2001.

Europäische Kommission (Hrsg.): Angesichts des demografischen Wandels – eine neue Solidarität zwischen den Generationen. Grünbuch. Brüssel 2005.

Everts, Carmen: Demografischer Wandel in Hessen – Was ändert sich? Wie betrifft es mich? Wiesbaden 2010.

Fritz Beske Institut für Gesundheits-System-Forschung Kiel (Hrsg.): Morbiditätsprognose 2050. Ausgewählte Krankheiten für Deutschland, Brandenburg und Schleswig-Holstein. Schriftenreihe Band 114. Kiel 2009.

Geißler, Karlheinz A.: Alles. Gleichzeitig. Und zwar sofort. – Unsere Suche nach dem pausenlosen Glück. Freiburg im Breisgau 2004.

HA Hessen Agentur GmbH (Hrsg.): Masterplan Demografischer Wandel für den Rheingau-Taunus-Kreis. Wiesbaden 2009.

Herzog, Roman: Wie der Ruck gelingt. München 2005.

Kaufmann, Franz-Xaver: Schrumpfende Gesellschaft. Vom Bevölkerungsrückgang und seinen Folgen. Frankfurt/Main 2005.

Kreis Borken: Brennpunkt Demographie. Demographiekonzept Kreis Borken. Gestaltung des demographischen Wandels zur Stärkung der Wettbewerbs- und Standortfähigkeit. Borken 2010.

Lachmann, Günther: Von Not nach Elend. Eine Reise durch deutsche Landschaften und Geiserstädte von morgen. München 2008.

Landesagentur für Struktur und Arbeit (LASA) Brandenburg GmbH (Hrsg.): Praxishilfe Nr. 19. Zeit zum Handeln – Instrumente zur Gestaltung des demografischen Wandels. Potsdam 2009.

Landtag des Saarlandes (Hrsg.): Bericht und Empfehlungen der Enquêtekommission „Demographischer Wandel – Auswirkungen auf das Saarland und Folgen für die Landespolitischen Handlungsfelder". O. O., o. J.

Landtag Nordrhein-Westfalen (Hrsg.): Chancen für Kinder. Rahmenbedingungen und Steuerungsmöglichkeiten für ein optimales Betreuungs- und Bildungsangebot in Nordrhein-Westfalen. Bericht der Enquetekommission. Düsseldorf 2008.

Landtag Nordrhein-Westfalen (Hrsg.): Situation und Zukunft der Pflege in NRW. Bericht der Enquête-Kommission des Landtags Nordrhein-Westfalen. Düsseldorf 2005.

Landtag Rheinland-Pfalz (Hrsg.): Bericht der Enquete-Kommission 14/2 „Zukunft der Arbeit – Schaffung und Erhalt von Arbeit und Arbeitsplätzen in Rheinland-Pfalz im neuen Jahrhundert". Mainz 2005.

Landtag von Baden-Württemberg (Hrsg.): Bericht und Empfehlungen der Enquetekommission „Demografischer Wandel – Herausforderungen an die Landespolitik". Stuttgart 2005.

Landtag von Sachsen-Anhalt (Hrsg.): Bericht der Enquete-Kommission „Zukunftsfähiges Sachsen-Anhalt". Anlage zur Beschlussempfehlung Drs. 3/5350. O. O., o. J.

Laschet, Arnim: Die Aufsteiger-Republik. Zuwanderung als Chance. Köln 2009.

Miegel, Meinhard: Die deformierte Gesellschaft – Wie die Deutschen ihre Wirklichkeit verdrängen. 6. Auflage, Berlin, München 2002.

Ministerium für Generationen, Familie, Frauen und Integration des Landes Nordrhein-Westfalen (Hrsg.): Nordrhein-Westfalen: Land der neuen Integrationschancen. 1. Integrationsbericht der Landesregierung. Düsseldorf 2008.

Niedersächsischer Landtag (Hrsg.): Bericht der Enquete-Kommission „Demografischer Wandel – Herausforderung an ein zukunftsfähiges Niedersachsen". Hannover 2007.

Niejahr, Elisabeth: Alt sind nur die anderen. So werden wir leben, lieben und arbeiten. Frankfurt/Main 2004.

Nolte, Paul: Generation Reform. Jenseits der blockierten Republik. 6. Auflage, München 2005.

Opaschowski, Horst W.: Der Generationenpakt. Das soziale Netz der Zukunft. Darmstadt 2004.

Opaschowski, Horst W.: Wohlstand neu denken. Wie die nächste Generation leben wird. Gütersloh 2010.

Sächsischer Landtag (Hrsg.): Demografische Entwicklung und ihre Auswirkungen auf die Lebensbereiche der Menschen im Freistaat Sachsen sowie ihre Folgen für die politischen Handlungsfelder. Bericht der Enquete-Kommission. Inklusive Vorträge auf CD-Rom. Dresden o. J.

Sachverständigenrat zur Begutachtung der Entwicklung im Gesundheitswesen (Hrsg.): Koordination und Integration – Gesundheitsversorgung in einer Gesellschaft des längeren Lebens. Sondergutachten 2009. Kurzfassung. K. A.

Schweizerische Akademie der Geistes- und Sozialwissenschaften (Hrsg.): Auf dem Weg zu einer Generationenpolitik. Bern 2010.

Simsek, Mihrali: Mit 18 mein Sturz. Mein Leben im Gefängnis. Würzburg 2010.

Stiftung Marktwirtschaft (Hrsg.): Ehrbarer Staat? Die Generationenbilanz. Update 2009: Wirtschaftskrise trifft Tragfähigkeit. Nr. 108. September 2009.

Verein für Regionalentwicklung Werra-Meißner e. V. (Hrsg.): Region schafft Zukunft. Region hat Zukunft. Ergebnisse aus dem Masterplan. Eschwege 2011.

3. Internetadressen

www.aktion2050.de
www.alzheimerinfo.de
www.bbr.bund.de
www.berlin-institut.org
www.bib-demographie.de
www.bmfsfj.de
www.bundesregierung.de
www.demogr.mpg.de
www.demografie.brandenburg.de
www.demografische-forschung.org
www.demographie-konkret.de
www.demographie-netzwerk.de
www.demographie-online.de
www.demographie-und-raum.nrw.de
www.demografie.sachsen.de
www.demografietage.de
www.demographieworkshop.de
www.demotrans.de
www.demowerkzeuge.de
www.destatis.de
www.difu.de
www.erfahrung-ist-zukunft.de
www.forum-demographie.de
www.generationendialog.de
www.generationengerechtigkeit.de
www.gesellschaft-altern-medien.de
www.hessen-agentur.de
www.intergenerationes.eu
www.ioer.de
www.laendermonitor.de
www.mehrgenerationenhaeuser.de
www.mobile-wohnberatung.de
www.mv4you.de
www.prognos.com
www.religion-plural.org
www.seniorenbueros.org

www.shrinkingcities.com
www.sozialberichterstattung.de
www.stadtumbau-ost.de
www.wegweiser-demenz.de
www.wegweiser-kommune.de
www.weisse-liste.de
www.winfried-koesters.de
www.wirtschaftsfaktor-alter.de
www.wohnQuartier4.de
www.vitalindeutschland.de
www.zdwa.de
www.zukunftsradar2030.de

4. Demografische Länderberichte[1]

Länderbericht Baden-Württemberg

• Baden-Baden und Freiburg mit Wachstum, Bevölkerungsrückgang in elf Kreisen
• Altersstruktur bei den Erwerbstätigen: Bürger ab 45 Jahren werden für das Arbeitsleben immer wichtiger
• Baden-Baden 2025: Fast ein Drittel der Bürger über 65 Jahre alt

Bevölkerungsentwicklung

Die Bevölkerungszahl Baden-Württembergs wird bis zum Jahr 2025 um knapp 2 Prozent zunehmen. Das entspricht einem Zuwachs um knapp 200.000 Einwohner auf dann 10,94 Millionen Einwohner. Die demographische Entwicklung in den neun kreisfreien Städten und 35 Landkreisen Baden-Württembergs zeichnet sich durch eine große Heterogenität aus. Die Mehrzahl der Landkreise und kreisfreien Städte verzeichnet bis 2025 einen Bevölkerungszuwachs um mehr als 2 Prozent. In den beiden Städten Baden-Baden und Freiburg beträgt das Wachstum mehr als 6 Prozent. Ein Bevölkerungsrückgang wird für elf Landkreise und die kreisfreie Stadt Mannheim prognostiziert. Mit einer Abnahme der Bevölkerungszahl um rund 8 Prozent ist der Rückgang im Kreis Heidenheim besonders ausgeprägt.

---

1 Die Quelle aller statistischen Angaben ist das Internetportal www.wegweiser-kommunen.de.

Länderbericht Bayern

- Bayerns Bevölkerung wächst um 2,5 Prozent: 12,8 Mio. Einwohner im Jahr 2025 erwartet – trotz Rückgängen mancherorts
- Bevölkerungswachstum: München und Ingolstadt erwarten große Zuwächse bis 2025
- Ältere Arbeitnehmer werden wichtiger: Starke Konzentration auf die Regionen rund um Landeshauptstadt und Flughafen
- Eine der „Jüngsten" im Bundesgebiet: Die Hälfte der Menschen wird in München jünger als 41 Jahre sein

Bevölkerungsentwicklung

Insgesamt wachstumsstark, Zuwachsspitzen in Oberbayern: Bayern hat unter den Bundesländern (mit Ausnahme der Stadtstaaten) das höchste Bevölkerungswachstum zu erwarten. Die Einwohnerzahl wird von 12,49 Millionen im Jahr 2006 um 2,5 Prozent bis zum Jahr 2025 auf 12,80 Millionen zunehmen. Die demographische Entwicklung ist im flächengrößten Bundesland mit 71 Landkreisen und 25 kreisfreien Städten durch eine große Heterogenität gekennzeichnet: Deutliche Bevölkerungszuwächse von 6 Prozent und mehr sind vor allem in der Region Oberbayern in elf Landkreisen und vier kreisfreien Städten zu erwarten, darunter befinden sich München und Ingolstadt. Mit einem Bevölkerungswachstum zwischen 2 Prozent und 6 Prozent kann in 15 Landkreisen und sechs kreisfreien Städten gerechnet werden. Eine annähernd konstante Bevölkerungszahl mit einem Wachstum bzw. Rückgang zwischen +2 und -2 Prozent wird für 22 Landkreise und zehn kreisfreie Städte prognostiziert.14 Landkreise und drei kreisfreie Städte werden voraussichtlich von Bevölkerungsrückgängen zwischen 2 Prozent und 6 Prozent betroffen sein. Relativ deutliche Bevölkerungsrückgänge mit 6 Prozent und mehr sind in neun Landkreisen und zwei kreisfreien Städten zu beobachten. Hier finden sich vor allem Kreise in unmittelbarer Nachbarschaft zu den Bundesländern Sachsen und Thüringen sowie der Tschechischen Republik wieder.

Länderbericht Stadtstaaten: Hamburg, Berlin und Bremen

- Deutschland schrumpft – Stadtstaaten legen leicht zu
- Anziehungskraft: Stadtstaaten ziehen viele meist junge Menschen an

Bevölkerungsentwicklung

Wachstum – die Bevölkerungszahl in allen Stadtstaaten nimmt bis zum Jahr 2025 zu: in Hamburg um etwa 4 Prozent, in Berlin und Bremen um etwa 1 Prozent.

Länderbericht Brandenburg

- Beliebt: Berlins Umland
- Heterogene Bevölkerungsentwicklung in Brandenburg
- Viele Jubilare in 2025: Jeder Dritte 65 Jahre, jeder Zehnte 80 Jahre…

Bevölkerungsentwicklung

Geringster relativer Rückgang in den östlichen Bundesländern: Die Bevölkerungszahl Brandenburgs wird bis zum Jahr 2025 um ca. 5,5 Prozent abnehmen. Das entspricht einer Abnahme um etwa 140.000 Einwohner auf dann etwa 2,41 Millionen Einwohner. Die demographische Entwicklung in den vier kreisfreien Städten und 14 Landkreisen Brandenburgs zeichnet sich durch eine besonders große Heterogenität aus. Immerhin acht der 18 Kreise (darunter die kreisfreie Stadt Potsdam) haben sogar einen Bevölkerungszuwachs zwischen 1 Prozent und 8 Prozent zu erwarten. Dagegen müssen sechs Kreise mit Bevölkerungsrückgängen von 20 Prozent und mehr rechnen, darunter die kreisfreie Stadt Frankfurt/Oder. Die übrigen vier Kreise (darunter die kreisfreien Städte Cottbus und Brandenburg) gehören zum „Mittelfeld", mit erwarteten Bevölkerungsrückgängen zwischen 7 Prozent und 15 Prozent. Vor allem im Berliner Umland scheint es deutliche Bevölkerungsgewinne zu geben.

Länderbericht Hessen

- Banken, Bücher, Bildung: Schülerzahlen in Frankfurt steigend
- Altersstruktur bei den Beschäftigten: Jüngere Erwerbstätige werden weniger – ältere mehr
- Städte „jünger" als Kreise: 2025 – die Hälfte der Offenbacher ist jünger als 42 Jahre

Bevölkerungsentwicklung

Ohne größere Überraschungen: Die Bevölkerungszahl im Land Hessen ist mit einer Abnahme um etwa 2 Prozent bis zum Jahr 2025 leicht rückläufig. Dabei bleibt die Bevölkerung in Südhessen fast konstant. Unter den Kreisen ist ein Bevölkerungswachstum von mehr als 2 Prozent nur für die kreisfreie Stadt Wiesbaden zu erwarten. Für neun Landkreise und zwei kreisfreie Städte wird eine annähernd konstante Bevölkerungszahl (Veränderung zwischen +2 Prozent und -2 Prozent) prognostiziert. Zwölf Landkreise und zwei kreisfreie Städte weisen einen Bevölkerungsrückgang von 2 Prozent und mehr auf, der in den Landkreisen Hersfeld-Rotenburg und Werra-Meißner-Kreis besonders deutlich ausfällt.

Länderbericht Mecklenburg-Vorpommern

- Bevölkerungsentwicklung bis 2025: 200.000 Menschen weniger werden in Mecklenburg-Vorpommern leben – relativ einheitliches Bild für Städte und Kreise
- Geburtenschwache Jahrgänge werden Eltern: Sehr viel weniger Kleinkinder bis 2025
- „Konsolidierung" bei den 10- bis 15-Jährigen: Stabile Zahlen nach bereits starken Rückgängen in der Vergangenheit
- Weniger jüngere Erwerbstätige: Rückgang um ein Viertel in den kreisfreien Städten, bis um die Hälfte in Kreisen
- Deutlich höheres Medianalter erwartet bis 2025: In 16 von 18 Kreisen wird die Hälfte der Menschen über 51 Jahre alt sein

Bevölkerungsentwicklung

Die Bevölkerungszahl Mecklenburg-Vorpommerns wird bis zum Jahr 2025 um fast 12 Prozent abnehmen. Das entspricht einem Rückgang um etwa 200.000 Einwohner auf dann 1,49 Millionen Menschen. Die demographische Entwicklung in den sechs kreisfreien Städten und zwölf Landkreisen Mecklenburg-Vorpommerns verläuft zwar unterschiedlich, aber nicht so heterogen wie in anderen ostdeutschen Bundesländern: Der Kreis Bad Doberan wird etwa konstant bleiben, die Kreise Nordwestmecklenburg, Ludwigslust und die Hansestadt Rostock haben relativ geringe Rückgänge zwischen 4 Prozent und 9 Prozent zu erwarten.
In zehn Kreisen und kreisfreien Städten ist mit Bevölkerungsrückgängen zwischen 11 Prozent und 16 Prozent zu rechnen. Geringfügig höher liegen die vier übrigen Kreise und kreisfreien Städte: Güstrow 18 Prozent, Stadt Neubrandenburg 19 Prozent sowie Demmin und Uecker-Randow mit je 22 Prozent. Anders als in den meisten Bundesländern verläuft die Entwicklung in den sechs kreisfreien Städten nicht wesentlich anders als in den zwölf Landkreisen.

Länderbericht Niedersachsen

- Heide, Harz und Wattenmeer: So vielfältig die Landschaft, so heterogen die Bevölkerungsentwicklung
- Osterode, Northeim und Holzminden: Fast ein Drittel weniger Grundschüler bis 2025
- Altersstruktur im Jahre 2025: In Cloppenburg und Vechta werden die Hälfte der Einwohner jünger als 43 Jahre sein – in Lüchow-Dannenberg und Osterode dagegen „nur" jünger als 53 Jahre

Bevölkerungsentwicklung

Das Bundesland Niedersachsen hatte am 31.12.2006 eine Einwohnerzahl von 7,983 Millionen. Die Bevölkerungszahl wird bis zum Jahr 2025 voraussichtlich um mehr als 1 Prozent zurückgehen. Auf Ebene der Landkreise und kreisfreien Städte wird eine große Heterogenität in der Bevölkerungsentwicklung bis 2025 sichtbar: Deutliche Bevölkerungszuwächse von 2 Prozent und mehr sind vor allem in eher ländlich strukturierten Regionen im Nordwesten des Landes zu verzeichnen (u. a. Landkreise Lüneburg, Cloppenburg, Oldenburg und kreis-

freie Stadt Oldenburg). Insgesamt verzeichnen acht Landkreise und eine kreis-
freie Stadt ein Wachstum von 2 oder mehr Prozent. Eine annähernd konstante
Bevölkerungszahl mit einem Wachstum bzw. Rückgang zwischen +2 und -2
Prozent ist für 14 Landkreise und zwei kreisfreie Städte zu erwarten. Von einem
Rückgang der Bevölkerungszahl ist in 16 Landkreisen und fünf kreisfreien Städten auszugehen. In peripheren (Mittelgebirgs-)Regionen (Landkreise Goslar,
Osterode am Harz und Holzminden) werden sich voraussichtlich die deutlichsten Bevölkerungsrückgänge (zwischen -10 Prozent und -15 Prozent) in Nieder-
sachsen abzeichnen.

Länderbericht Nordrhein-Westfalen

- Gegen den Strom: Immer mehr Kölner trotz sinkender Bevölkerung in Nord-
  rhein-Westfalen
- Borken, Steinfurt und Paderborn: Silversurfer – Belegschaften werden immer
  älter
- Bestätigt den bundesweiten Trend: Starker Anstieg der über 80-jährigen
  Menschen bis 2025

Bevölkerungsentwicklung

Die Bevölkerungsentwicklung in Nordrhein-Westfalen ist sehr heterogen. Im
Landesschnitt sinkt die Bevölkerung um 2,4 Prozent von 18,03 Millionen Einwohnern im Jahr 2006 auf 17,59 Millionen Einwohner im Jahr 2025. Immerhin
neun Landkreise und kreisfreie Städte können von 2006 bis 2025 einen Bevölkerungszuwachs von 2 Prozent bis 6 Prozent erwarten. Davon liegen sechs im
Regierungsbezirk Köln, keiner im Regierungsbezirk Arnsberg. In 13 Landkreisen und kreisfreien Städten ist von einer ziemlich konstanten Bevölkerungszahl
auszugehen: Veränderungen zwischen -2 Prozent und +2 Prozent. Zwischen 2
Prozent und 6 Prozent Bevölkerungsabnahme sind in 16 Landkreisen und kreisfreien Städten zu erwarten. In den übrigen 16 Landkreisen und kreisfreien Städten dürfte der Bevölkerungsrückgang zwischen 6 Prozent und 11 Prozent liegen;
darunter acht aus dem Regierungsbezirk Arnsberg, vier aus dem Regierungsbezirk Düsseldorf und keiner aus dem Regierungsbezirk Köln. Diese Spanne wird
auch bei der Auswertung der fünf Regierungsbezirke bestätigt: Köln steht für
einen Bevölkerungszuwachs von 3 Prozent, Arnsberg für einen Rückgang von
fast 7 Prozent.

Länderbericht Rheinland-Pfalz

- Landau, Mainz, Worms und Kreis Mainz-Bingen wachsen –Pirmasens und die Kreise Birkenfeld, Kusel und Südwestpfalz werden weniger: Bevölkerungszahl insgesamt stabil
- Buchdruck und Fernsehen: Nur in Mainz nimmt landesweit die Zahl der jüngeren Erwerbstätigen nicht ab
- Viele Generationen in Rheinland-Pfalz: Tendenz: Städte jünger, Kreise älter

Bevölkerungsentwicklung

Im Land Rheinland-Pfalz bleibt die Bevölkerungszahl von 2006 bis 2025 bei einem sehr moderaten Bevölkerungsrückgang von 0,85 Prozent annähernd konstant. Im Jahr 2025 wird die Bevölkerungszahl insgesamt rund 4,02 Millionen betragen. Ein Bevölkerungszuwachs von 2 Prozent und mehr ist in drei Landkreisen und vier kreisfreien Städten zu erwarten. Dieser wird in den kreisfreien Städten Landau in der Pfalz, Mainz und Worms sowie dem Landkreis Mainz-Bingen voraussichtlich am deutlichsten ausfallen. Eine nahezu ausgeglichene Entwicklung der Bevölkerungszahl (Bevölkerungsveränderung zwischen -2 Prozent und +2 Prozent) ist in zehn Landkreisen und drei kreisfreien Städten zu beobachten.

Von einem Rückgang der Bevölkerungszahl ist in elf Landkreisen und fünf kreisfreien Städten auszugehen. In den Landkreisen Birkenfeld, Kusel und Südwestpfalz sowie der kreisfreien Stadt Pirmasens wird sich der Rückgang besonders deutlich abzeichnen.

Länderbericht Saarland

- Deutlichster Bevölkerungsrückgang in den alten Bundesländern
- Kleinere Gruppen und Klassen: Weniger Schul- und Vorschulkinder in allen Landkreisen

Bevölkerungsentwicklung

Die Bevölkerungszahl nimmt bis zum Jahr 2025 um etwa 9 Prozent ab und weist damit unter den „alten" Bundesländern den höchsten Bevölkerungsrückgang auf. In allen sechs Kreisen des Saarlands ist ein Bevölkerungsrückgang von 2 Prozent und mehr zu erwarten. Die Hälfte der Kreise hat mit einem Rückgang der Einwohnerzahl um mindestens ein Zehntel zu rechnen. Die Heterogenität der demographischen Entwicklung ist – auch aufgrund der geringen Anzahl der Kreise – in diesem Bundesland eher gering.

Länderbericht Sachsen

- Sachsen ist 2025 das jüngste Ost-Bundesland
- Aber: Die Hälfte der Sachsen wird zu diesem Zeitpunkt älter als 51 Jahre sein.

Bevölkerungsentwicklung

Insgesamt nimmt die Bevölkerung Sachsens um ein Zehntel ab. Das entspricht rund 430.000 Menschen weniger; somit wird eine Einwohnerzahl von 3,8 Millionen errechnet. Innerhalb des Bundeslandes gibt es jedoch beträchtliche Unterschiede. Entgegen dem Trend können die kreisfreien Großstädte Dresden und Leipzig in den nächsten 17 Jahren sogar mit Bevölkerungsgewinnen rechnen. Während die westdeutschen Bundesländer 2025 zwar einen noch höheren Anteil an Kindern und Jugendlichen (bis 18 Jahre) in der Bevölkerung aufweisen, liegt Sachsen mit 14,1 Prozent an der Spitze der ostdeutschen Bundesländer. Für vier Landkreise und kreisfreie Städte in Sachsen berechneten die Experten der Bertelsmann Stiftung eine Verdoppelung der Zahl an Bürgern über 80 Jahre. Wie im gesamten Bundesgebiet ist auch in Sachsen der Anteil der jüngeren potenziellen Erwerbstätigen von 25 bis 44 Jahren an der Gesamtbevölkerung rückläufig. Ihre Zahl wird sich im ostdeutschen Freistaat um rund ein Viertel verringern.

Länderbericht Sachsen-Anhalt

- 2025 hat Sachsen-Anhalt noch zwei Millionen Bürger
- 17 Prozent weniger Einwohner in 17 Jahren

Bevölkerungsentwicklung:

In Sachsen-Anhalt schrumpft die Bevölkerung im Ländervergleich bundesweit am stärksten: Erwartet wird eine um 400.000 Menschen verminderte Einwohnerzahl von rund zwei Millionen. Die beiden kreisfreien Städte Magdeburg und Halle können mit einem moderateren Einwohnerrückgang um sieben beziehungsweise zwölf Prozent rechnen als die Landkreise, bei denen die Spanne von dreizehn Prozent bis zu zweiundzwanzig Prozent weniger Menschen reicht. Dabei zeigt sich Sachsen-Anhalt als beliebte Wahlheimat – nachdem die neuen Bundesländer über viele Jahre Abwanderungen zu verzeichnen hatten, wird sich der Trend voraussichtlich umkehren. Im Jahr 2025 werden viele Regionen geringfügig mehr Zu- als Fortzüge verzeichnen können; in den Jahren bis dahin überwiegen aber noch die Fortzüge. Besonders viel Veränderung verzeichnen erwartungsgemäß die kreisfreien Städte – die Neubürger dort werden vor allem junge Erwachsene sein.

In Sachsen-Anhalt ist in den Landkreisen mit bis zu 50 Prozent weniger Kindern im Alter von unter drei Jahren zu rechnen; auch hier sind die erwarteten Zahlen für Magdeburg und Halle wieder etwas günstiger.

Das so genannte Medianalter – der Mittelwert, der die Einwohner in zwei gleich große Altersgruppen teilt – wird in Sachsen-Anhalt bis 2025 deutlich steigen: Die Hälfte der Menschen wird nach erfolgter Vorausrechnung dann älter als 53 Jahre sein.

Länderbericht Schleswig-Holstein

• Bevölkerungszahl stabil: Bei der Altersstruktur wird's spannend
• Kiel ist die jüngste im ganzen Land
• Viele Hochbetagte in Ostholstein

Bevölkerungsentwicklung

Die Bevölkerungszahl im Bundesland Schleswig-Holstein bleibt stabil; sie wird von 2006 bis 2025 um 0,8 Prozent geringfügig auf knapp 2,86 Millionen zunehmen. In vier Landkreisen und zwei kreisfreien Städten wird der Bevölkerungszuwachs 2 Prozent und mehr betragen, darunter befinden sich mit dem Herzogtum Lauenburg, Pinneberg und Segeberg drei Landkreise im Einzugsbereich der Metropole Hamburg. Ein moderates Bevölkerungswachstum bzw. ein leichter Bevölkerungsrückgang (+/-2 Prozent) ist in fünf Landkreisen und einer kreisfreien Stadt zu erwarten. Ein besonders hoher Rückgang der Bevölkerungszahl zeichnet sich in Schleswig-Holstein in keinem Landkreis und keiner kreisfreien Stadt ab. So findet in den Landkreisen Dithmarschen und Steinburg sowie der Stadt Neumünster lediglich eine Abnahme der Bevölkerungszahl um -2 Prozent bis -4 Prozent statt. Hinter diesen eher moderaten Veränderungen der Bevölkerungszahl zeigen sich große Verschiebungen in dem Altersaufbau der Bevölkerung. Spannende Altersstruktur in kreisfreien Städten und Kreisen: Bei Gegenüberstellung des Medianalters zeigt sich eine große Heterogenität im Bundesland Schleswig-Holstein. Das Medianalter im Landkreis Ostholstein beträgt 53,3 Jahre (2025), während die Landeshauptstadt Kiel mit 42,1 Jahren das jüngste Medianalter des Landes aufweisen wird. Die „jüngeren" Landkreise (Herzogtum Lauenburg, Pinneberg und Segeberg) befinden sich im Umland von Hamburg. In der Tendenz ist das Medianalter in den Landkreisen höher als in den kreisfreien Städten.

Länderbericht Thüringen

- Eltern gesucht: In Thüringen nimmt die Bevölkerung zwischen 22 und 35 Jahren stark ab
- Mobilität in den Unistädten: Zimmer frei – Aus Jena und Weimar ziehen viele weg und viele kommen an
- Junges Jena: Die Hälfte der Einwohner ist jünger als 43 – 10 Jahre weniger als das Medianalter im Landesdurchschnitt

Bevölkerungsentwicklung

Die Bevölkerungszahl Thüringens schrumpft nach Sachsen-Anhalt am zweitstärksten in Deutschland. Sie wird bis zum Jahr 2025 um ca. 14 Prozent abnehmen. Das entspricht einem Rückgang um fast 350.000 Einwohner auf dann 1,98 Millionen Einwohner. Die demographische Entwicklung in den sechs kreisfreien Städten und 17 Kreisen Thüringens zeichnet sich durch eine große Heterogenität aus. Vier der sechs kreisfreien Städte verzeichnen bis 2025 einen Bevölkerungsrückgang zwischen 2 Prozent und 6 Prozent; damit liegen sie günstiger als alle Landkreise. Dagegen gehört Gera (20 Prozent) zu den Städten mit dem größten Bevölkerungsrückgang; Suhl liegt mit sogar 25 Prozent an der Spitze. In den Landkreisen beläuft sich der zu erwartende Bevölkerungsrückgang auf -10 Prozent bis -23 Prozent. Generell scheint die Entwicklung im Westen und in der Mitte des Bundeslandes günstiger zu verlaufen als im Osten und im Süden. Die über 80-jährige Bevölkerung ist die bundesweit am stärksten wachsende Altersgruppe. Ihr Anteil an der Gesamtbevölkerung erhöht sich von 2006 bis 2025 in vier kreisfreien Städten (Suhl, Jena, Eisenach, Erfurt) auf das Doppelte. In Suhl wird 2025 jeder achte Einwohner 80 Jahre oder älter sein, und außerdem jeder vierte Einwohner zwischen 65 und 79 Jahre alt, also insgesamt über 38 Prozent im Rentenalter (ab 65 Jahren). In neun weiteren Kreisen wird mindestens jeder zehnte Einwohner 80 Jahre oder älter sein. Den geringsten Zuwachs in der Altersgruppe 80 und älter hat der Landkreis Altenburger Land mit 46 Prozent zu erwarten; alle anderen Kreise liegen bei mindestens 66 Prozent.